# IM WANDEL DER JAHRE

# HAROLD VON HOFE

University of Southern California

# Im Wandel

# der Jahre

FOURTH EDITION

*Deutsches Lesebuch für Anfänger*

**HOLT, RINEHART AND WINSTON**

**New York**     **Toronto**     **London**

# PREFACE

A limited vocabulary, simple syntax, and many marginal notes will enable the English-speaking student of elementary German to read with little difficulty about the relationship of the German language to his own, German cultural history and Germany today, the unique problems of university life in Berlin, Hans and Sophie Scholl's rebellion in the forties, and Vienna of yesterday and today. Whatever grammar the student uses as a parallel text, he will have to look up few words, for the number of words glossed in the margin is large. Newly introduced words and phrases are usually used a number of times, moreover, so as to imprint them more firmly in the mind of the student. When a relatively uncommon word has not been used in a considerable number of pages, it is glossed in the margin a second time. While the few paragraphs of Part I illustrating features of the German language contain no notes, the rest of the text is carefully annotated. Inasmuch as even past tense forms of strong verbs in Part I and subjunctive and passive voice constructions in Parts I and II are glossed as vocabulary, the book can be begun early in the first semester.

A word of explanation about the chapters on Berlin and the Scholls, respectively, is in order. Both are written in the form of short stories but both have a broad basis in fact. The basic material for the Berlin story was furnished by Dr. Kotowski and Eva Heilmann of the Free University. Dr. Kotowski gave me the historical data and Miss Heilmann the insider's viewpoint in the struggle for the creation of the Free University. She played a prominent part in its founding and contributed to the "Colloquium." I express my deep gratitude to both. The characters Hildegard Grüningen, Walther von Nordheim, their student friends as well as their conversations and actions are invented, however. Professor Zulauf is fictitious although the quotations from his lecture are taken verbatim from an Eastern German journal. The other persons mentioned in the story are real.

The story of Hans and Sophie Scholl is factually based, in large part, on the account by Inge Aicher-Scholl in *Die Weiße Rose*. Most of the conversations and some of the descriptions are invented, however. I am deeply grateful to the Verlag der Frankfurter Hefte and to Mrs. Inge Aicher-Scholl for the many courtesies extended to me. From correspondence with her, from conversations with her in Ulm and from conversations in Munich with the parents of Hans, Sophie and Inge, Mr. and Mrs. Robert Scholl, I gleaned revealing and moving information. They are the guardians of a not insignificant heritage.

For the preparation of the manuscript I owe thanks to many. First mention belongs to my wife who, I feel, made the most valuable comments and criticisms. Among my friends and colleagues Ludwig Marcuse helped me to revise for the better on frequent occasions with his characteristically incisive observations, and Stanley R. Townsend was always ready for consultation about vocabulary problems and the formulation of the title. A number of Germans read portions of the manuscript and suggested, each in his own way, this change or that. Mr. Wedding Fricke of Freiburg, Mr. Peter Molt of Stuttgart, and Mr. Guntram Bischoff of Düsseldorf all contributed toward improving the text. Mr. and Mrs. Rudolf Lobell, formerly of Vienna and now librarians at the University of Southern California, were most patient in going over the Vienna chapter and discussing modifications. Miss Carol Small, alert in catching oversights, deserves much credit for the typing of the many versions up to the final one for each chapter. Mr. Stephen Spender graciously gave me permission to quote from the German translation of his "European Witness"; Dr. Richard Friedenthal and Mrs. Friederike Zweig were very kind in authorizing me to quote Stefan Zweig in Part III.

# PREFACE TO THE FOURTH EDITION

Changed conditions in Germany and Austria were taken into account once more in revising portions of the text in Parts III to VI. The additional chapter 8 in Part III is devoted to a brief description of a short trip to Leipzig, Dresden, and Meißen.

In Part I, an even greater number of linguistic examples was provided than heretofore in order to help students visualize the similarities, and the differences, between English and German. The five paragraphs on "Universitäten, Professoren und Studenten" are based on reports in two newspapers and one magazine. They are *Die Zeit, Die Welt* and *Der Spiegel.*

The cultural survey of Part II reflects a slight change of emphasis. There is greater stress on literature and art than in previous editions. The references in the next to the last paragraph are to *Sind wir noch das Volk der Dichter und Denker? 14 Antworten* (Hamburg, 1964), ed. Gert Kalow.

New questions based on the text were devised in such a fashion that they can be answered without the necessity of solving numerous grammatical problems.

The tape recordings have also been revised and rerecorded to provide materials for use in the language laboratory in conjunction with classroom use of the text. Each segment of each chapter has been recorded as an uninterrupted natural-speed reading. The questions which begin on page 200 are then recorded with pauses for student participation; the answers following immediately enable the student to check his performance. A tapescript containing the recorded materials is available to teachers.

The book has been completely reset and many new illustrations supplied. Although, on the whole, the previous organization has been preserved, some changes have been made for the sake of greater clarity and easier reference.

The numbering of lines facilitates the making of assignments. It is also helpful in finding sections of the text when working with the questions.

We should like to express our deep gratitude to Dr. Svein Øksenholt for his innumerable valuable suggestions.

HAROLD VON HOFE

# TABLE OF CONTENTS

# I | Die Deutsche Sprache

# 1 | DEUTSCH UND DIE SPRACHEN
# DER WELT

die Sprache *language*
die Welt *world*

der Mensch *human being*
schrieb *wrote*
der Philosoph *philosopher*

die Zeit *time* / bis *to*

der Wald *woods* / Stadt und
  Land *city and country* / die
  Wüste *desert*
machen zu *make*

ohne *without* / denkbar *conceivable* / es gibt *there is,
  there are* / das Tier *animal*
stumm *mute* / die Erde *earth*

am Anfang *in the beginning*

lernen *learn*

dieselbe *the same* / die Ge-
  gend *area* / der Österreicher
  *Austrian* / die meisten
  Schweizer *most of the Swiss*

die Muttersprache *mother
  tongue*

Ich spreche, also bin ich. Ich spreche, also bin ich
ein Mensch. „Der Mensch ist nur Mensch durch die
Sprache", schrieb der Staatsmann und Philosoph Wilhelm von Humboldt; von Humboldt lebte in der Goethe-
Zeit, von 1767 bis 1835.                                      5

Alle Menschen sprechen. In Wald und Feld, in Stadt
und Land, im Dschungel und in der Wüste sprechen die
Menschen. Die Sprache macht den Menschen zum Menschen.

Der Mensch ist ohne die Sprache nicht denkbar.      10
Ohne die Sprache gibt es keine Kultur, denn sie ist die
Basis der Kultur. Die Tiere, die Stummen der Erde, haben
keine Sprache und keine Kultur. Nur der Mensch hat
eine Sprache; am Anfang war das Wort.

Alle Menschen sprechen, aber nicht alle Kinder ler-      15
nen dieselbe Sprache. Man lernt die Sprache der Gegend,
wo man lebt. Die Deutschen und die Österreicher sprechen Deutsch; die meisten Schweizer sprechen Deutsch.
Deutsch ist die Muttersprache von hundertzwanzig Millionen Menschen und die Basis ihrer Kultur.            20

In Amerika und England, in Kanada, Neuseeland, Australien und Südafrika ist Englisch die Basis der Kultur. Über dreihundert Millionen sprechen Englisch.

Alle Kinder lernen sprechen; sie lernen die Muttersprache, die Sprache der Gegend, wo sie leben. Später lernen viele eine Fremdsprache. Man sagt dann nicht: sie lernen sprechen. Man sagt: sie lernen Deutsch oder Englisch oder Französisch oder Spanisch, denn sie lernen die Äquivalente ihrer Muttersprache sozusagen.

Jedes Jahr lernen Hunderttausende im deutschen Sprachraum Europas Englisch. Viele lernen es leicht; manche finden es schwer. Bei vielen hört man einen deutschen Akzent, besonders beim *r* und bei manchen Vokalen.

Jedes Jahr lernen Hunderttausende in Amerika Deutsch. Manche finden es leicht; für andere ist es schwer. Viele lernen das deutsche *r* nicht und finden es schwer, „oh", „Ton", „Dom" und „Boot" zu sagen und nicht *o(u)* wie in den englischen Wörtern *oh, tone, dome,* und *boat.*

Vier- bis fünfhundert Millionen Menschen sprechen Deutsch oder Englisch. Die anderen Milliarden von Menschen in der Welt sprechen tausende von Sprachen und Dialekten. In Nord-, Zentral- und Südamerika gibt es zum Beispiel noch fast hundert Indianerdialekte. In Afrika gibt es noch fast hundertfünfzig Bantusprachen und Bantudialekte („Bantu" bedeutet „Menschen").

Es ist schwer zu sagen, wie viele Sprachen es gibt. Man liest von dreitausend bis dreitausendfünfhundert. Manche von diesen sind die Sprachen sogenannter primitiver Völker.

Viele Völker haben keine große Literatur in der eigenen Sprache. Dafür haben sie aber Übersetzungen. Von keinem Werk der Welt gibt es so viele Übersetzungen wie von der Bibel. Die englische Organisation „British and Foreign Bible Society" schrieb dem Verfasser im Jahr 1968 zum Beispiel: Es gibt Übersetzungen der Bibel oder Übersetzungen von Teilen der Bibel in tausend-

---

spät *late*
fremd *foreign*

Französisch *French*
sozusagen *so to speak*
jedes Jahr *every year*
der Raum *area*
manche *some* / schwer *hard*
besonders *especially*
der Vokal *vowel*

andere *others*

die Milliarde *billion*

zum Beispiel *for example*
fast *almost*
bedeuten *mean*

sogenannt *so-called*
das Volk *people*
eigen (*one's*) *own* / dafür *instead* / die Übersetzung *translation*
das Werk *work*

der Verfasser *author*

der Teil *part*

**3**

das Mal *time(s)* / ganz *entire*

dreihundertsechsundzwanzig (1326) Sprachen: zweihundertzweiundvierzig (242) Male die ganze Bibel, dreihundertsieben (307) Male das Neue Testament und siebenhundertsiebzig (770) Male Teile der Bibel.

wissen *know*

Warum gibt es so viele Sprachen? Warum sprechen nicht alle Menschen ein und dieselbe Sprache? Wir wissen es nicht.

das Entstehen *origin*
wenig *little*
verwandt *related*
zeigen *show*

Man weiß über das Entstehen der Sprache sehr wenig. Manche Sprachen sind aber miteinander verwandt; das wissen wir. Die Struktur der Sprachen und die Wörter der Sprachen zeigen uns, daß sie verwandt sind.

je *apiece, each*

Sieben Sprachen sprechen je hundert Millionen Menschen oder mehr: Chinesisch, Englisch, Deutsch, Hindi, Japanisch, Russisch und Spanisch. Von diesen sieben sind fünf miteinander verwandt. Englisch, Deutsch, Hindi, Russisch und Spanisch gehören zum sogenannten indoeuropäischen Sprachstamm.

gehören *belong*
der Stamm *group, family*

Fast die Hälfte aller Menschen, über eintausendfünfhundert Millionen, von Irland bis Ceylon, von Skandinavien bis an den Kaukasus, sprechen indoeuropäische Sprachen. Es gibt heute noch neun Familien des indoeuropäischen Sprachstammes.

bis (an) *to*
heute *today*

heißen *be called* / Griechisch *Greek* / Keltisch *Celtic*

Die fünf kleinen Familien des Stammes heißen Griechisch, Keltisch, Armenisch, Albanisch und Baltisch. Die vier großen heißen Germanisch, Romanisch, Slawisch und Indoiranisch.

Romanisch *Romance*
Iranisch *Iranian*

sondern *but*

Der indoiranische Sprachraum ist nicht in Europa, sondern in Asien. In Indien, Iran, Afghanistan, Pakistan und auf Ceylon sprechen fast vierhundert Millionen Menschen indoiranische Sprachen.

der Osten *east*
das Gebiet *area, territory*

Der slawische Sprachraum liegt im Osten Europas. In diesem Gebiet sprechen zum Beispiel hundertachtzig bis hundertneunzig Millionen Menschen Russisch. In der Sowjetunion sprechen aber nicht alle Menschen Russisch als Muttersprache. Über vierzig Millionen spre-

5

10

15

20

25

30

35

**4**

chen Ukrainisch; in der sogenannten Weißrussischen Sozialistischen Sowjetrepublik sprechen über zehn Millionen Weißrussisch. Zu den slawischen Sprachen gehören auch Polnisch, Tschechisch, Slowakisch, Bulgarisch, Ser-
5 bokroatisch und Slowenisch. Die slawischen Sprachen haben über dreihundert Millionen Sprecher.

Das Gebiet der romanischen Sprachen ist im Süden, im Südosten und im Westen Europas. Zur romanischen Familie gehören Italienisch, Französisch, Portugiesisch,
10 Rumänisch und Spanisch. Von diesen ist Spanisch die größte Gruppe. Zwischen hundertsiebzig und hundertachtzig Millionen sprechen Spanisch. Die spanischsprechenden Menschen leben nicht nur in Europa, sondern auch in Mexiko, Zentralamerika und Südamerika. Auch
15 Portugiesisch und Französisch spricht man nicht nur in Europa.

Der germanische Sprachraum Europas liegt in der Mitte und im Norden Europas. Zur germanischen Familie gehört Englisch. Auf allen Kontinenten der Erde spricht
20 man Englisch. Auch Deutsch gehört zur germanischen Familie. Deutsch spricht man in Deutschland und Österreich, in den Briefmarken-Ländern Luxemburg und Liechtenstein und in der Schweiz. In Südwestafrika ist es eine der drei offiziellen Sprachen.

25 Deutsch und Englisch sind zwei der zehn germanischen Sprachen. Die andern heißen Schwedisch, Norwegisch, Dänisch, Isländisch, Holländisch, Flämisch, Friesisch und Afrikaans.

In der Welt lernen viele Menschen eine fremde
30 Sprache. Manche lernen sie schon als Kinder, andere lernen sie später im Leben. Viele Deutsche lernen Englisch, viele Amerikaner lernen Deutsch. Am Anfang ist Deutsch für einen Amerikaner leicht, denn Deutsch und Englisch sind verwandte Sprachen. Ein Amerikaner
35 versteht viele deutsche Wörter und Formen, bevor er Deutsch studiert. Wir geben hier ein Beispiel.

---

weiß *white*

Tschechisch *Czech* / Slowakisch *Slovakian* / -kroatisch *Croatian* / Slowenisch *Slovenian*

der Süden *south*

Französisch *French*

die Gruppe *group*

sondern *but*

die Erde *earth*

die Briefmarke *postage stamp*

Isländisch *Icelandic*
Flämisch *Flemish* / Friesisch *Frisian*

fremd *foreign*

spät *late*

verwandt *related*
verstehen *understand*
das Beispiel *example*

**5**

Das Wetter ist warm und mild; es ist Sommer, und die Sonne scheint. Der Vater, die Mutter und der Onkel sitzen im Garten. Der Vater trinkt Kaffee, die Mutter trinkt Tee und der Onkel trinkt ein Glas Limonade; sie essen Brot mit Butter oder Marmelade. 5

Sie sprechen von dem Sohn. Des Sohnes Name ist Karl. Er ist sieben Jahre alt. „Karl ist nicht dumm, er ist intelligent", sagt der Vater. „In der Schule ist er der Beste in der Klasse."

Karl singt und springt im Garten. Im Gras findet er 10 unter einem Rosenbusch einen roten Ball. Er kommt zu dem Onkel mit dem Ball in der Hand. „Gib mir den Ball, Karl", sagt der Onkel. „Hier ist der Ball, Onkel", sagt Karl, gibt dem Onkel den Ball und geht dann zu der Schwester Anna. Anna ist vier Jahre älter als Karl. 15

Der Onkel, der Vater und die Mutter gehen ins Haus. Im Haus ist Hans, der Sohn des Onkels. Hans ist ein junger Mann und Student an der Universität. Er liegt auf einem Sofa und denkt an eine Freundin.

Der Name der Freundin ist Hilde. Hilde ist siebzehn 20 Jahre alt, hat lange blonde Haare und große blaue Augen.

Er telefoniert mit der blonden, blauäugigen Hilde und sagt: „Es ist so warm, wir sollten schwimmen gehen." „Wunderbar", sagt Hilde.

Hans und Hilde fahren in Hildes Sportwagen an 25 den Strand. Der Himmel ist blau, der Sand ist heiß, aber das Wasser ist kühl. Hans und Hilde schwimmen gut; sie sind die besten Schwimmer ihres Sportklubs. Später liegen sie im Sand; am Abend sind sie braun von der Sonne. 30

Warum versteht ein Amerikaner so vieles in der deutschen Sprache, bevor er Deutsch studiert? Die meisten Wörter oben sind germanisch, und Englisch und Deutsch haben einen gemeinsamen Ursprung. Die ge-

5 meinsame Ursprache heißt Urgermanisch. Man sprach dieses Urgermanisch vor zweitausendfünfhundert Jahren in Europa.

Die germanischen Sprachen von heute sind anders als die germanische Ursprache. Alle Sprachen verändern

10 sich; wenige Wörter und Formen verändern sich nicht. Die Wörter der englischen Sprache vom Jahr 1000 sind meist anders als die englischen Wörter von heute. Alte englische, sogenannte altenglische Texte wie *Beowulf* sind im Originaltext heute schwer zu verstehen. So ist

15 es auch mit alten deutschen Texten, sogenannten althoch-deutschen Texten. Die Konsonanten, die Vokale und die Formen der Sprache verändern sich. Das Studium der Veränderungen in der Sprache ist die Aufgabe der Wis-senschaft von der Sprache, der Sprachwissenschaft.

20 Wenn man eine Fremdsprache lernt, so will man die Sprache sprechen, verstehen und schreiben. Man will nicht die Geschichte der Sprache studieren. Ein kleiner Blick auf die Geschichte der deutschen Sprache macht das Lernen aber leichter.

die meisten *most of the*
oben *above*
gemeinsam *common* / der Ursprung *origin*
ur- *original, primitive*
vor . . . Jahren *years ago*

anders *different*

sich verändern *change*

wenige *few*

meist *usually*

sogenannt *so-called*

hoch *high*

der Vokal *vowel*

die Aufgabe *task, job*
die Wissenschaft *science*

will *want(s) to*

die Geschichte *history*
der Blick auf *glance at*

8

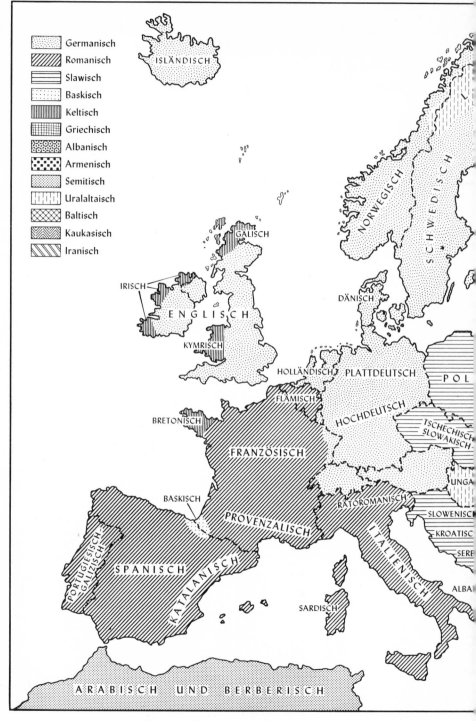

Germanisch
Romanisch
Slawisch
Baskisch
Keltisch
Griechisch
Albanisch
Armenisch
Semitisch
Uralaltaisch
Baltisch
Kaukasisch
Iranisch

ISLÄNDISCH

NORWEGISCH
SCHWEDISCH

GALISCH

IRISCH
ENGLISCH
KYMRISCH

DÄNISCH

HOLLÄNDISCH
FLÄMISCH
BRETONISCH
FRANZÖSISCH
BASKISCH
PROVENZALISCH
SPANISCH
PORTUGIESISCH-GALIZISCH
KATALANISCH

PLATTDEUTSCH
HOCHDEUTSCH
P O L

TSCHECHISCH-SLOWAKISCH
UNGA
RÄTOROMANISCH
SLOWENISC
KROATISC
SERE
ITALIENISCH
ALBA

SARDISCH

ARABISCH UND BERBERISCH

8

*Courtesy S. F. Vanni, New York (Based on Mario A. Pei,* **The Geography of Language**)

der Laut *sound*

## 2 | WÖRTER UND LAUTE

vor. . . . . .*ago*
einige *several* / hoch *high*
keiner *none*

heißen *be called*

stand *stood, was* / wurde *became*
vergleichen *compare*

Vor vierzehn- oder fünfzehnhundert Jahren veränderten sich einige Laute im Deutschen, im Hochdeutschen. Diese Laute veränderten sich in keiner der anderen germanischen Sprachen. Drei der Laute waren die Konsonanten „t", „p" und „k"; sie heißen Explosivlaute. 5

Wenn ein „t" zum Beispiel am Anfang eines Wortes stand, wurde es im Hochdeutschen zu „ts", also ein „z". Vergleichen Sie!

| ENGLISCH | DEUTSCH |
| --- | --- |
| *toe* | Zehe |
| *tooth* | Zahn |
| *tile* | Ziegel |

was bedeutet *what is the meaning*

Was bedeutet nun auf Englisch: zu, Zunge, Zange, zwei, zehn, zwölf, zwanzig, zahm, zähmen, Zinn, Zapf(en), 10 Zweig, Zoll, Zwielicht, zwitschern?

am Ende stehen *stand last*

Wenn das englische „t" heute am Ende steht, ist es oft ein „z" im Deutschen. Vergleichen Sie!

| ENGLISCH | DEUTSCH |
| --- | --- |
| *heart* | Herz |
| *smart (hurt)* | schmerzen |
| *wheat* | Weizen |

Was bedeutet nun auf Englisch: grunzen, Salz, 15 salzig, Malz, Bolzen, Schmerz, Filz, Warze, schmelzen, herzlich, Schnauze?

**10**

Wenn das „t" in der Mitte stand, wurde es zu „ss"
oder „tz". Heute steht dieses „t" oft am Ende des
englischen Wortes. Vergleichen Sie!

| ENGLISCH | DEUTSCH |
|----------|---------|
| *shoot* | schießen |
| *kettle* | Kessel |
| *glitter* | glitzern |

5 Was bedeutet nun auf Englisch: beißen, vergessen,
besser, Nuß, Fuß, weiß, Wasser, Salzwasser, essen, Netz,
Katze, schwitzen, Schweiß, Floß, heiß, Hitze, heizen,
lassen, grüßen, Straße, hassen, rasseln?

Der Konsonant „p" veränderte sich auch im Hochdeutschen; wenn das „p" am Anfang des Wortes stand,
10 wurde es zu „pf". Vergleichen Sie die folgenden Bei-　folgend *following*
spiele!

| ENGLISCH | DEUTSCH |
|----------|---------|
| *plough* | Pflug |
| *pillar* | Pfeiler |
| *pawn* | Pfand |

Was bedeuten die folgenden Wörter: Pfanne, Pflanze,
pflanzen, pflügen, pflücken, Pfennig, Pfund, Pflaume,
Pflaster, Pfuhl, Pfosten?
15 Wenn das „p" nicht am Anfang des Wortes stand,
wurde es „f", „ff" oder „pf". Vergleichen Sie die folgenden
Beispiele!

| ENGLISCH | DEUTSCH |
|----------|---------|
| *heap* | Haufen |
| *sheep* | Schaf |
| *weapon* | Waffe |

Welche Bedeutung haben die folgenden Wörter:　die Bedeutung *meaning*
Tropfen, Schiff, Hüfte, schlüpfen, schlüpfrig, scharf,
20 schärfen, Harfe, Rumpf, Pfeife, Pfeffer, Pfefferminz,
Kupfer, hoffen, helfen, Hilfe, schlafen, Schlaf, stampfen,
hüpfen, Krampf, reif, Apfel, Affe, tief, gaffen, offen, Seife,
Bischof?

Auch der Konsonant „k" veränderte sich im Hochdeutschen. Er wurde in der Mitte des Wortes zu „ch". Vergleichen Sie die folgenden Beispiele:

| ENGLISCH | DEUTSCH |
|---|---|
| *seek* | suchen |
| *cake* | Kuchen |
| *reek (smell)* | riechen |

Welche Bedeutung haben die folgenden Wörter: machen, wachen, brechen, kochen, Koch, Storch, Elch, Milch, Deich, Arche, Sichel, Woche, Knöchel, Mönch, Joch, Lerche, Buch, Eiche, Speiche? 5

Die Laute „p", „t" und „k" veränderten sich nur im Hochdeutschen. Sie veränderten sich nicht im Englischen, nicht in den skandinavischen Sprachen, nicht im Holländischen und auch nicht im Plattdeutschen. Plattdeutsch ist ein Dialekt. Man hört es noch in Norddeutschland, wo es flach ist; „platt" bedeutet nämlich *flat*. Hochdeutsch sprach man ursprünglich nur im Hochland. 10

Plattdeutsch steht sprachlich zwischen Hochdeutsch und Englisch. Vergleichen Sie zum Beispiel die folgenden vier Verse! 15

| PLATTDEUTSCH | HOCHDEUTSCH |
|---|---|
| Över de stillen Straten | Über die stillen Straßen |
| Geit klar de Klokkenslag | Geht klar der Glockenschlag. |
| God Nacht! Din Hart will slapen | Gute Nacht! Dein Herz will schlafen |
| Und morgen is ok en Dag. | Und morgen ist auch ein Tag. |

Man weiß, wann und wie sich die drei Explosivlaute verändert haben. W a r u m haben sich aber diese Laute verändert? Mit Hilfe der Psychologie, der Physiologie 20 und der Soziologie versuchte man, eine Erklärung zu finden. Es gibt aber bis heute keine wissenschaftliche Erklärung.

Plattdeutsch *Low German*

flach *flat*
ursprünglich *originally*
sprachlich *linguistically*

klar *clear(ly)* / der Glockenschlag *stroke of the hour* ( die Glocke *bell* )

morgen *tomorrow* / der Tag *day*

versuchen *try* / die Erklärung *explanation* / wissenschaftlich *scientific*

Dieselben Konsonanten, die Explosivlaute „p", „t" und „k", veränderten sich in der germanischen Sprachgeschichte zweimal: einmal um das Jahr 1 000 vor Christus im Urgermanischen und noch einmal um das Jahr 500 nach Christus in den hochdeutschen Dialekten. Früher sprach man von zwei Erklärungen dafür.

Nach der einen Erklärung waren germanisch sprechende Völker lange Jahre im Flachland. Dort sagten sie „water" und „better". Später wanderten sie vom Flachland ins Hochland, vom Norden nach Süden. Im Hochland waren sie oft außer Atem und sagten „Wasser" und „besser" statt „water" und „better". Es ist keine wissenschaftliche Erklärung.

Nach einer anderen Erklärung sind die Explosivlaute „p", „t" und „k" männliche Konsonanten und die Reibelaute „f", „ss" und „ch" weibliche Konsonanten. Durch die Frauen, sagte man, wurden die Explosivlaute zu weiblichen Reibelauten. Das ist auch keine wissenschaftliche Erklärung.

Vielleicht hat die Vermischung mit anderen Sprachen mit der Veränderung der Laute etwas zu tun. Über das Warum wissen wir bis heute nichts Definitives.

In der Geschichte der germanischen Sprachen veränderten sich zwei andere Laute, „d" und „th". Vergleichen Sie die englischen und deutschen Beispiele! Es macht das Lernen der deutschen Sprache leichter.

| ENGLISCH "d" | DEUTSCH "t" |
| --- | --- |
| *day* | Tag |
| *door* | Tür |
| *dream* | Traum |

Wie übersetzen Sie: Garten, Gärtner, unter, Schulter, gut, Brut, brüten, Seite, reiten, Reiter, Braut, halten, falten, Futter, Tanz, tanzen, Tochter, breit, alt, hart, kalt, laut, Wort, Bart, Gott, tot, rot, Bett, verbieten, gleiten, Schwert, Schlitten, Blut, Flut, vorwärts, aufwärts, rückwärts, Brot, träumen, selten, Spaten, Schatten, waten, Sattel, siedeln, Siedler, Karte, Mitte, Mittag?

-mal *time(s)*
noch einmal *once more*

früher *formerly* / dafür *for that*
nach *according to*
das Flachland *flat country*

außer Atem *out of breath*
statt *instead of*

männlich *masculine*
der Reibelaut *fricative (rubbing sound)* / weiblich *feminine* / werden zu *become*

vielleicht *perhaps* / die Vermischung *mixing*

übersetzen *translate*

**13**

| ENGLISCH "th" | DEUTSCH "d" |
|---|---|
| *both* | beide |
| *thief* | Dieb |
| *thumb* | Daumen |

Wie übersetzen Sie: baden, Bad, Dorn, Donner, Distel, Ding, Tod, Durst, durstig, danken, Dank, denken, dann, drei, dreißig, dick, dünn, Erde, beide, Nord, Süd, Mund, Bruder, Feder, Leder, Niederlande?

der Absatz *paragraph*

Der Absatz, der beginnt: „Das Wetter ist warm und mild", ist für einen Amerikaner sehr leicht. Der

noch einmal *once more*

folgende Absatz ist auch leicht. Lesen Sie noch einmal über die Veränderungen der Laute, und lesen Sie dann den folgenden Absatz.

Fernseh- *television*

Was bringt uns Fernsehsender Hamburg heute? Das Programm beginnt.

Es ist ein heißer Sommer.

Wir sehen einen großen grünen Garten, rote Rosen, goldene Butterblumen und blaues Vergißmeinnicht. Im Schatten eines Apfelbaumes steht ein Stuhl; unter dem Stuhl sitzt eine weiße Katze.

Aus einem Haus kommen zwei Männer. Der eine ist alt und hat weiße Haare; er setzt sich auf den Stuhl. Der andere, ein junger Mann mit breiten Schultern, braunen Haaren und einem braunen Bart, steht neben dem Stuhl.

Der Mann mit den weißen Haaren sagt: „Mein Sohn träumt jetzt im Sommer von einem Schlitten. Letzten Winter hatte er keinen und träumt nun von Tag zu Tag bei dem heißen Wetter von einem Schlitten. Ich muß sagen!"

5

10

15

20

25

**14**

„Der Mensch hofft, solange er lebt", denkt der junge
Mann. Der weißhaarige Mann steckt eine lange Pfeife
in den Mund und wischt sich den Schweiß aus den
Augen. In der Hand hält er ein dünnes Buch. Er öffnet
5   das Buch. „Hier auf Seite zehn stehen Schlittenpreise",
sagte er. „Fünfzig Mark, neunzig Mark, hundertzwanzig
Mark und mehr!"

Eine dicke Dame kommt in den Garten. Sie bringt
den Männern Kuchen, Äpfel, ein Pfund Pflaumen und
10  zwei Glas Milch. Die Männer haben bei der Hitze großen
Durst und trinken die Milch, bevor sie essen. „Es ist
warm", sagt der Weißhaarige. „Bring uns zwei Glas
Wasser."

Beide Männer essen Kuchen, Äpfel und Pflaumen
15  und trinken dann das Wasser. Sie danken der Dame
herzlich.

Es beginnt zu regnen. Große, dicke Tropfen fallen
vom Himmel. Der alte Mann läßt das Buch auf dem
Stuhl liegen und geht mit dem bärtigen jungen Mann
20  ins Haus.

Die Dame sieht das Buch auf dem Stuhl, rennt in
strömendem Regen in den Garten und bringt es ins Haus.
„Mein Mann vergißt alles. Wie kann man so vergeßlich
sein!"

25  Genug! In meinem Garten regnet es nicht. Ich sitze
dort in der Sonne, ohne Fernsehprogramme.

Kann man deutsche Texte immer so leicht lesen? Natürlich nicht. Das Studium der deutschen Sprache wird schwerer; nicht alle englischen Wörter sind germanischen Ursprungs und haben deutschgermanische Äquivalente. Viele englische Wörter sind romanischen Ursprungs. Ein großer Teil des englischen Wortschatzes kommt aus dem Romanischen, aber ein kleiner Teil des Wortschatzes kommt aus der griechischen Sprache.

Natürlich gibt es in der deutschen Sprache Wörter nichtgermanischen Ursprungs wie, zum Beispiel: Originaltext, Konsonant, Physiologie, Soziologie, Generation und Kontinent. Wenn ein Amerikaner solche Wörter in einem deutschen Text findet, so sind sie für ihn kein Problem. In den folgenden Sätzen sind zum Beispiel nicht nur germanische Wörter, sondern auch viele Wörter lateinischen und griechischen Ursprungs. Die Sätze sind aber leicht zu verstehen.

*der Ursprung origin*

*der Teil part*

*der Wortschatz vocabulary*

*der Satz sentence*

*lateinisch Latin*

5

10

15

## *Universitäten, Professoren und Studenten*

In Deutschland, wie in Amerika, stehen Studenten in Opposition zur Autorität der Universitäten. Es gibt Protestaktionen und Demonstrationen in Berlin und Frankfurt, in Bonn und Hamburg. Manche Studenten sprechen von Repression und Oppression, manche Professoren von Terroristen und Agitatoren.

In dem akademischen Senat einer Universität sagte man: Die permanente Universitätsrevolte ist eine Kata-

20

25

**16**

strophe. Man hörte Worte wie „systematische Provoka-
tionen von Studenten", „Tomaten als Handgranaten und
Radikalinskis", „Extremisten und Anarchisten".

5 In dem Senat einer anderen Universität sprach man
von Reform, Kompromiß, Kooperation und Experimenten.

Man findet Konflikte zwischen Studenten und Universitäten und auch unter Studenten. In einem Republi-
kanischen Studentenklub sagte man, das Programm der
radikalen Studenten habe keine Massenbasis; die Sozia-
10 listen und Kommunisten haben keinen Kontakt zu den
Massen. In einem liberalen Studentenklub sagten Studenten, ihre Organisation habe progressive Funktionen;
ihr Motto ist: „Revision, nicht Revolution." Mit anderen
Worten: Warum Revolution, warum nicht Evolution?

15 Was ist das Problem, und wie ist die Situation? Die
Rebellion der Studenten ist nicht nur ein akademisches
Problem, schrieb ein Journalist; es ist ein politisches,
soziales und moralisches Problem und hat globalen
Charakter. Die intellektuelle Opposition will mit den
20 Traditionen brechen. Es gibt alte Illusionen, aber auch
neue Ideen und neue Ideale.

Die Absätze über Universitäten, Professoren und
Studenten waren nicht schwer zu lesen. Sie waren ebenso
leicht wie die Absätze mit nur germanischen Wörtern.
25 Weder das erste noch das zweite Beispiel ist aber für
die deutsche Sprache typisch. Warum sind nicht alle
deutschen Wörter für englischsprechende Menschen so
leicht zu verstehen? Die Erklärung ist historisch. Jede
Sprache verändert sich von Jahrhundert zu Jahrhundert.
30 Die englische Sprache hat sich noch mehr verändert als
die deutsche Sprache.

ebenso *just as*

weder ... noch *neither ... nor*
typisch *typical*

noch mehr *even more*

# 3 | ENGLISCH UND DEUTSCH

DIE ANGELSACHSEN KOMMEN NACH ENGLAND

vor... ...*ago* / die Angeln
  *Angels* / die Sachsen *Saxons*
das Volk *people*

damals *at that time*
verschieden *different*

zu der Zeit *at the time*

schlugen *defeated*
die Schlacht *battle*

sich vermischen *mix, mingle*

Vor zweitausend Jahren lebten die Angeln und Sachsen mit anderen germanischen Völkern auf dem europäischen Kontinent. Die Sprachen der Völker waren damals nicht sehr verschieden. Im fünften und sechsten Jahrhundert kamen die Angeln und Sachsen vom europäischen Kontinent nach Britannien. Ihre Sprache war zu der Zeit noch nicht sehr verschieden von anderen germanischen Sprachen wie, zum Beispiel, den althochdeutschen Dialekten. 5

Hunderte von Jahren später kamen die Normannen nach Britannien und schlugen die Angeln und Sachsen in der Schlacht von Hastings im Jahr 1066. Die Normannen sprachen einen nordfranzösischen Dialekt und vermischten sich in dem folgenden Jahrhundert mit den 10

**18**

Angelsachsen. Die Sprache wurde eine Mischung aus germanischen und romanischen Elementen. In der Geschichte spricht man von einer anglonormannischen Sprache und Kultur als Grundlage der angelsächsischen Welt von heute.

Da die Grundlage der englischen Sprache germanisch und romanisch ist, findet man Wörter germanischen und romanischen Ursprungs auf jeder Seite eines modernen englischen Textes.

Welcher Teil des englischen Wortschatzes ist germanisch und welcher Teil is romanisch? Zur Zeit der sprachlichen Mischung hatten die Normannen eine höhere Kultur als die Angelsachsen. Man kann es im englischen Wortschatz ersehen. Abstrakte Wörter sind oft romanischen Ursprungs; konkrete Wörter sind oft germanischen Ursprungs.

Der angelsächsische Teil des englischen Wortschatzes hat meist deutsche Äquivalente. Englische Ausdrücke des täglichen Lebens sind Beispiele dafür. Vergleichen Sie zum Beispiel die Ausdrücke für die Teile des Körpers!

die Mischung *mixture*
die Geschichte *history*
die Grundlage *foundation, basis*
da *since*
der Wortschatz *vocabulary*
sprachlich *linguistic*
höher *higher*
ersehen *see*
meist *usually*
der Ausdruck *expression* / täglich *daily*
der Körper *body*

| ENGLISCH | DEUTSCH | ENGLISCH | DEUTSCH |
|---|---|---|---|
| *shoulder* | die Schulter | *tongue* | die Zunge |
| *arm* | der Arm | *chin* | das Kinn |
| *elbow* | der Ellenbogen | *eye* | das Auge |
| *hand* | die Hand | *eyebrows* | die Augenbrauen |
| *knuckle* | der Knöchel | *ear* | das Ohr |
| *finger* | der Finger | *nose* | die Nase |
| *fingernail* | der Fingernagel | *neck* | der Nacken, das Genick |
| *toe* | die Zehe | | |
| *foot* | der Fuß | *breast* | die Brust |
| *knee* | das Knie | *bosom* | der Busen |
| *hair* | das Haar | *hip* | die Hüfte |
| *beard* | der Bart | *rib* | die Rippe |
| *mouth* | der Mund | *liver* | die Leber |
| *lip* | die Lippe | *lung* | die Lunge |
| *tooth* | der Zahn | *heart* | das Herz |

Neben den Ausdrücken für die Teile des Körpers sind es zum Beispiel Verben, die man im täglichen Leben gebraucht.

| ENGLISCH | DEUTSCH | ENGLISCH | DEUTSCH |
|---|---|---|---|
| *come* | kommen | *cook* | kochen |
| *go* | gehen | *bake* | backen |
| *sit* | sitzen | *bite* | beißen |
| *stand* | stehen | *drink* | trinken |
| *lie* | liegen | *sink* | sinken |
| *build* | bauen | *spring, jump* | springen |
| *sleep* | schlafen | *win* | gewinnen |
| *find* | finden | *wash* | waschen |
| *help* | helfen | *bathe* | baden |
| *speak* | sprechen | *swim* | schwimmen |
| *learn* | lernen | *break* | brechen |
| *think* | denken | *hang* | hängen |
| *let* | lassen | *fall* | fallen |
| *sing* | singen | *hold* | halten |
| *see* | sehen | *give* | geben |
| *hear* | hören | *bring* | bringen |
| *eat* | essen | *make, do* | machen |
| | | *do* | tun |

Die englischen und die deutschen Namen der Tiere, zum Beispiel *calf*, „das Kalb" und *swine*, „das Schwein", sind germanisch. Die Ausdrücke für das Fleisch dieser Tiere, *veal* und *pork*, sind im Englischen romanischen Ursprungs. Im Deutschen sind sie aber germanischen Ursprungs, „Kalbfleisch" und „Schweinefleisch." 5

Viele abstrakte und manche nichtabstrakte Ausdrücke
sind oft romanischen Ursprungs in der englischen Sprache,
während die deutschen Ausdrücke germanisch sind.   während *while*

| ENGLISCH | DEUTSCH | ENGLISCH | DEUTSCH |
|---|---|---|---|
| *unity* | die Einheit | *immigration* | die Einwanderung |
| *unification* | die Einigung | *emigration* | die Auswanderung |
| *import* | die Einfuhr | *conversation* | das Gespräch |
| *export* | die Ausfuhr | *proverb* | das Sprichwort |
| *entrance* | der Eingang | *innovation* | die Neuerung |
| *exit* | der Ausgang | *hibernation* | der Winterschlaf |

Manchmal gibt es in der englischen Sprache zwei     manchmal *sometimes*
5   Wörter, eins germanischen und eins romanischen Ursprungs, mit ähnlicher Bedeutung.     ähnlich *similar*

| ENGLISCH | DEUTSCH |
|---|---|
| *yearly* *annual* | jährlich |
| *nightly* *nocturnal* | nächtlich |
| *ship* *vessel* | Schiff |
| *flood* *deluge* | Flut |
| *answer* *reply* | antworten |
| *hearty* *cordial* | herzlich |
| *wish* *desire* | Wunsch |
| *ghost* *spirit* | Geist |

ÜBERSETZER

Was bedeutet das alles für den Menschen, der Englisch spricht? Es bedeutet, daß die ersten Wochen des Studiums leicht sind, und daß es dann schwerer wird. Es bedeutet aber noch mehr. Ein sehr großer Teil des deutschen Wortschatzes ist germanisch, während der englische Wortschatz eine Mischung ist. Auch seltene und abstrakte deutsche Wörter sind meist germanisch. Wenn man einen kleinen deutschen Wortschatz gelernt hat, kann man mit etwas Phantasie sehr vieles verstehen.

Wir geben hier einige Beispiele und Fragen.

1. das Jahrzehnt — Was ist der englische Ausdruck für „zehn Jahre"?
2. das Jahrhundert — Was ist der englische Ausdruck für „hundert Jahre"?
3. das Jahrtausend — Was ist der englische Ausdruck für „tausend Jahre"?

noch mehr *more than that*
während *while*
selten *rare*
meist *usually*

die Phantasie *imagination*
die Frage *question*

**22**

4. das Hörspiel — Man hört das Spiel, das Drama, aber man sieht es nicht im Theater. Wie nennt man das auf Englisch?

nennen *call*

5. der Großsprecher — Der Großsprecher hat einen großen Mund. Er ist laut und spricht viel von sich selbst.

6. wortreich — Was ist ein wortreicher Mensch? Er hat vielleicht einen großen Wortschatz. Jedenfalls gebraucht er viele Wörter, wenn er spricht.

jedenfalls *in any case*

7. das Fragewort — Man beginnt eine Frage oft mit einem Fragewort. „Wo", „was" und „wie" sind zum Beispiel Fragewörter. Wie heißen sie auf Englisch?

8. der Fragesatz — Die ganze Frage ist meist ein Fragesatz. Wie nennt man das auf Englisch?

9. das Wörterbuch — Im Wörterbuch stehen Tausende von Wörtern mit den Definitionen. Wie heißt das auf Englisch?

10. das Tagebuch — Manche Menschen schreiben täglich etwas in ihr Tagebuch. Wie nennt man solch ein Buch im Englischen?

solch *such*

11. die Lebensgeschichte — Wie heißt die Geschichte eines Lebens? Wie heißt ein Buch über das Leben eines Menschen?

12. die Kleinkinderschule — In dieser Schule sind ganz kleine Kinder — noch bevor sie in den Kindergarten gehen. Wie nennt man die Schule?

Mit etwas Phantasie versteht man auch die meisten sogenannten langen Wörter im Deutschen. Es gibt längere Wörter im Deutschen als im Englischen, denn man schreibt oft zwei, drei oder vier zusammen. Mark Twain schrieb: „Manche deutschen Wörter haben Perspektive, so lang sind sie."

zusammen *together*

Im Deutschen schreibt man zum Beispiel das eine Wort „Großstadtroman", während man im Englischen schreibt: *novel of urban society (big city novel)*. Manchmal schreibt man in der englischen und in der deutschen

manchmal *sometimes*

Sprache Wörter zusammen. Denken Sie zum Beispiel an „Klassenzimmer", „Handbuch", „Tageslicht" und „Hausfrau"! Meist schreibt man sie im Englischen aber nicht zusammen. Bei den englischen Äquivalenten der folgenden Wörter schreibt man manche zusammen aber viele nicht; einige sind nichtgermanischen Ursprungs.

Das Sommersemester, die Sommerschule, die Sommerzeit, der Sommermonat, der Sommertag, die Sommerhitze, die Sommernacht, der Sommernachtstraum.

Der Wintersport, die Winterkälte, das Wintersemester, der Wintergarten.

Der Sonnenschein, der Abendsonnenschein, das Sonnenlicht, das Sonnenbad, der Sonnengott, die Morgensonne, die Mittagssonne, der Mondschein, die Mondscheinsonate.

Der Kindergarten, die Kindergärtnerin, das Kinderfräulein, die Kinderjahre, das Kinderspiel, die Kinderreime, der Kinderwagen, der Kinderzahn.

Die Liebesgeschichte, der Liebesroman, der Liebesbrief, das Liebesglück, der Liebesgott, die Liebesgöttin, liebeskrank.

der Wortschatz *vocabulary*
wirklich *really*
die Zeitung *newspaper*
kurz *short*

die Stelle *place*

gleich *immediately*

Auch mit einem kleinen Wortschatz kann man wirklich vieles verstehen. Bevor man deutsche Bücher und Zeitungen lesen kann, muß man natürlich Ausdrücke und kurze Sätze lernen. Von der Struktur der Sprache soll man auch etwas wissen. Manchmal stehen die Wörter zum Beispiel nicht an der Stelle, wo sie in einem englischen Satz stehen. Das Verb steht oft am Ende des deutschen Satzes. Wenn der Satz kurz ist, so sieht man das Verb gleich. Wenn er aber nicht kurz ist, so versteht man ihn nicht gleich. Der englischsprechende Student findet es schwer, wenn das Verb als eins von zwanzig oder einundzwanzig oder vielleicht noch mehr Wörtern ganz am Ende eines monumentalen deutschen Satzes s t e h t.

Das Problem ist klar, aber es bleibt ein Problem.—
Zwei amerikanische Studenten machen zum Beispiel eine
Reise durch Deutschland, Österreich und die Schweiz.
Der eine Student spricht ganz gut; der andere spricht
nur „ein bißchen". Er sagt: „ein bißchen", wenn man ihn
fragt: „Sprechen Sie Deutsch?" Es ist die Wahrheit, denn
er spricht wirklich nur ein bißchen. Die Reise beginnt in
Köln im Rheinland. An einem Sonntag nachmittag
machen sie mit zwanzig anderen Touristen eine kleine
Rundfahrt in einem Omnibus des Reisebüros. Der Reiseführer erklärt dies und das über die neuen Institute der
Universität, das neue Fernsehstudio, die Architektur der
Theater und der Oper. Manches, was er sagt, ist interessant; manches ist langweilig, wie das bei Reiseführern so
ist. Der deutschsprechende Student flüstert seinem ein-
sprachigen Freund jedenfalls englische Übersetzungen
ins Ohr. Vor dem Kölner Dom bleibt der Omnibus stehen,
und der Reiseführer spricht sehr lange. Er sagt viel mehr
als „ein bißchen" über den Dom. Endlich flüstert der
junge Mann, der kein Deutsch kann: „Was sagt er?"
Sein Freund flüstert wieder: „Ich erkläre Ihnen alles,
wenn er zum Verb kommt."

Vor hundertsechzig Jahren schrieb die geistreiche
Französin, Madame de Staël, vom Verb im deutschen
Satz. In einer französischen Unterhaltung, schrieb Madame de Staël, kann man unterbrechen, so viel man will.
Eine französische Unterhaltung ist lebhaft und geistreich,
denn man kann unterbrechen, wann immer man will. In
der deutschen Unterhaltung kann man aber nicht unterbrechen, wann immer man will. Wie kann man unterbrechen, wenn man nicht weiß, wie das Verb heißt!
Die deutsche Unterhaltung wird dadurch nicht so
lebhaft aber viel tiefer als die französische, schrieb Frau
von Staël.

---

bleiben *remain*

eine Reise machen *take a trip*

ein bißchen *a little bit*
die Wahrheit *truth*

Köln *Cologne*

die Rundfahrt *tour, drive around*
der Reiseführer *travel guide*
erklären *explain*

die Oper *opera* / manches *some things*
langweilig *boring*
flüstern *whisper*
einsprachig *monolingual*

der Dom *cathedral*

endlich *finally*
kann *knows*

geistreich *witty*

die Unterhaltung *conversation*
unterbrechen *interrupt*
lebhaft *lively*
wann immer *whenever*

wie . . . heißt *what . . . is*
dadurch *in that way*

**25**

# II | Deutschland: Kulturhistorischer Überblick

der Überblick *survey*

# 4 | GERMANEN UND DEUTSCHE

der Teil *part*

selber *itself* / wird genannt *is called*

die Bedeutung *meaning*

heilig *holy* / Römisch *Roman* das Reich *empire*

verschieden *different* / der Staat *state, nation* / Bundes- *Federal*

das Fürstentum *principality*

das Großherzogtum *Grand Duchy*

Der deutsche Teil des germanischen Sprachraums is geographisch das Zentrum Europas. Deutschland selber wird manchmal „das Land der Mitte" genannt. Die Menschen, die im deutschen Sprachraum leben, sind in der politischen Bedeutung des Wortes aber nicht alle Deutsche.

Vor Jahrhunderten gab es das sogenannte Heilige Römische Reich Deutscher Nation; hier lebten die Menschen des deutschen Sprachraums. Heute leben sie in verschiedenen Staaten. Der größte ist die Bundesrepublik Deutschland; man nennt sie auch Westdeutschland. Der kleinste Staat ist das Fürstentum Liechtenstein. Das Land Österreich ist eine Bundesrepublik wie Westdeutschland. Die Schweiz, in der einundsiebzig Prozent der Menschen Deutsch sprechen, ist auch eine Republik. Der kleine Staat Luxemburg hat den Namen Großherzogtum. Der Teil Deutschlands, der im Osten liegt, heißt dort die Deutsche Demokratische Republik. Im Westen

spricht man auch von der Sowjetzone, der Ostzone, der Zone oder auch Mitteldeutschland.

    Deutschland hat wenige natürliche Grenzen. Im Süden sind die Alpen, und im Norden ist das Meer; die
5 anderen Grenzen sind im Osten und im Westen offen.

die Grenze *boundary*

das Meer *sea*

    Die Kultur des deutschen Sprachraums ist ein Teil der europäischen Kultur und nicht sehr alt im Vergleich mit den Kulturen Ägyptens, des Nahen Ostens und des Orients. Auch ist sie nicht sehr alt im Vergleich mit den
10 Kulturen des klassischen Altertums in Europa. Als die Griechen und Römer eine hohe Kultur hatten, waren die Völker Mittel-, West- und Nordeuropas immer noch „Barbaren". Das Wort „Barbar" kommt aus dem Griechischen und bedeutet „Nichtgrieche, der Griechisch
15 nur stammeln kann".

der Vergleich *comparison*

nah *near*

das Altertum *antiquity*

der Grieche *Greek* / der Römer *Roman*

stammeln *stammer*

    In der Epoche nach der Zeit des klassischen Altertums entstand die deutsch-germanische Kultur. Als die Germanen in der Geschichte auftraten, gab es noch

entstehen *arise, originate*

auftreten *appear*

**29**

erst *only*

gehören *belong*
das Abendland *Western World*
verwandt *related* / gemeinsam
  *in common*

denkbar *conceivable*

der Rest *rest, vestige*

abstammen *come from, derive
  from*
der Himmel *heaven*

der Krieg *war*

der Donner *thunder*

das Heim *home*

die Ehe *marriage* / sogar *even*

Walhall *Valhalla*

der Stamm *tribe*

Alemannen (pl.) *Alemannic
  tribe*

der Personenname *proper
  name*
der Vorname *first name*

jung *young, new*

---

keine Italiener, Franzosen, Spanier und Engländer. Diese Völker sind erst durch die Vermischung der Germanen mit anderen Völkern entstanden. Alle Völker Europas gehören aber zur Kultur des Abendlandes, sind kulturell miteinander verwandt und haben vieles gemeinsam. Das sogenannte Abendland ist Europa, aber auch Nord-, Süd- und Mittelamerika, Australien und Teile Afrikas.

Die deutsche Kultur ist ohne die griechisch-römische Kultur und auch ohne die christliche Religion nicht denkbar. Die germanischen Elemente spielen eine relativ kleine Rolle, aber in der Sprache findet man noch Reste von ihnen. Die Namen einiger Wochentage stammen zum Beispiel von den Namen germanischer Götter ab. Dienstag ist der Tag des Himmelsgottes Tius; er ist der Kriegsgott der Germanen. Donnerstag ist der Tag Donars, Thors; er ist der Gott des Donners. Freitag ist der Tag Frijas; sie ist die Göttin des Heims, der Liebe und der Ehe. In der englischen Sprache gibt es sogar noch *Wednesday*, den Tag Wodans. In der germanischen Mythologie nennt man Wodan den Vater der Götter; er war der Herr von Walhall.

Das Wort „Germanen" war ursprünglich der Name nur eines germanischen Stammes. Auch das Wort für „deutsch" in der spanischen und in der französischen Sprache kommt von dem Namen nur eines germanischen Stammes, der Alemannen.

Woher kommt das Wort „deutsch"? Was ist die ursprüngliche Bedeutung des Wortes? Es stammt nicht von einem Personennamen ab wie, zum Beispiel, „Amerika", das von Vespuccis Vornamen Amerigo abstammt. Die Form seines Vornamens ist heute *Emory* im Englischen und „Emmerich" im Deutschen. Das Wort „deutsch" stammt auch nicht vom Namen eines Landes ab, wie bei den Engländern, Franzosen, Italienern und Spaniern. Die Form dieses jüngsten europäischen Völkernamens war ursprünglich „diutisk" und stammt von „diot" ab. Da „diot" „Volk" bedeutet, ist die deutsche Sprache eigentlich die Sprache des Volkes und Deutschland das Land des Volkes. Das Wort Deutschland gebraucht man erst seit dem sechzehnten Jahrhundert.

eigentlich *actually*

gebrauchen *use* / erst *only*

Die politische Gestalt Deutschlands und die Grenzen Deutschlands veränderten sich immer wieder. Ursprünglich gehörten die Niederlande und die Schweiz zum Deutschen Reich. Während die Schriftsprache in der Schweiz Hochdeutsch ist, wurde der germanische Dialekt der Holländer zur Nationalsprache der Niederlande. Politisch sind beide Länder schon lange selbständig.

die Gestalt, *form, shape*
die Grenze *boundary*
immer wieder *again and again*

die Schriftsprache *written language*

selbständig *independent*

Österreich gehörte auch zum Heiligen Römischen Reich Deutscher Nation und wurde erst im neunzehnten Jahrhundert selbständig. Jahrhunderte lang war Wien die Hauptstadt des Heiligen Römischen Reiches. Die Muttersprache aller Österreicher ist Deutsch; die deutschösterreichische Literatur ist ein wesentlicher Teil der deutschen Literatur.

Jahrhunderte lang *for centuries* / Wien *Vienna*
die Hauptstadt *capital*

wesentlich *essential*

Wenn man also von der deutschen Geschichte spricht, so spricht man von einem Land mit wechselnden Grenzen. Wenn man von deutscher Sprache und Literatur spricht, so ist es etwas anderes. Die deutschsprachige Literatur und Kultur sind mehr als die Literatur und Kultur des Gebietes, das man jeweils Deutschland nennt.

wechseln *change*

etwas anderes *something else*

jeweils *at a given time*

RÖMISCHE MÜNZE

KARL DER GROSSE

Die politische Geschichte der Deutschen beginnt
mit Karl dem Großen. Er wurde 742 geboren und starb,
fast zweiundsiebzig Jahre alt, im Jahr 814 in Aachen.

krönen (zu) *crown* / der Papst — Am 25. Dezember 800 krönte ihn Papst Leo III. in Rom
*pope*           zum Kaiser.        5

heutig *present-day*       Große Teile des heutigen Deutschland, Frankreich
und Italien gehörten zu seinem Reich. Die Franzosen
und auch die Deutschen nennen ihn ihren Kaiser. Die
französische Form des Namens, Charlemagne, kommt
von dem lateinischen *Carolus Magnus*. Seine Mutter- 10
sprache war ein althochdeutscher Dialekt.

**32**

Er führte ein Wanderleben und ritt von einem Ende seines Reiches zum andern. „Die Deutschen lernen reiten, bevor sie sprechen können", schrieb ein Historiker. In den letzten Jahren seines Lebens war er in seiner Hauptstadt Aachen; dort steht sein Königsstuhl, dort ist sein Grab.

Karl der Große war kein nationaler Kaiser. Er war Kaiser eines Universalreiches, das christlichen, nicht politischen Idealen diente. In Spanien nannte man ihn „König der Könige des Ostens". Nachdem er zu Weihnachten im Jahr 800 Kaiser wurde, nannte man Karl *rex, pater Europae,* „König, Vater Europas". Wenn man in der heutigen Zeit von den Vereinigten Staaten von Europa spricht, so denkt man an das Reich Karls des Großen. Seit 1950 verleiht die Stadt Aachen den sogenannten „Karlspreis" an „gute Europäer", die der Idee eines vereinigten Europas gedient haben.

Erst mit dem Tod Karls des Großen begann die deutsche, französische und italienische Geschichte. Im zehnten Jahrhundert entstand das Heilige Römische Reich Deutscher Nation. Die Blütezeit des Reiches fällt in die Epoche vom elften bis zum dreizehnten Jahrhundert.

Eine bekannte Dichtung dieser Zeit ist das dämonisch-tragische *Nibelungenlied,* das mit einem Rausch des Sterbens endet. Im Jahr 1906 erzählte der amerikanische Präsident Theodore Roosevelt einem Deutschen, er liebe die deutsche Sprache und habe das „Meisterwerk Kriemhilds Rache, den zweiten Teil des *Nibelungenliedes,* immer wieder gelesen".

Im deutschen Sprachraum lesen Schulkinder bis heute die Geschichte von Siegfried, Kriemhild und Brunhilde. Durch Richard Wagners Opern ist sie in ganz Europa und Amerika bekannt geworden. Zwei andere Opern Wagners beruhen auf Dichtungen jener Zeit: Wolfram von Eschenbachs Werk christlicher Humanität *Parzifal,* die Sage vom heiligen Gral, und Gottfried von

---

führen *lead* / reiten *ride*

letzt *last*
der Königsstuhl *royal chair*
das Grab *grave*

dienen *serve*
der König *king* / Weihnachten *Christmas*

vereinigt *united*

verleihen *confer, grant*

der Tod *death*

die Blütezeit *Golden Age*

bekannt *well-known* / die Dichtung *literary work* / das Lied *song* / der Rausch *frenzy* / das Sterben *dying* erzählen *tell*

das Meisterwerk *masterpiece*
die Rache *revenge*

die Oper *opera*

beruhen auf *be based*
die Humanität *liberal culture*
die Sage *legend* / der Gral *grail*

Straßburgs *Tristan und Isolde*, die Geschichte einer absoluten und idealen Liebe, die in den Tod führt.

Die Anfänge der deutschen Literatur fallen schon in die Zeit des Althochdeutschen, der Sprache Karls des Großen. Die sogenannte mittelhochdeutsche Epoche [5] beginnt im elften Jahrhundert und die Blütezeit gegen Ende des zwölften Jahrhunderts. Die Sprache *Tristans*, *Parzifals* und des *Nibelungenliedes* ist Mittelhochdeutsch. Unter den lyrischen Dichtern der Zeit ist Walther von der Vogelweide einer der größten. Schon Gott- [10] fried von Straßburg nannte ihn so. Walther beschrieb einmal sich selbst, als er über das Leben philosophierte. Wir bringen Walthers Zeilen in der ursprünglichen mittelhochdeutschen Sprache und im Neuhochdeutschen.

| | |
|---|---|
| Ich saz uf einem Steine | Ich saß auf einem Steine [15] |
| Und dahte bein mit beine; | Und deckte Bein mit Beine, |
| dar uf satz' ich den ellenbogen; | Darauf setzte ich den Ellenbogen, |
| ich hete in mine hant gesmogen | Ich hatte in meine Hand geschmogen |
| daz kinne und ein min wange: | Das Kinn und eine Wange: |
| do dahte ich mir vil ange | So dachte ich mir recht lange, [20] |
| wes man zer welte solte leben. | Wie man zur Welt sollte leben. |

In der sogenannnten Heidelberger Liederhandschrift sieht man ihn sitzen, mit dem Ellenbogen auf dem Knie und dem Kopf auf der Hand. Er denkt über das Leben nach: Wie kann man das Streben in dieser Welt nach [25] Gut, Ehre und Gunst Gottes im menschlichen Leben vereinigen!

Walther schrieb auch von den Kreuzzügen. In seinen Werken, wie in den Werken Wolframs, finden wir ritterlich-christliche Ideale. Diese ersieht man auch in der [30] Skulptur der Zeit. Ein Beispiel dafür ist „Der Bamberger Reiter", von dessen Gesicht man den Blick nicht wenden mag.

Während der Kreuzzüge entstanden im Heiligen Land sogenannte Ritterorden. „Der Deutsche Orden" [35] entstand im Jahr 1190; die Deutschritter trugen einen

---

Margin glossary:

führen *lead*

der Dichter *poet*

beschreiben *describe*

die Zeile *line*

decken *cross* / das Bein *leg*

schmiegen *cradle*

die Wange *cheek*

recht *very*

zur *in the*

die Handschrift *manuscript*

nachdenken *reflect*

das Streben *striving*

das Gut *possessions* / die Ehre *honor* / die Gunst *favor, grace* / vereinigen *combine*

der Kreuzzug *crusade*

ritterlich *knightly*

diese *the latter*

der Reiter *rider* / das Gesicht *face* / wenden *turn (away)*

der Ritterorden *Knights' Order*

Deutsch *Teutonic*

**34**

KOPF DES BAMBERGER REITERS

**35**

WALTHER VON DER VOGELWEIDE

der Mantel *coat, cloak*
schwarz *black*

eine Aufgabe stellen *give a task* / die Christianisierung *Christianization*

der Friedensvertrag *peace treaty*

weiterbleiben *continue to stay*

der Kampf *struggle, battle*
furchtbar *terrible*

weißen Mantel mit schwarzem Kreuz. Nach dem Ende der Kreuzzüge im dreizehnten Jahrhundert stellte der Papst dem Deutschen Orden eine neue Aufgabe im Osten Europas: Missionsarbeit, nämlich Christianisierung der Slawen. Durch den Deutschen Orden kamen Deutsche 5 weit nach Osten; es entstanden die Städte Danzig und Königsberg. Viele Jahrhunderte später, am Ende des zweiten Weltkrieges, kam ein Teil des Gebietes unter die Administration Polens und ein anderer Teil unter die Administration Rußlands. Man sprach von „Administra- 10 tion", da es keinen Friedensvertrag gab. Die Polen nennen Danzig Gdansk; die Russen nennen Königsberg Kaliningrad.

Im Jahr 1273 wurde Rudolf von Habsburg deutscher Kaiser und Wien die Hauptstadt des Heiligen Römischen 15 Reiches Deutscher Nation. Jahrhunderte lang war Wien die Hauptstadt des Reiches und das Kulturzentrum des deutschen Sprachraums. 1452 wurde Friedrich III. von Habsburg als letzter deutscher Kaiser in Rom gekrönt, aber die Habsburger blieben als Kaiser bis 1918 weiter 20 in Wien.

Im vierzehnten und fünfzehnten Jahrhundert gab es immer wieder Kämpfe zwischen Papst und Kaiser. Es war auch eine Zeit furchtbarer Naturkatastrophen, eine

HOLBEINS TOTENTANZ

Zeit des schwarzen Todes und, in der Kunst, des Toten-
tanzes. Man war wie gebannt von der Gewalt des Todes
über den Menschen. Hans Holbeins Holzschnitte sind
bekannte Beispiele für den „Totentanz" in der Kunst.

5   In einer Dichtung dieser Zeit, dem *Ackermann aus
Böhmen* von Johannes von Tepl (Saaz), ist der Kampf
des Menschen mit dem Tod das Thema des Werkes. Die
Form der Dichtung ist die eines Dialogs zwischen dem
Ackermann, dessen Frau gestorben ist, und dem Tod.
10  Der Ackermann verflucht den Tod, den „Mörder aller
Leute", denn „da steh ich armer Ackermann allein, verschwunden ist mein lichter Leitstern an dem Himmel."
Der Tod habe großes Unrecht an ihm getan. Hin und
her geht es im Dialog zweiunddreißig Mal, bis Gott im
15  letzten Kapitel mit der symbolischen Zahl dreiunddreißig
—Jesus wurde dreiunddreißig Jahre alt—spricht, daß
auch der Tod zur Welt gehört, da „jeder Mensch das
Leben dem Tod, den Leib der Erde, die Seele Uns
pflichtig ist zu geben."
20   Es ist kein Wunder, daß die Mystik zu dieser Zeit
in Deutschland blühte. Der größte deutsche Mystiker
ist Meister Eckhart. Menschen, die religiös interessiert
aber an kein Dogma gebunden sind, haben Meister
Eckhart immer wieder entdeckt. Ohne Dogma gibt es

die Kunst *art*

wie gebannt *as though be-
witched* / die Gewalt *power*
der Holzschnitt *woodcut*

Der Ackermann aus Böhmen
  *The Plowman from Bohemia*
  *(1401)*
das Thema *subject*

verfluchen *curse*

verschwinden *vanish*

der Leitstern *guiding star*

das Unrecht *injustice* / hin
  und her *back and forth*

die Zahl *number*

der Leib *body* / die Seele *soul*

pflichtig *obligated*

die Mystik *mysticism*

blühen *flower, flourish*

binden *bind, tie*

entdecken *discover*

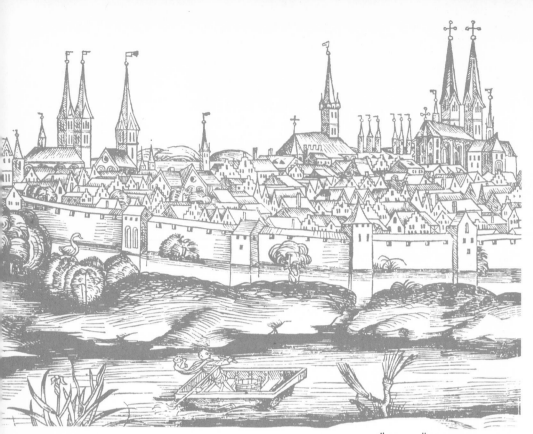

die Religiosität *religiousness*

der Prediger *preacher*
wichtig *important*
die Kirche *church*

außerhalb *outside of*

die Kleider *clothes* / weggeben *give away* / hängen an *be attached to*

der Ort *place*

keine Religion; ohne Dogma gibt es aber Religiosität. Was hat Meister Eckhart zu sagen? Bekannt sind seine Worte, daß „gute Werke die besten Prediger sind". Er schrieb aber auch: Was wir sind, ist wichtiger als das, was wir tun. Soll man zum Beispiel in die Kirche gehen? 5 Es ist besser, in der Kirche zu sein als auf der Straße, schrieb er, aber außerhalb der Kirche kann man auch religiös sein. Wenn man ein schönes Haus und gute Kleider hat, soll man sie weggeben? Nein, antwortete er, aber man soll an den Gütern der Welt nicht hängen. 10 Und was war ihm Gott? „Gott ist in allen Dingen und an allen Orten", schrieb der Mystiker und Dominikaner, Meister Eckhart.

**38**

Dominikaner und Franziskaner hatten schon im dreizehnten Jahrhundert Schulen. Die ersten Universitäten des Deutschen Reiches entstanden im vierzehnten Jahrhundert: Prag 1348, Wien 1365, Heidelberg 1386, Köln 1388 und Erfurt 1392. Prag ist heute eine tschechische Universität; Wien ist in Österreich und nun die älteste deutschsprachige Universität; Heidelberg und Köln sind in der Bundesrepublik Deutschland und Erfurt in der Deutschen Demokratischen Republik. Im vierzehnten Jahrhundert begann die sogenannte theologische Epoche der deutschen Universität. Schulen und Universitäten waren Töchter der Kirche. Die Sprache der deutschen Universität, wie die Sprache aller europäischen Universitäten zu dieser Zeit, war Latein.

Die Epoche der ritterlichen Kultur ging zu Ende, die Epoche der bürgerlichen Kultur der Städte begann. Die Städte des späten Mittelalters waren noch klein. Die meisten hatten unter 10 000 Einwohner. Die wichtigste Stadt im Rheinland war Köln mit 30 000 Einwohnern; im Osten war Lübeck am wichtigsten, im Süden Augsburg. Lübeck war die führende Stadt der sogenannten Hanse; es war ein Bund von über fünfzig Städten. Die Hanse hatte ihre eigene Handelsflotte, zweihundert Schiffe, und ihre eigene Flagge, einen Adler in rotweißem Feld. Noch heute nennen sich Hamburg, Bremen und Lübeck freie Hansestädte, obgleich es seit dem siebzehnten Jahrhundert keine Hanse mehr gibt. In den Hansestädten gibt es keine Reste aus aristokratischer, feudaler Zeit, denn die Kultur der Hansestädte war eine bürgerliche Kultur.

Bundes- *Federal*

das Latein *Latin*

ritterlich *knightly* / zu Ende gehen *come to an end* bürgerlich *middle class*

der Einwohner *inhabitant*

führend *leading*

die Hanse *Hanseatic League* der Bund *league* / eigen *own* / die Handelsflotte *merchant marine* / der Adler *eagle*

obgleich *although*

der Rest *vestige*

SIEGEL VON LÜBECK AUS DEM DREIZEHNTEN JAHRHUNDERT

MARTIN LUTHER

# 5 | DAS REICH UND DER NATIONALISMUS

das Abendland *Western World*

die Kritik *critique*

führen *lead*

laufen *circulate*

die Spaltung *division* / die Christenheit *Christendom*

bedeutend *significant*

die Übersetzung *translation*

schaffen *create*

erscheinen *come out, appear*

Eine neue Epoche, für Deutschland und für die Kultur des Abendlandes, begann im Oktober des Jahres 1517 mit Luther und der Reformation. Der Mönch Martin Luther war vierunddreißig und seit 1512 Professor der Theologie an der Universität Wittenberg, die im Jahr 1517 erst fünfzehn Jahre alt war. Seine heute bekannten fünfundneunzig Thesen waren eine scharfe Kritik, die zu einer inneren Reform der Kirche führen sollte. Sie liefen aber „in vierzehn Tagen durch ganz Deutschland", schrieb Luther später; die kritischen Thesen führten zur Entstehung des Protestantismus und zur Spaltung der Christenheit.

Als Protestant spielt Martin Luther eine bedeutende Rolle in der Geschichte des Abendlandes. In der Geschichte der deutschen Sprache und Literatur spielt er durch die Übersetzung der Bibel eine große Rolle. Wenn man heute den Satz liest: „Am Anfang schuf Gott Himmel und Erde", so liest man Luther-Worte. Mit dem Neuen Testament machte er 1521 den Anfang. Schon im September 1522 erschien *Das Neue Testament Deutsch*, die sogenannte September-Bibel, mit Holz-

5

10

15

20

**40**

schnitten von Lucas Cranach. In den folgenden Jahren
erschien auch das Alte Testament. Luther übersetzte aus
dem Urtext, das Neue Testament aus der griechischen,
das Alte Testament aus der hebräischen Sprache. „Ich
5 habe oft vierzehn Tage, drei, vier Wochen ein einziges
Wort gesucht", sagte Luther. Die Sprache seiner meister-
haften Übersetzung des Alten wie des Neuen Testaments
ist einfach und klar; sie ist jedem Deutschen, dem
Arbeiter und dem Intellektuellen, verständlich. Luthers
10 Bibelübersetzung war nicht die erste Übersetzung der
Bibel ins Deutsche. Sie ist aber das erste große Dokument
der sogenannten neuhochdeutschen Schriftsprache und
wurde die Grundlage für das Schriftdeutsch von heute.

Viele biblische Worte stehen in dem ersten Buch
15 über Faust. Die Faust-Legende entstand in der Epoche
der Reformation im protestantischen Teil Deutschlands.
In der Luther-Stadt Wittenberg soll Faust zur Schule
gegangen sein; im Wald bei Wittenberg soll er einen
Pakt aus Wissensdurst und aus Hunger nach Geld und
20 Macht mit dem Teufel gemacht haben. Vierundzwanzig
Jahre später habe ihn der Teufel in einem Wirtshaus

übersetzen *translate*

hebräisch *Hebrew*
einzig *single*
meisterhaft *masterly, skilful*

einfach *simple*
verständlich *understandable*

die Schriftsprache *written language*

biblisch *biblical*

der Wissensdurst *thirst for knowledge* / die Macht *power* / der Teufel *devil*
das Wirtshaus *inn*

LUTHERZIMMER IN WITTENBERG

holen *come to get*

herauskommen *be published*

die Hölle *hell*
der Repräsentant *representative*
erleben *experience, live to see*

streben *strive* / tätig *active*

frei *free* / der Grund *soil*

erobern *win, conquer*
ahnen *sense*

verlieren *lose*

hauptsächlich *chiefly, mainly*

dem Namen nach *in name*
die Spaltung *split, schism*
die Macht *power* / liegen bei *be in the hands of*

der Fürst *prince*

das Lager *camp*

zweifeln *doubt*
der Glaube *faith*
Päpstisch *popish, Catholic*
Calvinisch *Calvinist*

vorhanden *existent*
sei *might be*

bei Wittenberg geholt. Von Jahr zu Jahr erzählte man immer neue Faust-Anekdoten. Gegen Ende des Jahrhunderts, im Jahr 1587, kam in Frankfurt die *Historia von D. Johann Fausten* heraus. Die Geschichte endet mit einem Triumph der Hölle. Zweihundert Jahre später 5 wird Faust bei Goethe der Repräsentant der Menschheit. Goethes Faust will alles erleben, was der Mensch überhaupt erleben kann. Er bleibt aber das, was er immer war: ein strebender Mensch, ein tätiger Mensch und ein suchender Mensch. Findet er, was er sucht? Ja und 10 nein. Könnte Faust „auf freiem Grund mit freiem Volke stehen", wo die Menschen ein tätiges Leben führen und sich täglich Freiheit wie das Leben erobern müssen— dann vielleicht ja! Er ahnt das Kommen einer neuen Welt und stirbt. Goethes *Faust* endet mit keinem Triumph 15 der Hölle.

In der ersten Hälfte des sechzehnten Jahrhunderts wurden viele Deutsche zu Protestanten, aber in der zweiten Hälfte des Jahrhunderts verlor der Protestantismus wieder einige Gebiete. Der Norden des deutschen 20 Reiches war hauptsächlich protestantisch geworden, der Süden und das Rheinland waren hauptsächlich katholisch geblieben.

Das Heilige Römische Reich Deutscher Nation existierte noch, aber es existierte nur dem Namen nach. 25 Durch die Spaltung hatte das Heilige Römische Reich keine religiöse Basis mehr. Die Macht lag bei den vielen einzelnen Staaten, nicht bei Kaiser und Reich. In religiösen Dingen mußten die Menschen ihren Fürsten folgen. 30

Zwei Lager entstanden: die protestantische Union und die katholische Liga. Der Dichter Friedrich von Logau zweifelte in einem seiner vielen Epigramme, ob der wirkliche christliche Glaube hier oder dort sei:

Lutherisch, Päpstisch und Calvinisch — diese 35
　　Glauben alle drei
Sind vorhanden; doch ist Zweifel, wo
　　das Christentum dann sei.

Biblia·

das ist: Die gantze
heilige Schrifft:
Deudsch.

D. Mart. Luth.

Wittemberg.

Gedruckt durch Hans Lufft.
1561.

Die religiösen und politischen Konflikte führten zum Dreißigjährigen Krieg von 1618-1648. Fast alle Nationen Europas nahmen an dem Krieg teil, in dem Millionen von Menschen den Tod fanden. Über die furchtbare Zeit kann man in einem deutschen Roman jener Tage, *Der abenteuerliche Simplizissimus,* lesen. Der Autor, Grimmelshausen, wurde als Sohn eines armen Bauern geboren und war selber Soldat. Er starb als Katholik, obgleich er als Knabe protestantisch war. In seinem Roman, einem bedeutenden Roman der Weltliteratur, gibt uns der Autor ein lebendiges, buntes Bild der blutigen Kriegsjahre. 5

Spanier, Portugiesen, Franzosen, Engländer und Holländer entdeckten neue Teile der Erde und gründeten Kolonien. Deutsche mußten in ihrem zerstörten und dezentralisierten Land selbst alles wieder von vorn anfangen. 10 15

Unter den über dreihundert deutschen Staaten blieb Österreich kulturell führend. Politisch wurde Preußen die führende Macht. Man denkt an den sogenannten Soldatenkönig Friedrich Wilhelm I. von Hohenzollern, wenn man an die Anfänge des preußischen Militarismus denkt. 20

Andere Könige Europas hatten gern Luxus um sich; der Soldatenkönig kannte nur Arbeit und Ordnung. Friedrich Wilhelm I. trank keine teuren Weine, sondern 25

teilnehmen *take part*
furchtbar *terrible*
der Roman *novel*
abenteuerlich *adventurous*
der Bauer *farmer*
der Soldat *soldier*

bunt *colorful* / blutig *bloody*

entdecken *discover* / gründen *establish*
zerstört *destroyed*
von vorn anfangen *start at the beginning*

Preußen *Prussia*

der König *king*

der Luxus *luxury*
die Ordnung *order*
teuer *expensive*

das billige Bier; er aß keinen importierten Kaviar, sondern Fleisch mit Sauerkraut. Da Kriege Geld kosten, führte er kaum Kriege, aber die preußische Armee wurde die beste Europas. Man erzählt vom Soldatenkönig eine charakteristische Anekdote. Als er auf dem Sterbebett lag und der Pastor aus der Luther-Bibel las: „Ich bin nacket von meiner Mutter Leib kommen, nacket werde ich wieder dahinfahren", rief er: „Nein, nein, ich werde meine Uniform anhaben."

Friedrich Wilhelm hatte einen Sohn, der Musik, Literatur und Philosophie liebte und sich nicht für Soldaten interessierte. Dieser Sohn, den die Geschichte Friedrich den Großen nennt, war eine seltsame Mischung von Realismus und Idealismus. Als er nach dem Tod seines Vaters König von Preußen wurde, machte er von der Armee, dem „Instrument der Politik", doch Gebrauch. Zwischen Kriegen und Schlachten schrieb er französische Gedichte, nicht sehr gute, und förderte Philosophie und Musik.

Das große Zeitalter der deutschen Musik hatte mit Johann Sebastian Bach begonnen. Über fünfzig Bachs haben in der Musikgeschichte oder im Musikleben Deutschlands eine Rolle gespielt. Der bedeutendste ist Johann Sebastian. Seine Barockmusik, ein Kind der Reformation, wurzelt in tiefer Religiosität; immer wieder behandelt er Christus-Themen in seinen vielen Kompo-

billig *cheap*

führen *wage* / kaum *hardly*
erzählen *tell*

das Sterbebett *deathbed*
*"Naked came I out of my mother's womb, and naked shall I return thither."*
rufen *cry, call*

sich interessieren für *be interested in* / seltsam *strange*
die Mischung *mixture*

der Gebrauch *use*
die Schlacht *battle*
das Gedicht *poem* / fördern *encourage, further*

wurzeln *be rooted*
behandeln *treat*

BACH

**45**

FRIEDRICH DER GROSSE

HÄNDEL

sitionen. Seine bedeutendsten Werke entstanden in Leipzig, wo er von 1723 bis an sein Lebensende im Jahr 1750 Kantor an der Thomaskirche war. Die Bach-Tradition lebt in der siebenhundertfünfzig Jahre alten Thomaskirche weiter, auch in der Epoche des Marxismus.

weiter *on, further*
der Komponist *composer*

Doppel- *dual* / der Geist *spirit, intellect* / vor allem *above all*

reisen *travel* / verbringen *spend*

Der zweite große Barock-Komponist ist Georg Friedrich Händel. Man nannte Händel (1685–1759) und Bach (1685–1750) die Doppelsonne im Reich des Geistes. Händels Werk, vor allem sein *Messias,* wurzelt in tiefer Religiosität, aber er war auch Weltmann. Während Bach wenig reiste und sein Leben in der Heimat verbrachte, reiste der Oratorium- und Opernkomponist viel und verbrachte einen großen Teil seines Lebens in England.

die Baukunst *architecture*
das Schloß *castle*

vorherrschend *predominant*
der Stuck *stucco* / die Malerei *painting*

das Rathaus *town hall*

Die barocke Musik war ein Kind der Reformation, aber die barocke Baukunst war ein Kind der Gegenreformation. Barocke Kirchen und Schlösser findet man vor allem im Süden des deutschen Sprachraums. In den Städten Würzburg, Salzburg und Wien ist der barocke Stil vorherrschend. Ein wunderbares Beispiel barocker Kirchen mit ihrer Stuckdekoration und Freskomalerei ist die Kirche der Brüder Asam in München. Die Stuckdekoration des Neuen Rathauses in Bamberg ist ein weiteres Beispiel barocken Stils.

**46**

ASAMKIRCHE

LEIBNIZ                    LESSING

der Bürger *citizen*
die Wissenschaft *science*
möglich *possible*
schaffen *create*
die Brücke *bridge*
das Zusammenwachsen *growing together*

der Dramatiker *dramatist*

das Märchen *fairy tale*
aufeinanderstoßen *collide*
jüdisch *Jewish*
ersehen *see, perceive*

der Wert *value* / gleich *equal, the same*

Auf dem Gebiet der Philosophie denkt man vor allem an Gottfried Wilhelm Leibniz, einem universellen Geist. Er war Deutscher, Europäer und Weltbürger. Er gründete die Akademie der Wissenschaften in Berlin und wollte in dieser „besten aller möglichen Welten" eine Universalsprache schaffen. Gegen Ende seines Lebens schrieb er über Rußland als Brücke zu China. Leibniz meinte, aus dem Zusammenwachsen von Europa und Asien würde eine Weltkultur entstehen.

Auf dem Gebiet der Literatur denkt man vor allem an den Kritiker, Dramatiker und Reformator des Theaters Gotthold Ephraim Lessing. Sein *Nathan der Weise* ist das große Drama religiöser Toleranz in der Weltliteratur. Die Atmosphäre ist orientalisch; es beginnt wie ein Märchen aus Tausendundeiner Nacht. In Jerusalem stoßen am Ende des zwölften Jahrhunderts die christliche, mohammedanische und die jüdische Religion aufeinander. In Lessings Drama ersehen wir, was er will: in der Form sind die drei Religionen anders, aber im Wert sind sie gleich.

Obwohl es schon im Mittelalter religiöse Spiele gab, beginnt das moderne deutsche Drama und das deutsche Theaterleben eigentlich mit Lessing. Im deutschen

Sprachraum überhaupt spielt das Theater eine viel größere Rolle als, zum Beispiel, in Amerika. In Deutschland gibt es heute über zweihundert Stadttheater, die die Menschen zehn Monate des Jahres täglich besuchen.

Kurz nach dem Tod Lessings begannen in Europa die Napoleonischen Kriege. Das Heilige Römische Reich, das schon lange eine Fiktion war, lebte bis 1806 weiter. Nach 1806 gab es kein Reich mehr, sondern nur einzelne deutsche Staaten.

Die Epoche war eine Zeit des wachsenden Nationalismus und des Stolzes auf die Nation. In der Neuen wie in der Alten Welt mußte der Lokalpatriotismus dem Nationalismus Platz machen. Schon im Jahr 1775 hatte Patrick Henry im Parlament von Virginia gesagt: „Natürlich bin ich aus Virginia, aber in erster Linie bin ich Amerikaner." Kurz vor Ende des Jahrhunderts sagte George Washington: „Da wir nun eine Nation sind, muß der Name Amerika mehr patriotischen Stolz erwecken, als der Name einzelner Staaten oder Gebiete".

Auch in Deutschland wuchs der Nationalismus; auch hier machte der Lokalpatriotismus dem Nationalismus Platz. Der führende Staatsmann Preußens, Freiherr vom Stein, schrieb: „Ich habe nur ein Vaterland; das heißt Deutschland."

Die deutschen Staaten, England und Rußland machten dem Regime Napoleons 1814–1815 ein Ende. Auf dem Kongreß, der von November 1814 bis Juni 1815 in Wien stattfand, hofften die Deutschen auf die Geburt einer neuen geeinigten Nation. Da ein geeinigtes Deutschland nicht entstand, wurde der Kampf um die Einheit bis zum Deutsch-Französischen Krieg 1870–71 die zentrale deutsche Frage.

Es gab in dieser Epoche keine große und starke deutsche Armee. Kulturell war es aber die bedeutendste Epoche in der Geschichte Deutschlands. Es blühten Musik, Kunst, Literatur, Philosophie und die Wissenschaften.

überhaupt *in general*

besuchen *attend, go to*

einzeln *individual*

wachsen *grow*
der Stolz *pride*

Platz machen *give way to*

in erster Linie *first of all*

erwecken *awaken*

der Freiherr *baron*

ein Ende machen *put an end to*

stattfinden *take place* / hoffe auf *hope for* / geeinigt *unified*
der Kampf um *struggle for*

stark *strong*

blühen *flourish* / die Kunst *art* / die Wissenschaft *science, scholarship*

# 6 | DIE KULTUR UND DIE POLITIK

zusammenfallen *coincide*
das Zeitalter *age*

Fallen politische Macht und das Blühen der Kultur zusammen? In der Geschichte der englischen Zivilisation war es so: das Zeitalter Elisabeths war auch das Zeitalter Shakespeares. In der Geschichte der französischen Zivilisation findet man dasselbe Zusammenfallen von Macht und Kultur wie in der englischen: das Zeitalter Ludwigs des Vierzehnten war auch das Zeitalter der großen Dichter und Philosophen. Die spanische Kultur blühte, als das mächtige Spanien einen großen Teil der Neuen Welt kolonisierte. In Deutschland war es anders. Die deutschen Staaten waren politisch schwach, aber Gedichte, Romane, Novellen, Märchen, Symphonien, Lieder und philosophische Werke, die einen mächtigen Einfluß hatten, gab es in großer Menge.

Johann Wolfgang von Goethe, schrieb Ralph Waldo Emerson, war „das letzte Universalgenie des neunzehnten Jahrhunderts". Sein *Faust* ist eines der größten Werke der Weltliteratur. Goethes Faust ist der moderne Mensch, der alles erleben will; er ist nie zufrieden, aber tätig noch in seinen letzten Stunden. In Goethes Lyrik, in seinen Dramen und Romanen wurde die deutsche Sprache zu einer der schönsten der Welt. Goethes Freund Friedrich Schiller ist der bedeutendste Dramatiker deutscher Sprache. Humanität und Freiheit sind die Hauptthemen seiner Werke. Durch alle Werke Schillers, sagte Goethe von ihm, „geht die Idee von Freiheit.... In seiner Jugend

die Macht *power*
Ludwig *Louis*

kolonisieren *colonize* / anders *different* / schwach *weak*

die Novelle *short story*

mächtig *strong*

der Einfluß *influence* / in großer Menge *in abundance*

das Genie *genius*

erleben *live to see, experience* zufrieden *satisfied* / tätig *active* / die Lyrik *lyric poetry*

der Dramatiker *dramatist*

Haupt- *main*

war es die physische... in seinem späteren Leben die ideelle." Der Mensch ist nach Schiller ein Wesen, das keine Gewalt erleiden darf. In einem Essay zitierte Schiller zum Beispiel die Worte aus Lessings *Nathan der Weise*: „Kein Mensch muß müssen." Er selber schrieb dann die für ihn charakteristischen Worte: „Alle anderen Dinge müssen; der Mensch ist das Wesen, welches will. Eben deswegen ist des Menschen nichts so unwürdig, als Gewalt zu erleiden, denn Gewalt hebt ihn auf. Wer sie uns antut, macht uns nichts Geringeres als die Menschheit streitig; wer sie feigerweise erleidet, wirft seine Menschheit hinweg."

Schiller und Goethe gehören beide in die Geschichte der deutschen Lyrik, eine Blüte der deutschen Literatur. Die deutsche Lyrik ist in der Welt weniger bekannt als die deutsche Musik. Es gibt Übersetzungen der deutschen Lyrik, aber kann man Gedichte überhaupt übersetzen? „Übersetzungen", schrieb der deutsche Übersetzer Dantes, „gleichen den Frauen; sind sie treu, so sind sie nicht schön, und sind sie schön, so sind sie nicht treu."

*physisch physical*

*ideell ideal, of ideas* / das Wesen *being* / die Gewalt *force* / erleiden *submit to*

*kein . . . no one has to do anything*

eben deswegen *just for this reason* / unwürdig *unworthy* / aufheben *negate, cancel out* / antun *inflict* / streitig machen *deny* / Geringeres *less* / feigerweise *out of cowardice* / hinweg *away*

überhaupt *at all*

gleichen *resemble* / treu *faithful*

**GOETHE**

**51**

eigentlich *real, true*

die Romantik *Romanticism*
zum Teil *in part*

die Ehe *marriage*

die Frucht *fruit* / vertonen
*set to music*

die Erzählung *tale*

aufhören *stop*

die Offenbarung *revelation*
die Weisheit *wisdom*
der Schüler *student*
die Entwicklung *development*

komponieren *compose*
Kaiser- *imperial*

die Hoffnung *hope*
keineswegs *by no means*
herrschen *rule*

mit . . . Jahren *at the age of*
das Klavier *piano*

das Alter *age*

Die Zauberflöte *The Magic
Flute*

Manche Nichtdeutsche meinen, die Musik ist die eigentliche Kunst der Deutschen. Goethe, Schiller und die Dichter der Romantik kennt man in der Welt zum Teil durch ihre Komponisten Schubert, Schumann und Mendelssohn. Die Ehe von Musik und Lyrik war eine Frucht der Romantik. Schubert selber vertonte über siebzig Goethe- und über vierzig Schiller-Gedichte. Von keinem Dichter wurden so viele Gedichte vertont wie von Heinrich Heine. Bismarck meinte, man soll nicht vergessen, „daß Heine ein Liederdichter ist, neben dem nur Goethe genannt werden darf." Dreitausendmal hat man seine Gedichte vertont; ein Gedicht, „Du bist wie eine Blume", hundertsechzigmal.

Ist die Musik eine höhere Form der Kunst als die Lyrik? Der Dichter E.T.A. Hoffmann, dessen *Erzählungen* von Offenbach vertont wurden, schrieb: „Wo die Sprache aufhört, fängt die Musik an." „Es gibt Momente", schrieb Beethoven, „wo ich finde, daß die Sprache noch gar nichts ist." Er meinte auch, daß „Musik höhere Offenbarung ist als alle Weisheit und Philosophie."

Beethoven war in Wien ein Schüler Haydns. Joseph Haydn war epochemachend in der Entwicklung der Symphonie und des Quartetts. Die Melodie der deutschen Nationalhymne komponierte er ursprünglich als Kaiserhymne Österreichs. Die Worte „Deutschland über alles" wurden später geschrieben. Deutsche und Nicht-Deutsche haben die Worte oft mißverstanden. Im Jahr 1945 mußte der antinationalistische Thomas Mann in Washington erklären, die Worte seien „Ausdruck großdeutscher demokratischer Hoffnung und keineswegs so gemeint, daß Deutschland ‚über alles' herrschen sollte."

Wolfgang Amadeus Mozart, der dritte große Wiener Komponist der Zeit, lernte schon mit drei Jahren das Klavierspielen. Mit fünf komponierte das Wunderkind kleine Musikstücke und schrieb bis zu seinem Tod im Alter von fünfunddreißig Jahren über sechshundert Werke. Die Tradition der deutschen Oper beginnt mit seiner „Zauberflöte".

Die deutsche Philosophie der Zeit war ebenso bedeutend wie die deutsche Musik. Für Immanuel Kant war das große philosophische Problem: was kann der Mensch wissen und was kann der Mensch nicht wissen? Das menschliche Denken ist an die Kategorien des Raumes, der Zeit und der Kausalität gebunden, schrieb Kant. Sie gehören zur Struktur des menschlichen Geistes; ohne sie kann der Mensch nichts erfahren.

Bei dem Namen des Philosophen Georg Wilhelm Hegel denken wir vor allem an seine Philosophie der Geschichte. Die Marxisten machen bis heute von der Terminologie Gebrauch: Thesis, Antithesis und Synthesis. Karl Marx schrieb von materieller Produktion, wo Hegel von Weltgeist schrieb, und schuf den dialektischen Materialismus. Wie viele Menschen haben *Das Kapital* gelesen? Wie viele kennen *Das Kommunistische Manifest*, das mit dem Satz beginnt: „Ein Gespenst geht um in Europa." Das „Gespenst" der Revolution und des Kommunismus ist Wirklichkeit geworden. Die Hälfte der Welt ist marxistisch, obwohl die meisten Bewohner der marxistischen Hälfte den Marxismus nicht verstehen. Vor Jahren schrieb Wladimir Iljitsch Lenin: „Man kann *Das Kapital* von Karl Marx nicht verstehen, wenn man nicht die ganze Logik von Hegel durchstudiert und verstanden hat. Daher hat nach einem halben Jahrhundert keiner von den Marxisten Marx verstanden."

Der Anti-Hegelianer Arthur Schopenhauer ist ein weiterer bekannter Philosoph dieser Epoche. „Das Leben ist eine unangenehme Sache", meinte er; das Elend des menschlichen Lebens zeige, daß diese Welt keineswegs die beste aller möglichen Welten sei. Das Leben der meisten Menschen sei bedeutungslos; Generationen und Generationen von Menschen führen Millionen von Leben „mit unbedeutenden Variationen". Da er das aktive Leben, das Leben des Willens, immer wieder verwarf, die Kunst und das kontemplative Leben aber immer wieder besang, war sein Einfluß auf Dichter und Denker sehr groß.

---

ebenso *just as*

der Raum *space*
binden *tie, restrict*

erfahren *find out, learn*

vor allem *above all*

der Weltgeist *world spirit*
schaffen *create*

das Gespenst *ghost* / umgehen in *haunt*
die Wirklichkeit *reality*
der Bewohner *inhabitant*

daher *for that reason*

unangenehm *unpleasant*
das Elend *misery*
zeigen *show*

bedeutungslos *insignificant*

unbedeutend *insignificant*
verwerfen *reject*

besingen *sing about, praise*

---

DAS ROMANTISCHE

Deutsche Philosophie, Musik und Dichtung, besonders die Lyrik, die Novelle und das Drama, blühten weiter im neunzehnten Jahrhundert. Viele meinten, die deutsche Kultur sei die führende Kultur des Abendlandes.

sich ändern *change*

Nun kann man eine Zivilisation nicht nach ihrer Blütezeit charakterisieren. Jede Zivilisation ändert sich von Epoche zu Epoche. Was hat sich die Welt zum Beispiel in der Mitte des zwanzigsten Jahrhunderts unter „Deutschland" vorgestellt? Man dachte vor allem an Soldaten, Uniformen, Militarismus. Was hat sich die Welt aber in der ersten Hälfte des neunzehnten Jahrhunderts unter „Deutschland" vorgestellt? Was für ein Deutschland-Bild gab es in der ersten Hälfte des achtzehnten Jahrhunderts?

sich vorstellen unter *imagine
to be*

was für ein *what kind of*

das Bild *image*

Einige Jahrzehnte bevor deutsche Musik, Philosophie

und Literatur weltberühmt wurden, erklärte der Verfasser von *Gullivers Reisen,* Jonathan Swift, daß die Deutschen die dümmsten aller Völker seien. Mehrere französische Kritiker meinten, die Deutschen könnten überhaupt keine Dichter, Komponisten oder Philosophen werden. Wie wandelte sich dann das Bild!

Im neunzehnten Jahrhundert schrieb der Engländer Bulwer-Lytton, die Deutschen seien d a s Kulturvolk; er nannte sie „das Volk der Dichter und Denker". Schon Madame de Staël hatte in diesem Sinn über die Deutschen geschrieben. Victor Hugo meinte: „Deutschland ist das Indien des Abendlandes". Der französische Philosoph und Kritiker Hippolyte Taine schrieb: „Alle modernen Ideen entstanden in Deutschland zwischen 1770 und 1830." Der amerikanische Historiker John Lothrop Motley, der an den Universitäten Berlin und Göttingen studiert hatte, ging noch weiter: „Von der Zeit an, als die Germanen ihren Freiheitskampf gegen das Römische Reich begannen, bis zum heutigen Tag ist Deutschland die Hauptquelle der europäischen und amerikanischen Kultur." Ein zweiter amerikanischer Historiker, George Bancroft, der in Heidelberg, Berlin und Göttingen studiert hatte, schrieb, man merke den Einfluß der deutschen Literatur auf den geistigen Charakter Europas und Amerikas an jeder Straßenecke. Henry Wadsworth Longfellow meinte, die deutsche Sprache sei für einen jungen Dichter wichtiger als jede andere. An Soldaten dachte man in dieser Zeit nicht. Es gab ja fast gar keine.

Strenge Kritik an Deutschland sollte erst im folgenden Jahrhundert kommen. Sie ging oft zu weit, ebenso wie das Lob in der ersten Hälfte des neunzehnten Jahrhunderts zu weit gegangen war. Wie man früher die deutsche Wirklichkeit vor lauter Symphonien und Dichtungen nicht sah, so sah man im zwanzigsten Jahrhundert oft den deutschen Wald vor lauter Nazibäumen nicht.

---

berühmt *famous*
erklären *declare*
der Verfasser *author*

überhaupt *at all*

sich wandeln *change*

seien *were*

der Sinn *sense, meaning*

der Freiheitskampf *struggle for freedom*

die Hauptquelle *main source*

merken *notice*
geistig *intellectual*
die Ecke *corner*

wichtig *important*

gar keine *none at all*
streng *severe*

das Lob *praise*

lauter *all the*
die Dichtung *work of literature*

der Baum *tree*

die Naturwissenschaft
  *physical science*

betrachten *regard* / die
  Chemie *chemistry*

eröffnen *open*

der Wissenschaftler *scientist*

verleihen *grant*
erhalten *receive*

die Einigung *unification*

der Zollverein *Customs Union*
der Vorläufer *forerunner*

der Gemeinsame Markt
  *Common Market*

damals *at that time*

hoffen auf *hope for*

ausbrechen *break out*

der Redner *speaker*

wieder schaffen *reestablish*

undenkbar *inconceivable*

Im Lauf des neunzehnten und zwanzigsten Jahrhunderts blühte, neben Philosophie, Musik und Literatur, auch die Wissenschaft. Die große Zeit der Naturwissenschaften begann schon am Anfang des neunzehnten Jahrhunderts. Man betrachtete die Chemie noch nicht als eine wirkliche Wissenschaft, als Justus Liebig im Jahr 1826 sein Laboratorium eröffnete. Dort schufen er und eine Generation von Chemikern die Grundlage der experimentellen Chemie. Von der Zeit Liebigs auf dem Gebiet der Chemie und Georg Ohms auf dem Gebiet der Physik bis zu Röntgen, Max Ehrlich, Robert Koch und Albert Einstein kamen Studenten aus allen Ländern der Erde, um unter den deutschen Wissenschaftlern zu studieren. In den ersten vierzehn Jahren, in denen der Nobelpreis verliehen wurde, erhielten vierzehn deutsche Wissenschaftler den Nobelpreis.

Auf dem Gebiet der Politik war die große europäische Frage die Demokratie; sie führte zu den Revolutionen von 1830 und 1848. Die großen deutschen Fragen waren Demokratie und die Einigung Deutschlands. Im Jahr 1834 gründeten deutsche Staaten den sogenannten Zollverein. Er war ein Vorläufer der Benelux-Union (Belgien, Holland, die Niederlande und Luxemburg) von 1947 und des Gemeinsamen Marktes von heute. Wie manche heute glauben, daß der Gemeinsame Markt zu einem geeinigten Europa führen wird, so glaubten damals viele, daß der Zollverein zu einem geeinigten Deutschland führen würde. Liberale Deutsche hofften auf eine Revolution, die zu einem demokratisch geeinigten Deutschland führen sollte. Im Jahr 1848 brach die Revolution aus; das erste deutsche Parlament kam in der Paulskirche Frankfurts zusammen. Die ersten Worte des ersten Redners waren: „Wir wollen die Einheit des Reiches wieder schaffen."

Eine schwere Frage war: Einheit mit oder ohne Österreich? Der Dichter Ludwig Uhland meinte, ein Reich ohne Österreich sei undenkbar; er sprach von der

„Kraft des Geistes" in Österreich und wollte im deutschen Parlament die „Stimmen von den Tiroler Bergen" hören. Andere meinten, die Habsburger hätten in Mitteleuropa zu viele Probleme, die mit Deutschland nichts zu tun haben.

die Kraft *vigor*
die Stimme *voice* / Tirol *Tyrol*

In Frankfurt sprach ein Redner nach dem andern über deutsche Einheit und über Demokratie, aber was hat man erreicht? Eine sehr bescheidene Demokratisierung der einzelnen Staaten, aber keine Einheit, weder mit noch ohne Österreich. „Deutschland ist Hamlet", sagte der demokratisch-liberale Dichter Freiligrath.

erreichen *achieve*
bescheiden *modest*
weder . . . noch *neither . . . nor*

EN IM NEUNZEHNTEN JAHRHUNDERT

**BISMARCK**

mächtig *powerful*
der Kanzler *chancellor*
die Führung *leadership*
der Zweck *purpose*
das Ziel *goal*

außerhalb *outside (of)*
der Gründer *founder*

die Mischung *mixture*

betrachten *regard*
erreichen *achieve*

In den nächsten Jahrzehnten wurde Preußen wieder so mächtig, wie es unter Friedrich dem Großen gewesen war. Der Kanzler Preußens hieß Otto von Bismarck. Die Einheit Deutschlands, unter Preußens Führung, war seines Lebens Zweck und Ziel. Der Kaiser von Frankreich, Napoleon III., machte es ihm leicht. 1867 sagte Bismarck: „Wir werden Krieg bekommen, und der Kaiser der Franzosen wird ihn selbst anfangen." Durch den Deutsch-Französischen Krieg 1870/71 kam endlich die deutsche Einigung. Der preußische König wurde deutscher Kaiser. Österreich, das Zentrum des ersten Reiches, blieb außerhalb des zweiten. Bismarck, der Gründer des neuen Reiches, wurde der erste Kanzler.

1870 bis 1890 ist das Zeitalter Bismarcks. Ebenso wie Friedrich der Große war er eine Mischung von Realismus und Idealismus. Er war kein Militarist, obgleich manche ihn so betrachteten. Nach dem Krieg mit Frankreich hatte er erreicht, was er wollte. „Deutschland ist eine europäische Macht", schrieb er, „es ist keine Weltmacht und soll keine sein."

Im Lauf des Deutsch-Französischen Krieges meinte zwar der französische Dichter Rimbaud: „Bismarck ist idiotischer als Napoleon I.", aber es zeigte sich, daß Bismarck keine imperialistische Rolle spielen wollte. Biographen nannten ihn später einen „Löwen", einen „Fuchs" oder einen „Meister der Balance", aber nicht einen Eroberer.

Die Deutschen selber, zum ersten Mal in der modernen Geschichte Bürger eines geeinigten Landes, waren berauscht von ihrer Macht. Der Philosoph Friedrich Nietzsche haßte den deutschen Nationalismus. Er verglich die Goethe-Schiller-Zeit mit der Epoche nach 1870/71 und schrieb von der Exstirpation des deutschen Geistes zugunsten des deutschen Reiches. „Sie waren einst ‚das Volk der Denker'", meinte Nietzsche; „die Deutschen von heute denken überhaupt nicht mehr, — sie haben Besseres zu tun, als zu denken. Die ‚große Politik' verschlingt allen Ernst für wirklich große Dinge." Hippolyte Taine reiste zu dieser Zeit durch das Reich und warnte deutsche Freunde, der Deutsche verliere die Weite des kosmopolitischen Geistes und die Toleranz, die er zu Goethes Zeiten besaß.

Während das Reich unter Bismarck eine relativ bescheidene Politik trieb, wollte Kaiser Wilhelm II. aus Deutschland eine Weltmacht machen. Manche Patrioten verlangten ein Großdeutschland, so wie Rudyard Kipling in England ein „Greater Britain" verlangt hatte. Wilhelm II. wurde das Instrument ihrer Politik. Mit seinen Paraden und lauten Reden machte er sich viele Feinde. „Wilhelm II. wollte alle Tage Geburtstag haben", sagte Bismarck.

Der deutsche Kaiser sprach 1911 von Deutschlands Anspruch auf einen Platz an der Sonne. Der Wiener Dichter Karl Kraus sollte später schreiben: „Der Anspruch auf einen Platz an der Sonne ist bekannt. Weniger bekannt ist, daß sie untergeht, sobald er errungen ist."

Obgleich man in Amerika schon vor dem ersten

---

der Lauf *course*

sich zeigen *be shown*

der Biograph *biographer*
der Löwe *lion* / der Fuchs *fox*

der Eroberer *conqueror*

der Bürger *citizen*

berauscht von *intoxicated with*

die Exstirpation *extirpation*

zugunsten *for the benefit of*

einst *at one time*

verschlingen *devour*
der Ernst *serious concern*

verlieren *lose*

die Weite *breadth*

besitzen *possess*

verlangen *desire, demand*
Großdeutschland *Greater Germany*

die Rede *speech*
der Feind *enemy*
alle Tage *every day*

der Anspruch *claim, title*

untergehen *set* / erringen *reach*

genießen *enjoy*

das Ansehen *respect*

der Schüler *pupil, student*

der Wissenschaftler *scientist*

die Röntgenstrahlen *X rays*

der Brenner *burner*

der Begründer *originator*

läßt sich ableiten *can be derived*

fest *fixed*

die Bewegung *motion*

beschreiben *describe*

das Verhältnis *relation* / der Stern *star* / die Empfindung *sensation*

die Farbe *color*

Weltkrieg vom deutschen Militarismus sprach, genossen deutsche Kultur und deutsche Wissenschaft großes Ansehen. Noch im Jahr 1915 lernten 29,9 Prozent aller amerikanischen Schüler Deutsch, während nur 9,7 Prozent Französisch und 3 Prozent Spanisch lernten. Amerikaner wollten nicht nur deutsche Literatur und deutsche Philosophie lesen, sondern auch die Werke deutscher Wissenschaftler.

Ohne Wilhelm Röntgen und die Röntgenstrahlen, Robert Bunsen und den Bunsenbrenner, Rudolf Diesel und den Dieselmotor kann man sich die moderne Technik nicht vorstellen. Koch, der Vater der Bakteriologie, fand den Tuberkelbazillus; Ehrlich und Behring waren die Begründer der Serumtherapie. Sehr bekannt wurden die sogenannten Barbiturate Adolf von Baeyers; er nannte sie nach seiner Freundin Barbara, denn das Wort läßt sich auch von den lateinischen Wörtern *barbatus* und *urina* ableiten.

Im ersten Jahrzehnt des zwanzigsten Jahrhunderts erschien Albert Einsteins Arbeit über die Relativitätstheorie. Nach Einstein gibt es keinen festen Raum und keine absolute Zeit. Das Universum ist in Bewegung und hat keine „Grenzen"; die Bewegung der einzelnen Teile kann nur relativ beschrieben werden, also zum Beispiel im Verhältnis eines Sterns zu einem andern. Die Zeit ist nur eine Empfindung des Menschen wie, zum Beispiel, die Farbe. Raum und Zeit sind zusammen ein vier-dimensionales Kontinuum.

EINSTEIN

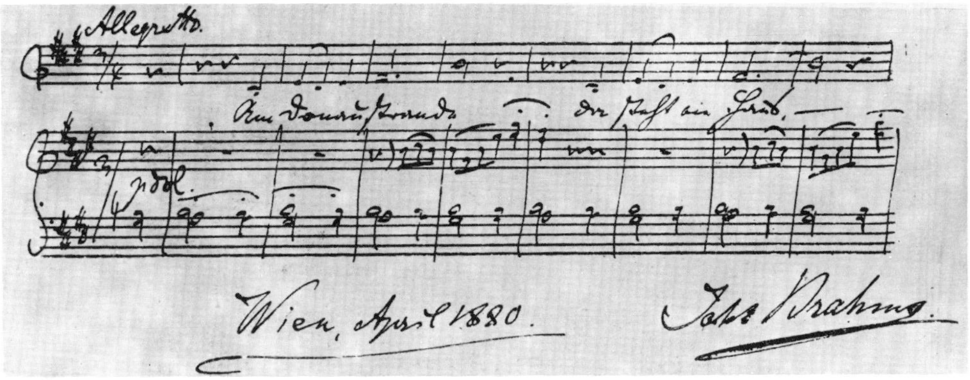

Auf dem Gebiet der Musik machten Richard Wagners Opern über Themen aus der germanischen Mythologie und der deutschen Geschichte die Runde um die Welt. Die Lieder und Symphonien von Johannes Brahms, die Opern von Richard Strauß, für die der Dichter Hugo von Hofmannsthal die Librettos geschrieben hatte, spielte man in der Neuen wie in der Alten Welt. Durch Felix Mendelssohn hatte eine Bach-Renaissance begonnen; Mendelssohns eigene Lieder und seine Musik zu Shakespeares *Sommernachtstraum* wurden so bekannt wie die Werke Schuberts und Schumanns.

Als der erste Weltkrieg 1914 begann, sprach die Welt nicht vom Volk der Dichter und Denker, sondern vom Volk der Soldaten und Militaristen. Jedenfalls ging 1914 eine Epoche europäischer Geschichte zu Ende. Die erste Hälfte des zwanzigsten Jahrhunderts steht im Schatten der beiden Weltkriege, in denen die Deutschen eine zentrale Rolle spielten. In den folgenden Jahrzehnten veränderte sich die Gestalt Deutschlands vier-, Österreichs dreimal. Der erste Weltkrieg machte dem Kaiserreich Deutschland und der Doppelmonarchie Österreich-Ungarn ein Ende. Deutschland und Österreich wurden demokratische Republiken. Beide hatten ein kurzes Leben.

Die deutsche Republik hatte mit schweren Problemen zu kämpfen. Radikale Parteien, rechts und links,

die Runde machen *go the rounds*

eigen *own*

jedenfalls *in any case*

zu Ende gehen *come to an end*

beide *two*

die Gestalt *form, shape*

rechts *(to the )right*
links *(to the) left*

machten es der neuen Republik sehr schwer. Musik, Kunst, Theater, Literatur und die Wissenschaft blühten aber im deutschen Sprachraum weiter. Oft ging man ganz neue Wege.

neue Wege gehen *use new approaches*
modifizieren *modify*

Schon Paul Hindemith modifizierte die klassischen Formen der Musik in seinen Klavierstücken, Liedern und Opern. Es war aber Arnold Schönberg, der die neue atonale Zwölfton-Musik komponierte. Die Musik Schönbergs war die Parallele zum Expressionismus in der Kunst und in der Literatur. Bei manchen Expressionisten spürt man den Einfluß von Karl Marx, bei den meisten den Einfluß von Sigmund Freud. Anti-bürgerlich sind die Expressionisten fast alle.

spüren *sense*

der Einfluß *influence*
bürgerlich *bourgeois*

„Die Dreigroschenoper" *The Threepenny Opera* / hinaus *beyond*
der Stil *style*

episch *epic*

mit-leiden *sym-pathize, suffer with*

Die Sprache der frühen Stücke Bertolt Brechts war noch expressionistich, aber schon „Die Dreigroschenoper" ging über den Expressionismus hinaus. Überhaupt ist der Stil Brechts einfacher und realistischer als der Stil der meisten Expressionisten. Durch sein „episches Theater", bei dem das Publikum nicht mit-leiden, sondern mit-denken soll, wurde er international berühmt. Für Brecht war die Funktion der Literatur vor allem, die Welt zu verändern.

Zwei moderne Dichter, deren Werke Weltliteratur geworden sind, stammen aus Prag: Rainer Maria Rilke und Franz Kafka. In mystisch-lyrischen Versen findet Rilke die Einheit von Gut und Böse; die Freude und das Leiden, das Leben und der Tod verschmelzen in seinen Gedichten zu einer höheren Einheit. Der zweite Dichter aus Prag, Franz Kafka, ist ein großer Stilist; Hermann Hesse nannte ihn „den heimlichen König der deutschen Prosa." Hinter den grotesken Erzählungen und Romanen stehen private Tragödien, die zu Symbolen werden. Wo sind die Türen, die zum Verstehen seiner Werke führen? Wer hat die Schlüssel, sie zu öffnen? Die vielen verschiedenen Deutungen seiner Dichtungen beruhen auf der Vieldeutigkeit seiner unheimlichen Werke.

verschmelzen *become fused*

heimlich *secret*
die Prosa *prose*

der Schlüssel *key*

die Deutung *interpretation*

die Vieldeutigkeit *ambiguity*
unheimlich *weird*
-träger *winner*

Zwei weitere deutsche Dichter, Nobelpreisträger,

**62**

die weltberühmt wurden, sind Thomas Mann und Hermann Hesse. Man nennt sie oft zusammen. Beide schrieben in Novellen und Romanen über den Konflikt zwischen Kunst und Leben, Leben und Geist, zwischen der Kunst und der bürgerlichen Welt. Die bürgerlichen Figuren Thomas Manns sind weder in der einen noch in der anderen Welt zu Hause. In Hermann Hesses *Steppenwolf* ist das Hauptthema der Konflikt zwischen Geist und animalischem Instinkt. Das Paradies haben wir verloren, meint Hesse; das neue liegt in uns. Alles, woran wir glauben müssen, liegt in uns selber.

der Geist *spirit, intellect*

weder . . . noch *neither . . . nor*

glauben an *believe in*

Auf dem Gebiet der Philosophie begründeten deutsche Denker den sogenannten Existentialismus. Man denkt vor allem an Karl Jaspers' *Die geistige Situation der Zeit* und an Martin Heideggers *Sein und Zeit*.

Neben Philosophie, Literatur, Theater und Musik übte die deutsche Architektur einen mächtigen internationalen Einfluß aus. Ein großer Teil der Baukunst, die man heute modern nennt, geht auf die Architektur des sogenannten Bauhauses von Dessau zurück. Das Städtchen liegt südwestlich von Berlin und nordwestlich von Leipzig. Das Bauhaus wurde von dem Architekten Walter Gropius zusammen mit L. Mies van der Rohe aus Glas, Stahl und Beton erbaut. Der Stil war klar, einfach und „funktional"; die Formen waren geometrisch.

ausüben *exert*
die Baukunst *architecture*

der Stahl *steel*
der Beton *cement*

**63**

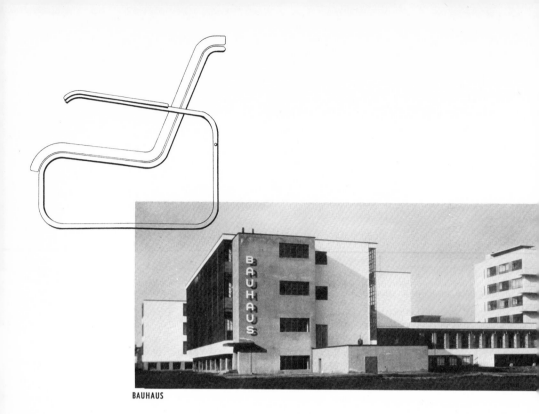

BAUHAUS

die Möbel (pl.) *furniture*
die Malerei *painting* / Innen-*interior*
der Künstler *artist*
mitarbeiten *cooperate*

das Gefängnis *prison*

die Diktatur *dictatorship*
erhalten *receive*
die Stimme *vote*

auflösen *dissolve, disband*
der Tiefpunkt *lowest point*

besetzt *occupied*
bilden *constitute, form*
Bundes- *Federal*

**64**

Zum Bauhaus gehörten auch die Möbel aus Stahl, die abstrakte Malerei und überhaupt die funktionale Innendekoration. Viele Künstler, zum Beispiel mehrere Maler der Blauen-Reiter-Gruppe, arbeiteten am Bauhaus mit.

Während die deutsche Kultur der zwanziger Jahre blühte, saß Adolf Hitler im Gefängnis und schrieb, in schlechtem deutschem Stil, das Buch *Mein Kampf*. In der ersten Hälfte des Jahres 1933 mußte die Republik einer Diktatur Platz machen. Vor 1933 erhielt die Partei Hitlers etwas über ein Drittel aller Stimmen. Nachdem er zur Macht kam, erhielt die Nationalsozialistische Partei trotz Terrors auch nur 44 Prozent der Stimmen. Die anderen Parteien wurden aber aufgelöst. Die folgenden Jahre wurden der Tiefpunkt der deutschen Geschichte.

Die Diktatur endete mit dem zweiten Weltkrieg. Deutschland wurde besetztes Gebiet. Im September 1949 bildete man im Westen die Bundesrepublik Deutschland.

Im Osten entstand unter russischer Protektion die Deutsche Demokratische Republik. Es gab wieder keine deutsche Einheit.

die Protektion *sponsorship*

Die ersten vierzehn Jahre der Bundesrepublik waren die Jahre Konrad Adenauers, von dem Sir Winston Churchill sagte, er sei der größte deutsche Staatsmann seit Bismarck. Adenauer selber sagte: „Bismarcks Stiefel sind mir viel zu groß." In dieser Zeit sprach man vom deutschen Wirtschaftswunder, denn der Wohlstand der Menschen wurde nach dem verlorenen Kriege immer größer.

die Stiefel *shoes*

das Wirtschaftswunder *economic miracle* / der Wohlstand *prosperity*

In der Adenauer-Zeit sprach man nicht von einer neuen Kulturblüte. In den sechziger Jahren machte die deutsche Literatur aber wieder von sich reden. Neue deutsche Dramen wurden in den Theatern der Welt gespielt, deutsche Romane wurden übersetzt und viel gelesen.

sechziger Jahre *sixties*
von sich reden machen *cause a stir*

Vor kurzer Zeit stellte man vierzehn deutschen Intellektuellen die Frage: „Sind wir noch das Volk der Dichter und Denker?" Die meisten antworteten, es habe viele große deutsche Dichter und Denker gegeben, aber die Deutschen seien nie das V o l k der Dichter und Denker gewesen. Die Deutschen haben aber immer wieder bedeutende Dichter und Denker hervorgebracht, und sie werden sie wieder hervorbringen.

eine Frage stellen *ask a question*

immer wieder *again and again*
hervorbringen *bring forth, produce*

In den Jahren nach dem zweiten Weltkrieg kamen Millionen von Flüchtlingen und Heimatvertriebenen von Ost- nach Westdeutschland. Unter diesen Millionen war ein junger Mann, der mit seinen Eltern von Leipzig nach Berlin floh. Später studierte er ein Semester an der Freien Universität Berlin und machte dann eine längere Reise durch Westdeutschland und eine kurze Reise nach Dresden und Leipzig. Es folgt ein Bericht, den er über die Reise an einen Freund schrieb.

der Flüchtling *refugee*
der Heimatvertriebene *expellee*

fliehen *flee*

eine Reise machen *take a trip*
länger *rather long*
der Bericht *report*

BREMEN

MÜNCHEN

DÜSSELDORF

GOETHE

# III | **Eine Reise<br>durch Deutschland**

# 7 | VON HAMBURG NACH MÜNCHEN

## Hamburg

die Eisenbahn *railroad*

das Fahrrad *bicycle* / das Motorrad *motorcycle*
eigentlich *actually*
kaufen *buy*

verbrauchen *use* / das Benzin *gasoline*
wert *worth it*
zufrieden *satisfied*

der Kauf *buy*

teuer *expensive*
der Luxus *luxury*

gerade *just*

Mit der Eisenbahn wollte ich nicht fahren; da sieht man zu wenig. Fahrräder und auch Motorräder kosten nicht viel, aber sie sind eigentlich nichts für mich. Also habe ich mir einen Wagen gekauft und zwar von einem Mann in Hamburg, einem alten Freund meines Vaters. Das neue Standard-Modell, das ich mir vor zwei Wochen kaufte, hat 4 600 Mark gekostet, fährt sehr gut, und verbraucht wenig Benzin. Das Export-Modell kostet achthundert Mark mehr und ist es mir nicht wert. Ich muß sagen, daß ich mit meinem Wagen zufrieden bin. „Wie der Preis, so die Ware", sagt man. Ich glaube aber, ich habe einen guten Kauf gemacht. Viele Menschen fahren heute teure Sportwagen und Luxusautos, aber die kosten über zehntausend Mark und verbrauchen zu viel Benzin. Mein Wagen ist gerade richtig, nicht zu groß und nicht zu klein.

In den letzten zwei Wochen habe ich viel von Hamburg gesehen. Die Geschichte der Stadt begann schon mit dem Jahr 808. Im Jahr 831 wurde sie Erzbischofsstadt und 1189 freier Stadtstaat. Auch heute ist Hamburg ein Stadtstaat. Das Staatsgebiet ist relativ klein, aber doch fünfmal so groß wie das Fürstentum Liechtenstein, das kleinste souveräne Land im deutschen Sprachraum.

Letzten Freitag machte ich eine Hafenrundfahrt. Der Reiseführer erklärte uns, daß Hamburg schon im zehnten Jahrhundert einen Hafen besaß. In der heutigen Zeit kommen jedes Jahr über 20 000 Schiffe dort an.

Der Verkehr der Schiffe bringt mit sich, daß Hamburg sehr international ist. Es gibt nur eine Stadt in der ganzen Welt, die mehr Konsulate hat als Hamburg, und das ist New York. In den Hotels und Restaurants trifft man amerikanische Studenten, spanische Offiziere, italie-

letzt *last*

der Erzbischof *archbishop*

das Fürstentum *principality*

die Hafenrundfahrt *trip around the harbor*

besitzen *have*

ankommen *arrive*

der Verkehr *traffic* / sich *it*

treffen *meet, come upon*

**69**

DIE OPER

der Ingenieur *engineer*

der Flughafen *airport*

die Tasse *cup* / das Flugzeug *airplane*

-verbindung *connection*

Mailand *Milan*

die Heimat *home*

die Speisekarte *menu*

Dreh- *revolving*

der Fernsehturm TV *tower*

und so weiter *and so forth*

die Känguruhschwanzsuppe *kangaroo tail soup* / bestellen *order*

erstklassig *first-class*

übrigens *incidentally*

der Ausländer *foreigner*

nische Musiker, englische Ingenieure, türkische Importagenten und arabische Prinzen. Als ich eines Nachmittags im Restaurant des Flughafens, des ältesten Europas, saß und mit Freunden eine Tasse Kaffee trank, kamen Flugzeuge aus Amerika, Afrika und Asien dort an. Es gibt Direktverbindungen mit Kopenhagen, Göteborg, Oslo, Stockholm, Helsinki, Amsterdam, Brüssel, Zürich, Mailand, Rom, London, Paris, New York, Tokio und Johannesburg. Seit Jahren ist der Hamburger Flughafen der Heimathafen der Lufthansa.

Die Speisekarten der Restaurants sind auch international. Am Abend saßen wir zum Beispiel im Drehrestaurant des Fernsehturms. Auf der Speisekarte standen, neben Kalbfleisch, Schweinefleisch und so weiter, Spezialitäten aus vielen Ländern Europas, Australiens und des Orients. Eine Sensation war für uns die Känguruhschwanzsuppe. Keiner hat sie aber bestellt.

Das kulturelle Leben Hamburgs ist ebenso vital wie das Leben dort überhaupt. Die Theater sind erstklassig. Die Geschichte des modernen deutschen Theaters beginnt übrigens mit Lessing und Hamburg. Die Oper ist die älteste Deutschlands, sagte man mir. Wenn man von der Geschichte der Hamburger Oper spricht, darf man den Namen Georg Friedrich Händel nicht vergessen. Universitätsstadt ist Hamburg auch. An der Universität studieren 20 000 Studenten; es sind viele Ausländer darunter.

Die Stadt hat heute fast zwei Millionen Einwohner. Das ist mehr als vor dem zweiten Weltkrieg. Zwei- bis dreihunderttausend Flüchtlinge und Heimatvertriebene aus den Gebieten im Osten fanden hier eine neue Heimat.

der Einwohner *inhabitant*

Als ich gestern früh mit meinem neuen Wagen durch die Straßen Hamburgs fuhr, war der Himmel grau. Um fünf war ich aufgestanden. Auf den Straßen war zu der Zeit wenig Verkehr. Doch fühlt man schon am frühen Morgen die Vitalität der Stadt. Die vielen modernen Häuser, die man in den letzten zwanzig Jahren gebaut hat, sind im grauen Morgenlicht noch eindrucksvoller als nachmittags und abends.

grau *grey*
aufstehen *get up*
fühlen *feel*

bauen *build*
eindrucksvoll *impressive*

MODERNE GEBÄUDE HAMBURGS

# Bremen

Um zehn sah man keine grauen Wolken mehr. Von zehn Uhr an war klarer, blauer Himmel und warmer Sonnenschein. Zur Mittagszeit war ich am alten Marktplatz in Bremen. Die Stadt ist noch älter als Hamburg. Man nannte mir das Jahr 782 als Beginn der Geschichte des ältesten deutschen Seehafens. Bremen ist ein Stadtstaat wie Hamburg und zwar das kleinste Land der Bundesrepublik. Es nennt sich „Schlüssel zur Welt". Draußen im Hafen schwimmt seit dreihundert Jahren die Tonne mit dem symbolischen Schlüssel; am Rathaus sieht man das alte Schlüssel-Wappen.

Auf dem Marktplatz steht das Symbol der Stadtfreiheit, der bekannte „Roland der Ries am Rathaus zu Bremen." Jedes Kind in Deutschland kennt den Stabreim. Ich wanderte durch den St. Petri-Dom; er war einst der Dom der Erzbischöfe. Mit dem Bau wurde im Jahr 1043 begonnen; man sieht romanische so wie gotische Stilformen hier.

Wie jeder Tourist in Bremen ging ich durch den Bleikeller mit den Mumien aus dem siebzehnten und achtzehnten Jahrhundert. Der Reiseführer erklärte, die Mumien seien durch eine „radioaktive Quelle" so gut erhalten. Das ist eine moderne Erklärung. Ob sie richtig ist, weiß ich nicht. Früher sprach man nur von der trockenen Luft im Bleikeller.

die Wolke *cloud*
der Himmel *sky*
der Marktplatz *market place*

der Seehafen *seaport*

der Schlüssel *key*
draußen *out(side)*

die Tonne *buoy*
das Rathaus *town hall*
das Wappen *coat of arms*

der Riese *giant*

der Stabreim *alliteration*

der Dom *cathedral* / einst
  *at one time* / der Bau
  *construction*
romanisch *Romanesque*
gotisch *Gothic*

der Bleikeller *lead cellar*
die Mumie *mummy*

die Quelle *spring* / erhalten
  *preserve*
richtig *correct*

trocken *dry*
die Luft *air*

**73**

glücklich *lucky* / erreichen
  *reach* / das Meer *sea*

jetzo = jetzt / ruhig *peaceful*

das Faß *keg, vat*

die Flasche *bottle* / bestellen
  *order* / -karte *list*
die Art *kind (of)*

die Lust *desire*

besuchen *visit*
die Lithographie *lithograph*

Als ich in dem bekannten Ratskeller, dem ältesten und größten Deutschlands, saß, dachte ich an die Worte Heinrich Heines:

Glücklich der Mann, der den Hafen erreicht hat,
Und hinter sich ließ das Meer und die Stürme,
Und jetzo warm und ruhig sitzt
Im guten Ratskeller zu Bremen.

In den großen Weinfässern sind Weine, die zwei- bis dreihundert Jahre alt sind. Wer wissen will, wie der Wein zur Zeit Lessings und Bachs geschmeckt hat, kann eine Flasche bestellen.

Die Weinkarte ist eine Art Weinenzyklopädie. Man kann über fünfhundert verschiedene Weine bestellen. Für eine Mark bekommt man schon einen Rheinwein. Wer Geld und Lust hat, kann auch eine Flasche für zweihundert Mark trinken.

Da ich mich schon seit Jahren für den Expressionismus in der Kunst und in der Literatur interessiere, besuchte ich in Bremen das Barlach-Zentrum. Die Skulpturen, Holzschnitte, Lithographien und auch die Dichtungen Ernst Barlachs gehören zu den eindrucksvollsten Werken des Expressionismus. Im Barlach-Museum wurde mir erzählt, manche seiner besten Werke, wie zum Beispiel „Der singende Mann", sind jetzt im New Yorker Museum der Modernen Kunst und im Busch-Reisinger Museum von Cambridge.

**74**  BARLACH: "DER SINGENDE MANN"

# Münster

Am nächsten Tag fuhr ich über den Teutoburger Wald nach Münster. Immer wieder mußte ich an meinen Großvater denken, denn im Teutoburger Wald schlug Hermann der Cherusker die römischen Legionen unter Varus. Für meinen Großvater war Arminius eine der großen Figuren in der deutschen Geschichte. Bei den jüngeren Menschen hört man heute ganz andere Werturteile. Obgleich sie manchmal nicht wissen, wofür sie sind, wissen sie, wogegen sie sind. Die jungen Leute von heute sind bestimmt weniger nationalistisch und mehr europäisch als die Großeltern. In allen Ländern Europas gibt es viele Menschen, die so denken wie wir.

Als ich wieder auf der Autobahn Bremen-Münster war, dachte ich an die Sätze, die Theodor Heuß, der erste Präsident der Bundesrepublik, ins Gästebuch der Stadt Münster geschrieben hatte: „Wenn ich in einer schönen Stadt war, habe ich immer gesagt, sie sei die zweitschönste Deutschlands, ob es nun Bamberg oder Bremen sei. Damit provozierte ich die Frage, welche denn die schönste sei. Und dann habe ich gesagt: Münster!" Mein Bruder, der in Münster wohnt, hatte mir von den Heuß-Worten erzählt.

In den Straßen Münsters erinnerten mich die alten Kirchen daran, daß der Name Münster von dem lateinischen Wort „monasterium" kommt. Die bekannteste Kirche ist der Dom, mit dessen Bau in romanischer Zeit begonnen wurde. Es gibt hier wohl kein Kunstwerk, das die Phantasie der Menschen so erregt wie die astronomische Domuhr. Sie zeigt den Lauf der früher bekannten Planeten des Sonnensystems: Venus, Merkur, Mars, Jupiter und Saturn. In einem Kreis von zweimal zwölf Stunden geht der Stundenzeiger *links* herum. Um zwölf Uhr nachts steht er unten, um zwölf Uhr mittags steht er oben. Innerhalb des Kreises ist eine Weltkarte und

---

über *via*

schlagen *defeat*
Hermann *Arminius*

die Figur *person, character*
das Werturteil *value judgment*

bestimmt *definitely*

der Satz *sentence*

provozieren *provoke*

erinnern *remind*

das Kunstwerk *work of art*
erregen *excite*
die Uhr *clock* / zeigen *show*

der Kreis *circle*
-zeiger *hand*
unten *below, down*
oben *above, up* / -karte *map*

**75**

DIE ASTRONOMISCHE DOM-UHR

die Bezeichnung *designation*
die Skala *scale*

die astronomischen Bezeichnungen. Links und rechts zeigt eine Skala die astrologischen Bezeichnungen.

Da ich von dem Dom und der Uhr so viel gelesen hatte, war ich lange in der Kathedrale. Ich hatte gerade noch Zeit, Blumen zu kaufen, bis ich zu meinem Bruder fuhr. Mein Bruder und seine Frau hatten mich zum Essen eingeladen. Der Tisch war schon gedeckt, als ich das Haus endlich fand. Zum Abendessen gab es die Spezialitäten des Landes, Westfälischen Schinken und Pumpernickel.

die Blume *flower*

einladen *invite*
gedeckt *set*

Westfälischer Schinken *Westphalian ham*

das Stipendium *fellowship*

Ein Amerikaner, der ein Fulbright Stipendium hat und hier an der Universität Literatur und Geschichte studiert, war auch zum Abendessen da. Er erzählte mir, ich müsse den Friedenssaal des gotischen Rathauses besuchen, wo am Ende des Dreißigjährigen Krieges ein Kongreß europäischer Diplomaten stattfand. Der Kongreß endete im Jahr 1648 mit dem sogenannten Westfälischen Frieden.

der Friedenssaal *Hall of Peace*

stattfinden *take place*

der Friede(n) *peace*

Der Amerikaner, der Bob Mason hieß, wußte sehr viel über die deutsche Literatur und die deutsche Geschichte. Er sprach von den zwei Weltkriegen, an denen Deutschland im zwanzigsten Jahrhundert teilgenommen hatte. „1917", sagte er, „kam schon das Ende des Krieges zwischen Deutschland und Rußland, während der erste Weltkrieg bis November 1918 weiterging. Kurz nach dem Frieden zwischen Deutschland und Rußland schrieb

teilnehmen *take part*

weitergehen *go on, continue*

**76**

Thomas Mann: ,Der Krieg geht weiter; denn das ist kein Krieg. Das ist eine historische Epoche, die währen mag wie von 1789 bis 1815 oder auch wie von 1618 bis 48!' Thomas Mann hatte eigentlich recht. Die zwei Weltkriege waren zwei Akte desselben Dramas. Man könnte die Epoche in der ersten Hälfte des zwanzigsten Jahrhunderts mit der Napoleonischen vergleichen und mit der des Dreißigjährigen Krieges, der von 1618 bis 1648 — mit Unterbrechungen, auch wie die Periode von 1914 bis 1945 — währte. Die Frage interessiert mich, da ich gerade in Münster studiere."

Am Ende meinten wir alle: Die Epochen 1618–1648 und 1914–1945 lassen sich zwar vergleichen, aber sie sind doch sehr verschieden. Erstens spielten religiöse Fragen damals eine bedeutende Rolle. Zweitens war das Deutschland des siebzehnten Jahrhunderts ein dezentralisiertes Land, das Schweden, Frankreich und Spanien noch weiter zerrissen. In der heutigen Zeit gibt es zwei Länder, die sich Deutschland nennen. Drittens hat sich Deutschland in der hochindustrialisierten Zivilisation der heutigen Zeit sehr schnell erholt. Die Epochen 1789–1815 und 1914–1945 lassen sich etwas leichter vergleichen. Das Napoleonische Frankreich der ersten Hälfte des neunzehnten Jahrhunderts und das Deutschland der ersten Hälfte des zwanzigsten Jahrhunderts hatten ähnliche politische Ambitionen.

NACHRICHTEN AUS MÜNSTER

Kurz vor Mitternacht ging Bob Mason nach Hause. Er sagte mir, daß er gegen Ende des Monats nach Heidelberg fährt; dort studiert ein amerikanischer Freund von ihm. Da ich zur selben Zeit in Heidelberg bin, sehen wir uns dort wieder.

*Glossary (margin):*

währen *last*

recht haben *be right*

die Unterbrechung *interruption*

sich lassen *can be*

damals *at that time*

zerreißen *tear into pieces*

sich erholen *recover*

ähnlich *similar*

sich sehen *see one another*

**77**

**Düsseldorf**

die Fahrt *trip*

übernachten *stay over night*

sofort *immediately*

das Hochhaus *tall building*

vorbei *past, by*

die Königsallee *King's Boulevard*
spazierengehen *take a walk*
die Kaffeeterrasse *sidewalk café*
radschlagen *do cartwheels*
etwa *about*

das Rad *wheel* / rotieren *rotate*

eene Penning = einen Pfennig

überall *everywhere*

Ursprünglich wollte ich von Münster nach Köln durchfahren. Auf der Fahrt gab es aber sehr viel zu sehen, und ich übernachtete in Düsseldorf. In einem kleinen Hotel bekam ich sofort ein Zimmer; es war nicht schlecht und kostete nur zwölf Mark. Auf dem Weg zum Hotel fuhr ich an vielen der neuen Hochhäuser und Wohnhäuser der Stadt vorbei. Auf der eleganten Königsallee ging ich später spazieren, bevor ich mich an einen Tisch auf einer der Kaffeeterrassen setzte. Ich saß nur ein paar Minuten dort, als zwei Düsseldorfer Radschläger vor meinem Tisch erschienen. Sie waren etwa zwölf Jahre alt. Sofort sprangen sie akrobatisch auf die Hände und ließen die Körper wie ein Rad rotieren. Nachdem sie das drei oder viermal gemacht hatten, baten sie: „Eene Penning?" Ich gab ihnen zwanzig Pfennig, wie die meisten Leute es tun. Die Radschläger sieht man überall in Düsseldorf.

Düsseldorf liegt im Herzen des Rheinisch-Westfälischen Industriegebietes, eines der größten Industrie-

gebiete der Welt. Es ist eine elegante Stadt, deren
Reichtum von der Kohle- und Stahlindustrie des Ruhr-
gebietes kommt. Seit 1952 gehört die Bundesrepublik
Deutschland zur „Vereinigung der europäischen Kohle-
und Stahlindustrie." Die Vereinigung sollte der erste
Schritt auf dem Weg zur politischen Vereinigung Europas
sein. Schon kurz nach dem zweiten Weltkrieg kamen die
Länder Westeuropas im sogenannten Europarat zusammen. Hier findet man den Anfang internationaler politischer Zusammenarbeit in Europa. Der Europarat hat
achtzehn Mitglieder. Sogar die Schweiz, die oft eine Art
Isolationspolitik betreibt, wurde vor einigen Jahren
Mitglied des Europarates.

    Im Europarat wie in der Vereinigung findet man
den Anfang wirtschaftlicher Zusammenarbeit, die 1957
zur EWG, der Europäischen Wirtschaftsgemeinschaft
führte. Man nennt die EWG auch den „Gemeinsamen
Markt". Von 1958 an war der deutsche Professor Walter
Hallstein der Vorsitzende der EWG-Kommission. Am

der Reichtum *riches*
der Stahl *steel*

die Vereinigung *union*

der Schritt *step*

der Europarat *Council of
Europe*

das Mitglied *member* / sogar
*even* / betreiben *pursue*

wirtschaftlich *economic*
die Gemeinschaft *community*
gemeinsam *common*

der Vorsitzende *chairman*

**79**

KÖNIGSALLEE

THYSSEN-GEBÄUDE

3. März 1963 stand in der amerikanischen Presse: „Man könnte Herrn Hallstein den ersten Präsidenten der Vereinigten Staaten von Europa nennen." Obwohl es heute noch keine Vereinigten Staaten von Europa gibt, ist die Grundlage da; denn die führenden kontinentalen Nationen Westeuropas haben sich zusammengefunden. Es hat schon Kinderkrankheiten gegeben, und es wird noch weitere Kinderkrankheiten geben, aber vielleicht ist die Idee eines vereinigten Europas doch keine Illusion. Neben der EWG gibt es schon seit Jahren die EAG, die Europäische Atomgemeinschaft, und Eurovision, eine Fernsehgemeinschaft. Etwa hundert Fernsehsender nehmen an Eurovision teil.

Während ich in Düsseldorf an europäische Zusammenarbeit dachte, kam mir Heinrich Heine wieder in den Sinn. Unter den Deutschen hatten Goethe, Beethoven und Heine den Europäer der Zukunft vorweggenommen, meinte Nietzsche. Heine wurde in Düsseldorf geboren. Wie so viele andere Deutsche, mußte er ins Exil gehen.

die Grundlage *foundation*
sich zusammenfinden *get together*
Kinderkrankheiten (pl.) *children's ailments*

Fernseh- *television*
-sender *channels*

in den Sinn kommen *come to mind*

die Zukunft *future*
vorwegnehmen *anticipate*
wurde geboren *was born*

**80**

Im Heinrich-Heine-Museum sah ich mir hier die vielen Heine-Bände, Autographen, Bilder und Dokumente an. Das Museum besitzt über 3500 Manuskriptseiten von Heine. Alle Besucher wollen das Originalmanuskript der „Lorelei" sehen und die Heine-Worte lesen:

> Ich weiß nicht, was soll es bedeuten,
> Daß ich so traurig bin;
> Ein Märchen aus alten Zeiten
> Das kommt mir nicht aus dem Sinn.

Heine war ein Meister der Satire. Da er gern über Menschen spottete, hatte er Millionen Bewunderer, aber wenige Freunde. Als sein Onkel, der ihm geholfen hatte, zum Beispiel schrieb: „Hätte der dumme Junge etwas gelernt, so brauchte er nicht Bücher zu schreiben", antwortete Heine: „Das Beste an ihm ist, daß er meinen Namen trägt." Als ein Kritiker meinte, daß Heine mal dies und mal das Gegenteil schrieb, sagte er: „Ich brauche nicht immer meiner eigenen Meinung zu sein."

In Heines musikalischen Versen und in seiner kunstreichen Prosa spürt man ein melancholisch-satirisches Lächeln. Die Komponisten Schubert, Schumann und Mendelssohn, die seine Gedichte in Musik setzten, liebten ihn sehr. Und oft vergißt man, wie sehr er selbst unter dem Exil gelitten hat.

Ich würde gern länger hier bleiben, aber ich muß leider weiterfahren. Morgen stehe ich früh auf und fahre nach Köln.

**Glossary:**

sich ansehen *look at*
der Band *volume*
die Seite *page*
der Besucher *visitor*

traurig *sad*
das Märchen *(fairy) tale*
aus dem Sinn kommen *forget, get out of one's mind*

spotten über *ridicule*
der Bewunderer *admirer*

brauchen *need*

tragen *bear, have*
das Gegenteil *opposite*
eigener Meinung *of one's own opinion*
kunstreich *artistic*
spüren *sense*

das Lächeln *smile*

leiden *suffer*

leider *unfortunately*

HEINE

Köln

Wenn man den Namen „Köln" hört, denkt man an zweitausend Jahre alte europäische Kultur. *Qui non vidit Coloniam, non vidit Germaniam,* hieß es zur Zeit der Römer.

5 Wie immer man nach Köln fährt, auf dem Rhein oder auf der Autobahn: plötzlich steht man vor dem Kölner Dom und staunt in die Höhe. Bei den senkrechten Linien des spätgotischen Domes muß der Mensch, der vor dem Dom steht, langsam zum Himmel aufblicken.

10 Am Ende des zweiten Weltkrieges war Köln ein zerstörtes Gebiet. Der Schriftsteller Stephen Spender war damals hier und schrieb über die Zerstörung der Stadt, deren Einwohnerzahl während des Krieges von 772 000 auf 40 000 gesunken war: „In Köln war es, wo ich ver-
15 stand, was völlige Zerstörung bedeutet... Durch die Straßen gehen den ganzen Tag lang Tausende von Menschen, die noch vor wenigen Jahren in ihrer Stadt einkaufen gingen oder darauf warteten, ins Kino oder in die Oper zu gehen... Alles ist weg... Die große
20 Stadt sieht aus wie eine Leiche... Die Einwohner spuken nur durch die Keller und Fundamente. Ohne ihre Stadt sind sie wie Ratten in den Kellern oder wie Fledermäuse, die um die Türme des Domes flattern. Sie leben ein mechanisches Leben, wie das der Insekten...
25 Die Sprache der Steine in Deutschland predigt den Nihilismus."

Wie sieht Köln heute aus? Wo es vor Jahren Ruinen gab, sieht man heute neue Bauten. Es wurden zahlreiche Stadtteile für 5 000 bis 10 000 Menschen gebaut und
30 Pläne für eine Millionenstadt gemacht.

Ich ging in Köln immer wieder spazieren. Vom Dom ging ich zum Beispiel an den Rhein, wo die sogenannten „Weißen Schiffe" ihre romantische Rheinfahrt beginnen. Eine Stunde lang war ich auf der Deutzer Brücke und
35 hatte das Panorama Kölns vor mir; später ging ich über die Zoobrücke zu Fuß und fuhr mit der Rheinseilbahn zurück.

---

*Qui . . .* Germaniam *He who hasn't seen Cologne, hasn't seen Germany* / heißen *be said*

wie immer *however*

plötzlich *suddenly*

in die Höhe staunen *stare aloft with amazement*
senkrecht *perpendicular*
aufblicken *look up*

zerstört *devastated*
der Schriftsteller *writer*

die Einwohnerzahl *population*

sinken *drop, fall*

einkaufen *shopping* / warten *wait* / das Kino *movies*
weg *gone* / die Leiche *corpse* / spuken durch *haunt* / das Fundament *foundation*

die Fledermaus *bat* / der Turm *tower* / flattern *flutter*

predigen *preach*

aussehen *look*
die Bauten (pl.) *buildings*
zahlreich *numerous*

die Brücke *bridge*

zu Fuß gehen *walk*
die Seilbahn *cable railway*

**83**

AUTOBAHN

der Schutt *rubble (from the ruins)* / das Gebäude *building* / wiederherstellen *restore*

der Doppelbau *dual structure*

gründen *found*

schließen *close*

der Oberbürgermeister *lord mayor*

Spaziergänge machen *take walks*

besteigen *climb* / die Stufe *step* / der Lehrer *teacher*

das Alter *age*

herauf *up*

oben *at the top*

der Dreikönigenschrein *Shrine of the Three Kings*

die Gebeine *remains*

der Kanzler *chancellor*

die Münze *coin*

die Fahne *flag*

das Siegel *seal*

die Anbetung *adoration*

Selten sieht man heute Schutt. Es ist fast alles weg. Im Zentrum der Stadt sind die Gebäude neu oder wiederhergestellt. Hier stehen die Museen, das Rathaus, der modernistische Doppelbau Schauspielhaus und Opernhaus und die Gebäude der Universität. Köln ist die zweitgrößte Universitätsstadt, nach München, der Bundesrepublik geworden. Die Universität wurde 1388 als vierte Hochschule des deutschen Sprachraums gegründet. In der Zeit der Napoleonischen Kriege wurde sie 1798 geschlossen und erst 1919 wieder neu gegründet; die neue Gründung war das Werk des Oberbürgermeisters Konrad Adenauer.

Ich war mehrere Tage lang in Köln. Nachdem ich eine Rundfahrt und viele Spaziergänge gemacht hatte, bestieg ich den Turm des Domes — alle fünfhundert Stufen. Jeden Tag bringen Lehrer Schulklassen hierher. Etwa dreißig junge Mädchen im Alter von vierzehn oder fünfzehn gingen vor mir die fünfhundert Stufen herauf. Als wir oben ankamen, waren die Mädchen nicht so außer Atem wie ich.

Unten im Dom sah ich eine halbe Stunde später über dem Hochaltar den bekannten Dreikönigenschrein. In dem eindrucksvollen Schrein liegen die Gebeine der Drei Könige, die der Kanzler des deutschen Reiches 1164 nach Köln brachte. Die Drei Könige sind die Stadtpatrone. Auf den kölnischen Münzen des Mittelalters, im Wappen und auf der Fahne der Stadt sieht man ihre Kronen. Im Großen Siegel und auf den Diplomen der Universität Köln ist die „Anbetung der Könige" zu sehen.

**84**

Lange stand ich unten im Dom vor Stephan Lochners „Anbetung der Könige". Wie eine mittelalterliche gotische Madonna thront die Himmelskönigin in der Mitte. Ich verstand nun, warum Albrecht Dürer Stephan Lochner so sehr schätzte. Wie manche große Menschen, die man wenig schätzt, wenn sie noch leben, starb Stephan Lochner in einem Armenhaus.

Morgen besuche ich die Hauptstadt der Bundesrepublik Deutschland.

thronen *be enthroned*

schätzen *esteem, value*

das Armenhaus *poorhouse*

BETUNG DER KÖNIGE"

# Bonn

sich gewöhnen an *get used to*

jahrelang *for years*
der Witz *joke*
-dorf *village*
der Zentralfriedhof *main cemetery* / doppelt so *twice as*

der Ausländer *foreigner*

besuchen *visit*
sich ansehen *look at*
genießen *enjoy*

stimmen *vote*

das Ufer *bank, shore*

Es war in den letzten Jahren schwer, sich daran zu gewöhnen, daß die kleine Universitätsstadt am Rhein die Hauptstadt der Bundesrepublik Deutschland ist. Viele Deutsche konnten sich nicht daran gewöhnen. Jahrelang erzählte man sich Witze über das sogenannte Bundeshauptdorf. Immer wieder hörte man den Satz: „Bonn ist halb so groß wie der Zentralfriedhof von Berlin, aber doppelt so tot." Heute nimmt man die Rolle Bonns sehr ernst.

Früher kamen Deutsche und Ausländer nach Bonn, um an der bekannten Universität zu studieren, um das Beethovenhaus zu besuchen, um sich die mittelalterlichen Kirchen und Bauten anzusehen und um die Schönheit der Rheinlandschaft zu genießen. Studenten und Rheinromantiker kommen immer noch, aber jetzt sind über hundert diplomatische Missionen in Bonn. Im Jahr 1949 begann eine neue Epoche, als man für Bonn, und nicht für Frankfurt, stimmte; Bonn wurde eine Stadt der hohen Politik.

Nachdem ich einen langen Spaziergang auf der Rheinpromenade gemacht hatte, saß ich den ganzen Nachmittag am Rheinufer und las, was Beethoven über

Bonn schrieb, nachdem er seine Heimatstadt **verlassen** hatte: „Mein Vaterland, die schöne Gegend, in der ich das Licht der Welt erblickte, ist immer noch so schön und deutlich vor meinen Augen, als da ich Euch verließ; kurz, ich werde die Zeit als eine der glücklichsten Begebenheiten meines Lebens betrachten, wo ich Euch wiedersehen und unseren Vater Rhein begrüßen kann."

Warum denke ich hier an Beethoven? Er wurde in Bonn geboren, aber das allein ist es nicht. Es sind auch nicht seine Worte über die Schönheit der Gegend. Beethoven war ein guter Europäer, dem demokratische Ideale und europäische Zusammenarbeit am Herzen lagen.

Die Episode mit Napoleon und der dritten Symphonie ist für Beethoven charakteristisch, denn hier kommt sein liberaler Geist deutlich ans Licht. Im Jahr 1803 komponierte er die Symphonie, die wir jetzt unter dem Titel *Sinfonia Eroica* kennen. Wenn Beethoven komponierte, dachte er oft an einen bestimmten Gegenstand. Bei dieser Symphonie hatte Beethoven an Napoleon Buonaparte gedacht, als dieser noch erster Konsul war. Er schätzte ihn hoch und verglich ihn mit den größten römischen Konsuln. Ein Freund von Beethoven erzählte später: Ich habe diese Symphonie auf seinem Tisch liegen sehen. Oben auf dem Titelblatt stand das Wort „Buonaparte" und ganz unten „Beethoven", aber kein Wort mehr. Als ich ihm die Nachricht brachte, Napoleon habe sich zum Kaiser erklärt, rief Beethoven: „Ist der auch nichts anderes wie ein gewöhnlicher Mensch! Nun wird er auch alle Menschenrechte mit Füßen treten... Er wird sich nun höher wie alle andern stellen, ein Tyrann werden!" Beethoven strich Napoleons Namen durch und warf das Titelblatt auf die Erde. Er schrieb die erste Seite neu, und nun erst erhielt die Symphonie den Titel: „Sinfonia Eroica." Beethoven gibt ein gutes Beispiel, für die Bundesrepublik Deutschland und auch für andere Staaten.

---

verlassen *leave*

die Gegend *area, region*

erblicken *see*

deutlich *clear*

kurz *in short*
die Begebenheit *event*
betrachten *regard*
begrüßen *greet*

allein *alone*

am Herzen liegen *have at heart*

deutlich *clearly* / ans Licht kommen *come to light*

bestimmt *definite* / der Gegenstand *subject*

oben auf *at the top of*
-blatt *page* / ganz unten *at the bottom*
die Nachricht *news*

erklären *declare*

nichts anderes wie *nothing but*
gewöhnlich *ordinary*
mit . . . treten *trample under foot* / sich stellen *place oneself* / durchstreichen *cross out*
werfen *throw*

das Münster *cathedral*

das Obst *fruit* / das Gemüse
*vegetable*

das Denkmal *monument*
Geschäfts- *business*

der Stahl *steel*

Kongreß- *convention* / der
Saal *hall, room* / eröffnen
*open*

die Bibliothek *library*
die Nähe *vicinity*

sprechen für *may be said for*
Forschungs- *research*

Wie sieht Beethovens Bonn heute aus? Neben dem über achthundert Jahre alten Münster aus romanischer Zeit stehen, etwas unharmonisch, die neuesten Gebäude des zwanzigsten Jahrhunderts. Vor meinem Hotel ist zum Beispiel der Marktplatz; dort kauft man Obst und Gemüse, wie man es vor Jahrhunderten schon getan hat. Links steht das Rathaus. Wenn ich aber eine Straße weitergehe, so sehe ich neben dem Beethoven-Denkmal Geschäftshäuser, die in den letzten Jahren gebaut wurden. Etwas weiter südlich liegen die Regierungsgebäude aus Stein, Stahl und Glas. Die neue Beethovenhalle, eine moderne Konzert- und Kongreßhalle mit vier Sälen, wurde 1959, das neue Theater der Stadt Bonn 1965 eröffnet; beide liegen am Ufer des Rheins.

Die Bibliothek der Universität ist auch in der Nähe. Mich interessiert die Universität Bonn sehr. Wo soll ich im Winter studieren? Was soll ich studieren? Wenn ich Zoologe werden will, so spricht vieles für die Universität Bonn und das bekannte Zoologische Forschungsinstitut. Für den Anthropologen gibt es hier das Rheinische

UNIVERSITÄT BONN

DRUCK VON PAUL KLEE

Landesmuseum mit den Funden aus vorgeschichtlicher
Zeit, dem Schädel des Neandertal-Menschen und so
weiter. Das Museum Alexander König ist auch wichtig.
Professor König brachte von seinen Forschungsreisen
5  in die Arktis, nach Afrika und den Kanarischen Inseln
eine große bedeutende Sammlung zusammen. Am eindrucksvollsten sind die sogenannten Dioramen, welche
die verschiedenen Tiergruppen in ihrer natürlichen
Größe und Umgebung zeigen.

10  Wie steht es in Bonn mit der Kunst? Während ich
hier war, besuchte ich die Ausstellung „Kunst im 20.
Jahrhundert" und sah sehr schöne Sachen der Expressionisten Paul Klee, August Macke und Emil Nolde.
Klee und Macke gehörten zu der Gruppe „Der blaue
15  Reiter" und Nolde zu der anderen expressionistischen
Gruppe „Die Brücke". Im Kunsthistorischen Institut
stehen Tausende von seltenen Büchern über Kunstge-
schichte.

Wieviel Geld kostet es, hier zu studieren? Die Stu-
20  diengebühren sind vielleicht zweihundert Mark das
Semester. Für ein Zimmer muß ich etwa hundertzwanzig
Mark den Monat ausgeben, für Essen und Trinken hundertsiebzig bis hundertachtzig Mark. Wenn ich im Internationalen Studentenheim wohne, kostet es ein bißchen

der Fund *finding* / vor- *pre*

der Schädel *skull*

die Kanarischen Inseln *Canary Islands* / die Sammlung *collection*

Dioramen (pl.) *dioramas*

Tier- *animal*

die Größe *size* / die Umgebung *environment*

die Ausstellung *exhibition*

die Brücke *bridge*

selten *rare*

die Studiengebühr *student fee*

ausgeben *spend*

**89**

| | |
|---|---|
| übrigens *incidentally* | weniger. Übrigens studieren sehr viele Ausländer in |
| der Ausländer *foreigner* | Bonn. Es sind mehr als 14 000 Studenten hier; zwischen |
| | 1200 und 1300 sind Ausländer. Viele kommen aus Iran, |
| Griechenland *Greece* | Griechenland und USA. Die Iraner haben eine Iranische |
| die Vereinigung *union* | Studentenvereinigung, die Griechen einen Studenten- |
| der Verein *club, union* | verein, aber die Amerikaner haben keinen Amerikani- |
| andererseits *on the other hand* | schen Verein. Andererseits las ich die Namen folgender |
| | Vereine: Afro-Asiatische Studenten-Union, Türkischer |
| -bund *confederation* | Studentenverein, Islamischer Studentenbund, Indischer |
| | Verein, Indonesischer Studentenverein, Arabische Stu- |
| | dentenvereinigung, Nigerianische Studentenvereinigung, |
| | Norwegische Studentengruppe, Luxemburger Studenten- |
| Ghanesisch *Ghana* | verein und Ghanesische Studenten-Union. Auf der Liste |
| das Ausland *foreign countries* | der Studenten aus dem Ausland stehen im ganzen drei- |
| | undfünfzig Länder. Jedes Jahr kommen mehr auslän- |
| | dische Studenten nach Deutschland. |
| | Soll ich nach Bonn zurückkommen, um hier zu stu- |
| | dieren? Ich weiß es wirklich noch nicht. Ich dachte auch |
| | schon an Heidelberg und München. In beiden Städten |
| der Bekannte *acquaintance* | habe ich Freunde und Bekannte. |
| entlang *along* | In den nächsten Tagen fahre ich am Rhein entlang |
| | nach Mainz. Es wird wohl der schönste Teil der ganzen |
| | Reise. Das Rheinland ist die Gegend, „an der unser |
| der Gärtner *Gardener, i.e.,* | großer Gärtner sichtbar *con amore* gearbeitet hat", |
| *God* / sichtbar *visibly* | schrieb der Dichter Heinrich von Kleist. |
| con amore ( It. ) *with love* | |

RHEINLAND

# Von Bonn nach Mainz

Mit dem Wetter hatte ich wieder Glück. Während der Fahrt am Rhein entlang war den ganzen Tag blauer Himmel und warmer Sonnenschein. Als ich die „Weißen Schiffe" auf dem Rhein sah, dachte ich, daß es schön wäre, von Bonn oder Köln mit einem "Weißen Schiff" nach Mainz zu fahren. Was soll ich aber mit meinem Wagen machen? Man kann den Wagen zwar auf manchen Schiffen mitnehmen, aber da die Autostraße immer am Ufer des Rheins entlang geht, sieht man ebenso viel wie vom Schiff aus. Auch kann man anhalten, wenn man Lust hat.

Ich fuhr durch Bad Godesberg, wo viele Diplomaten wohnen, an Schloßruinen vorbei, durch Andernach mit seinen römischen Altertümern und blieb dann in Koblenz zum Mittagessen. Koblenz gehört zu den ältesten Städten Deutschlands. Schon vor der Geburt Christi gab es in dieser Gegend eine römische Festung, welche die Römer „Confluentes" nannten, da Rhein und Mosel hier zusammenfließen. Hier ist wieder ein Beispiel für den lateinischen Ursprung vieler Städtenamen am Rhein. Die Ufer des Flusses sind Stätten ältester Kultur. Vor zweitausend Jahren bauten die Römer hier die ersten Städte. Im vierten Jahrhundert schrieb der römische Dichter Ausonius sein „Moselgedicht", eine Lobpreisung der grandiosen Mosellandschaft.

Ich wanderte durch die alten und neuen Straßen von Koblenz, ging in die Kastor-Kirche aus dem neunten Jahrhundert und fuhr dann über die Brücke auf das andere Rheinufer. Etwas nördlich von der Brücke liegt

das Glück *luck*

am . . . entlang *along*

mitnehmen *take along*

ebenso *just as* / vom Schiff aus *from the ship* / anhalten *stop* / Lust haben *feel like (it)*

Schloß- *castle*

das Altertum *relic*

die Geburt *birth*

die Festung *fortress*

zusammenfließen *flow together*

die Stätte *place, locale*

die Lobpreisung *praise*

die Landschaft *landscape*

die Brücke *bridge*

die alte Festung Ehrenbreitstein, eine von vielen Festungen und Burgen am Rhein.

Westlich von Koblenz liegt Trier, die allerälteste Stadt Deutschlands. Leider habe ich dieses Mal nicht Zeit, nach Trier zu fahren. Das frühere „Rom des Nordens" ist ein Museum der europäischen Geschichte; von dort aus regierten die römischen Kaiser das westliche Europa. In Koblenz sprach ich mit einer alten Frau, die aus Trier kam. Sie erzählte mir von der bekannten Porta Nigra, den römischen Bädern und den mittelalterlichen Bauten. Von ihr erfuhr ich, daß Karl Marx in Trier geboren wurde. Ich wußte von der Karl-Marx-Stadt, dem früheren Chemnitz, und der Leipziger Karl-Marx-Universität in der DDR, aber ich wußte nicht, daß Marx in Trier geboren wurde.

Zwischen Koblenz und Mainz hielt ich hier und dort an. Es ist eine der bekanntesten und romantischsten Gegenden der Welt. Wenn ich über alles berichte, was ich dort gesehen habe, müßte ich ein Lexikon schreiben. Zu beiden Seiten des Rheins liegen die malerischen Städte, Dörfer, Festungen, Burgen und Felsen, über die es Sagen und Geschichten gibt. Was war am eindrucksvollsten?

Hoch über der kleinen Stadt St. Goar liegt Burg Rheinfels, die größte Burgruine am Rhein. Dann kam der berühmte Lorelei-Felsen, über den so viele Dichter, nicht nur Heine, geschrieben haben. Eine Studentin, die manchmal in den Weinbergen dort arbeitet, erklärte mir, der Name „Lorelei" stamme von den alten Wörtern „Lure" und „Lei" ab, die es in der heutigen Sprache nicht mehr gibt. Die alten Sagen haben nicht mehr den Zauber, den sie vor Jahrhunderten hatten, aber wenn man endlich etwas sieht, worüber man so viel gelesen hat, regt es doch die Phantasie an.

In einem vierhundert Jahre alten Hotel des Städtchens Aßmannshausen, wo Goethe gern übernachtete, trank ich am Nachmittag eine Tasse Kaffee. Neben Aß-

aller- . . . *of all*
leider *unfortunately*

von dort aus *from there*
regieren *rule*

Porta Nigra (Lat.) *(Roman)*
   *Black Gate*

berichten *report*
müßte *would have to* / das
   Lexikon *encyclopedia*
malerisch *picturesque*
der Felsen *cliff*
die Sage *legend*

berühmt *famous*

abstammen *come from*
die Lure *elf* / die Lei *rock,*
   *cliff*

der Zauber *magic*

anregen *stimulate*

LORELEI-FELSEN

mannshausen liegt Rüdesheim, das Hauptzentrum der
Weinindustrie. Immer noch reimt man „Rhein" auf
„Wein". Drei bis vier Millionen Menschen besuchen jedes
Jahr das Weinstädtchen Rüdesheim.

5        Als ich auf der anderen Seite des Rheins Bingen
liegen sah, mußte ich an den Amerikaner denken, den
ich bei meinem Bruder kennengelernt hatte. Er sagte
mir, Bingen sei für Amerikaner ein sehr komischer Name.

        Nachdem ich nun die Rheinreise beendet habe, ver-
10  stehe ich, warum sich so viele Dichter für den Rhein
begeistert haben. Der Amerikaner Longfellow besang
in seiner „Goldenen Legende", der Engländer Bulwer
in seinen „Rheinpilgern" die Romantik des Rheins; in
den „Briefen an einen Freund" war der Franzose Victor
15  Hugo wie berauscht von der Schönheit der Rheingegend.

Haupt- *main*

reimen auf *rhyme with*

komisch *funny, strange*

sich begeistern für *be
    enthusiastic about*
besingen *sing about*

der Pilger *pilgrim*

wie berauscht *as though
    intoxicated*

**93**

GUTENBERG IN SEINER WERKSTATT

# Mainz

Bei Mainz bildet der Rhein ein Knie; in seiner Beuge liegt die Stadt. Die Schilder der Straßen, die parallel mit dem Rhein laufen, sind blau, die Schilder derer, die zu ihm hinführen, sind rot. Die Geschichte des über zweitausend Jahre alten Mainz geht bis in die Epoche der Römer zurück. In vorgeschichtlicher Zeit lebten Kelten hier. Die große Zeit der Stadt ist das Mittelalter, als Mainz die Metropole der deutschen Kirche wurde. Die Erzbischöfe von Mainz krönten die deutschen Kaiser im Dom zu Frankfurt; Mainz erhielt als Haupt der deutschen Christenheit den Titel „Das goldene Mainz". Die Worte finden sich im Siegel der Stadt. Ein Spaziergang durch Mainz ist ein Gang durch die Epochen der deutschen Geschichte.

Mainz ist vor allem die Stadt Gutenbergs. Im Weltmuseum der Druckkunst habe ich mir die Ausstellung „Was wissen wir von Gutenberg?" angesehen. Im Jahr 1455 verließ das Buch der Bücher die Presse Gutenbergs, nachdem er zwanzig Jahre lang Versuche und Experimente gemacht hatte. Natürlich sah ich hier eine Original-Gutenberg-Bibel.

Im Jahr 1400 gab es in ganz Europa nur ein paar tausend Manuskripte. Hundert Jahre später gab es neun Millionen Bücher. Gutenberg hat mit seiner Erfindung die Welt verändert; mit ihm beginnt die Neuzeit, unsere Zeit. Wie tiefgehend diese Veränderung ist, wurde mir

---

bilden *form*

die Beuge *bend* / das Schild *sign*

derer *of those*

der Kelte *Celt*

krönen *crown*

das Haupt *head*
die Christenheit *Christendom*

der Spaziergang, Gang *stroll, walk*

vor allem *above all*

die Druckkunst *art of printing*

der Versuch *attempt*

die Erfindung *invention*

tiefgehend *profound*

**95**

das Erlebnis *experience*

beinahe *almost*
körperlich *physical*

das Wunder *miracle, wonder*

Neapel *Naples*
die Mannschaft *crew*

lebendig *lively*
begleiten *accompany* / gleich
   *immediately* / niemand
   anders *no one else* / lieber
   *rather*

plötzlich *suddenly*

unsichtbar *invisible* / die
   Wand *wall*
stolz *proud* / zerknittert
   *crumpled* / soeben *just*
empfangen *receive* / vorlesen
   *read aloud*
fremd *foreign*

wahrscheinlich *probably*
der Bursch *fellow*

der Analphabet *illiterate*

das Erlebnis *experience*

der Liegestuhl *deck chair*
hinaufsehen *look up* / weich
   *soft, mellow*
dazu *besides*

sich ausdenken *imagine*

klar, als ich ein Essay des Schriftstellers Stefan Zweig über seine Erlebnisse mit Büchern las. Zweig schrieb:

„Lesen ist für uns ... eine beinahe schon körperliche Funktion, ein Automatismus geworden ... Heute im zwanzigsten Jahrhundert können wir uns unsere innere Existenz nicht mehr denken ohne das Wunder (des Buches) ...

„Ich war ... etwa sechsundzwanzig Jahre alt, hatte selbst schon Bücher geschrieben ... Ich reiste ... auf einem Schiff ... von Genua nach Neapel ... Ich sprach oft mit einem jungen Italiener von der Mannschaft ... Er lachte gern, er liebte sein singendes Italienisch und vergaß nie, diese Musik mit lebendigen Gestikulationen zu begleiten ... Er spürte gleich, daß ich ihn gern hatte und mit niemand anderem auf dem Schiff lieber sprach als mit ihm ... Wir waren nach zwei Tagen ... schon etwas wie Freunde oder Kameraden.

„Da plötzlich baute sich über Nacht zwischen mir und ihm eine unsichtbare Wand. Wir waren in Neapel gelandet ... (Er) zeigte mir stolz einen zerknitterten Brief, den er soeben empfangen, und bat mich, ihm den Brief vorzulesen. Ich verstand zuerst nicht gleich. Ich meinte, Giovanni habe einen Brief in einer fremden Sprache erhalten, wahrscheinlich von einem Mädchen — ich verstand, daß dieser Bursch den Mädchen gefallen mußte — und nun wollte er wahrscheinlich, daß ich ihn (den Brief) übersetzte. Aber nein, der Brief war italienisch. Was wollte er also? Daß ich ihn lesen sollte? Nein! ... Und plötzlich war mir alles klar ... Er war ein Analphabet ...

„Das war alles ... Aber das eigentliche Erlebnis, nun erst begann es in mir. Ich legte mich hin in einen Liegestuhl, sah hinauf in die weiche Nacht ... Ich hatte zum erstenmal einen Analphabeten gesehen, einen europäischen Menschen dazu ... Ich versuchte, mir die Situation auszudenken, wie das sein mußte, nicht lesen zu

**96**

können; ich versuchte, mich in diesen Menschen hinein-
zudenken. Er nimmt eine Zeitung und versteht sie nicht.
Er nimmt ein Buch, ... und er legt es wieder weg, er
weiß nicht, was damit anfangen ... Man nennt vor ihm
die heiligen Namen Goethe, Dante, Shelley, und sie
sagen ihm nichts ...

„Aber da ich ihn innerlich nicht verstand, den
Analphabeten, versuchte ich nun, zur Denkhilfe mir
mein eigenes Leben ohne Bücher vorzustellen ... Nie
war ich den Büchern so nah gewesen wie in dieser
Stunde, da ich keines in Händen hielt und nur an sie
dachte ... An dem kleinen Erlebnis mit dem Analphabeten, diesem armen Eunuchen des Geistes ... empfand
ich die ganze Magie des Buches."

Das Gutenberg-Denkmal und das Gutenberg-Mu-
seum in Mainz erinnern uns an den Anteil Gutenbergs an
der tiefgehenden Veränderung im Leben der Menschen
durch das Buch. Heute abend bin ich in Frankfurt, das
schon zu Gutenbergs Zeiten ein Zentrum der Buchdruckerkunst wurde.

Nachdem ich mir die Gutenberg-Ausstellung angesehen hatte, wollte ich nach Frankfurt fahren. Da ich
aber hungrig war, besuchte ich ein kleines Gasthaus und
bestellte eine Mainzer Spezialität: Handkäs' mit Musik.
„Musik" bedeutet in diesem Fall kleingehackte Zwiebeln,
Salz, Pfeffer, Öl und Essig. Wenn ich später in Frankfurt noch einmal Hunger habe, esse ich Frankfurter
Würstchen

---

sich in einen Menschen hinein-
denken *put oneself in a person's shoes*

anfangen *do*

innerlich *inward, mental*
die Denkhilfe *help in thinking*
eigen *own* / sich vorstellen
  *picture* / nah *close*

der Geist *spirit* / empfinden
  *feel* / die Magie *magic*

das Denkmal *monument*
der Anteil *share*

der Handkäse *handmade
  cheese*
gehackte Zwiebeln *chopped
  onions* / Öl und Essig *oil
  and vinegar*
Frankfurter Würstchen *frank-
  furters*

GUTENBERG-BÜSTE

**97**

ROMER

# Frankfurt

die Lage *location*

der Weltflughafen *International Airport*

der Handel *commerce* / das Finanzwesen *banking and finance* / die Messe *fair*

der Turm *tower*

jenseits *on the other side of*

der Räucheraal *smoked eel*

sich schütteln *shudder*

Messer und Gabel *knife and fork*
das Brötchen *bun*
klemmen *pinch, squeeze*

Frankfurt ist nicht die größte Stadt der Bundesrepublik; es ist auch nicht die reichste. Wegen seiner zentralen Lage zwischen Nord und Süd ist es aber eine der bekanntesten und wichtigsten Städte der Bundesrepublik.

Besucher aus dem Ausland landen meist auf dem Weltflughafen Rhein-Main, bevor sie weiterfahren oder weiterfliegen. Durch seine Lage ist Frankfurt seit Jahrhunderten ein Zentrum für Handel und Finanzwesen. Die Frankfurter Messe gibt es seit dem dreizehnten Jahrhundert; sie findet zweimal im Jahr, im Herbst und Frühling, statt.

Es war kühl, aber der Himmel war klar, als ich eine Fahrt nach dem Henninger-Turm, der auf einem Berg jenseits des Mains steht, machte. Ich saß in dem höchsten der drei Restaurants, die es im Turm gibt, und sah während des Essens immer wieder einen anderen Stadtteil Frankfurts. Es war nämlich ein Drehrestaurant wie das im Fernsehturm von Hamburg. Als ich Räucheraal aß, mußte ich an Bob Mason denken. Er schüttelte sich, als wir in Münster von Räucheraal sprachen. Bei den Frankfurter Würstchen mußte ich auch an ihn denken. Er erzählte uns, daß man sie in Amerika nicht mit Messer und Gabel ißt, sondern zwischen zwei Stück Brötchen klemmt.

Wie sieht das Frankfurt aus, das ich von meinem Tisch im Drehrestaurant sah? Leute sagten mir, daß man von 1945 bis 1948 nichts als Ruinen sah. Nach 1948 erholte sich Frankfurt schnell und bekam ein neues Gesicht. Es wurde viel Neues gebaut, aber manche berühmte alte Bauten wurden wiederhergestellt, so wie man es in Williamsburg, Virginia getan hat. Beispiele dafür sind der Dom, in dem die Erzbischöfe von Mainz die deutschen Kaiser krönten, der Römer, wo man die Kaiserkrönung feierte und der seit 1405 das Rathaus Frankfurts ist, die Paulskirche, in der 1848 das erste deutsche Parlament zusammenkam, und das Goethehaus.

Das Geburtshaus Goethes, wo er als junger Mann seinen *Faust* begann, sieht heute genau so aus, wie es zur Zeit Goethes ausgesehen hat. Nach der Zerstörung durch den Krieg wurde es wiederhergestellt, teilweise mit den ursprünglichen Steinen, die in den Ruinen lagen.

nichts als *nothing but*
sich erholen *recover*

wiederherstellen *restore*

der Römer *town hall* / die Krönung *coronation* feiern *celebrate*

teilweise *partly*

IM GOETHEHAUS

weniger *less*

auf *open*
sonst *otherwise*

erinnern an *remind one of*

der Verkehr *traffic /* stark
*heavy*

überall *everywhere*
die Autokarte *road map*
( sich ) holen *get*

gewiß *certain*

teuer *expensive*

alles andere *everything else*

Alle historischen Häuser sind ja mehr oder weniger Wiederherstellungen! Ich kam Sonntag in Frankfurt an, aber das Goethehaus war auf; sonntags ist es bis 16 Uhr und sonst bis 18 Uhr auf.

Neben den wiederhergestellten Bauten stehen in Frankfurt moderne Geschäftshäuser, wie es für viele deutsche Städte charakteristisch geworden ist. Manche Bauten erinnnern noch an die Zeit, als die Kaiser des Heiligen Römischen Reiches Deutscher Nation hier gekrönt wurden. Die letzte Krönung, die Krönung Franz II., fand 1792 statt; mit ihm ging das Reich zu Ende.

Im Zentrum der Stadt ist der Verkehr ebenso stark wie in Mainz, Bonn, Köln oder Düsseldorf. Es ist immer schwer, einen Parkplatz zu finden. Die Leute vom Allgemeinen Deutschen Automobil Club (ADAC) hatten mir gesagt, daß das Parken überall ein Problem sei. Ich war übrigens beim Automobil Club, um mir Autokarten zu holen. Von hier nach Heidelberg sollte es auf der Autobahn Frankfurt-Mannheim-Heidelberg schnell gehen.

Die Autobahnen sind gut, aber der Verkehr ist zu gewissen Zeiten sehr stark. Da ich früh aufgestanden war und vor sechs schon auf der Autobahn fuhr, war die ersten paar Stunden wenig Verkehr. Mit meinem Wagen bin ich zufrieden. Ein Glück, daß er wenig Benzin verbraucht, denn Benzin ist teuer. Bob Mason sagte mir, daß es in Europa zweimal so viel koste wie in Amerika. Neben Benzin und Öl kostet Kaffee viel, aber alles andere ist nicht so teuer wie in Amerika, meinte er.

PAULSKIRCHE

# Heidelberg

Da meine Heidelberger Freunde, die im Studentenheim wohnen, nicht zu Hause waren, ging ich in die Mensa. Es war zwischen zwölf und ein Uhr und sowieso Zeit zum Essen. Ich hatte Glück. In der Mensa saßen nicht nur meine Freunde, sondern auch Bob Mason und einige andere Amerikaner. Wir setzten uns zusammen. Einer der Amerikaner erzählte uns von einem Film über Heidelberg, den er vor einiger Zeit gesehen hatte. „Heidelberg erscheint in dem Film in einem sentimentalen Licht, das mit der Wirklichkeit nichts zu tun hat", sagte er.

„Wie sieht Heidelberg in Wirklichkeit aus?" fragte ich ihn.

„Man nimmt das Leben in Heidelberg ebenso ernst wie in Hamburg und Berlin, New York und Los Angeles", sagte er. „Auch hier gibt es Glück und Unglück, Freude

die Mensa *students' restaurant* / mensa (Lat.) = Tisch *table* / sowieso *anyway*

der Film *movie*

erscheinen *appear*
die Wirklichkeit *reality*

das Unglück *unhappiness*
Freude und Schmerz *joy and pain*

**101**

und Schmerz. Aber so wie ein schönes Theater die Freude an einem Stück vertieft, sei es Tragödie oder Komödie, so genießt man das Leben im Rahmen der Heidelberger Landschaft und Tradition ein wenig mehr." Niemand unterbrach ihn. Er sagte dann noch: „Die historischen Assoziationen mit dem Studentenleben, mit der deutschen Romantik und mit der Blütezeit der deutschen Wissenschaft vertiefen die Freude am Leben und am Studieren hier. In meinem Lande gibt es auch großartige Landschaften, aber meist fehlen die historischen Denkmäler, die man in Deutschland hat."

Einer der Studenten öffnete ein Buch und fragte uns, ob wir die Worte des Heidelberger Physikers Helmholtz kennen. Da wir sie nicht kannten, las er vor: „Ich habe diese Stadt zuerst als Tourist kennengelernt und den Zauber ihrer Schönheit gleich tief gefühlt. Es gibt eine echte und eine falsche Schönheit. Der Eindruck der letzteren schwächt sich ab, wenn man ihr zum zweiten Male gegenübersteht; sie langweilt, wenn man sie mehrfach sieht. Ich habe nun Gelegenheit gehabt, Heidelbergs Schönheit als echt zu erproben; denn mir hat ein günstiges Geschick gestattet, zwölf Jahre hier zu verleben, und während dieser Zeit ist der Zauber der Stadt nicht geschwunden. Die Individualität des Menschen ist ein Produkt seiner Geschichte, und so ist die Liebe zu Heidelberg ein Stück meiner Seele geworden."

Ich erwähnte die Worte Goethes: „Die Stadt in ihrer Lage und mit ihrer ganzen Umgebung hat, man darf sagen, etwas Ideales." Auch erzählte ich, daß Goethe siebenmal in Heidelberg war und daß die letzten Seiten seiner Autobiographie *Dichtung und Wahrheit* von Heidelberg handeln.

Nach dem Essen gingen wir über die Neckarbrücke und dann den Philosophenweg entlang. Meine Freunde erklärten, ich sollte hier studieren. Die Bibliothek ist mit ihren seltenen Büchern und Manuskripten besonders gut. Ein Student erzählte mir, Heidelberg habe schon vor der

vertiefen *deepen*

genießen *enjoy* / der Rahmen *framework*

niemand *no one* / unterbrechen *interrupt*

großartig *magnificent* / fehlen *be lacking*

das Denkmal *monument*

der Physiker *physicist*

vorlesen *read aloud*

der Zauber *magic*

echt *genuine*

letztere *latter* / sich abschwächen *diminish* gegenüberstehen *face* langweilen *bore* / mehrfach *more than once* / erproben *test* / günstig *kind* / das Geschick *fate* / gestatten *permit* / verleben *spend* schwinden *become less*

erwähnen *mention*

die Umgebung *surroundings*

die Dichtung *poetry*

handeln von *deal with*

der Philosophenweg *Philosophers' Path* die Bibliothek *library*

besonders *especially*

Zeit Gutenbergs eintausend mit der Hand geschriebene Bände gehabt.

der Band *volume*

Da die Amerikaner das berühmte Schloß noch einmal sehen wollten, gingen wir zusammen dorthin. Es ist ebenso eindrucksvoll wie die Schlösser und Burgen am Rhein und, wie diese, eine Ruine, für welche die Kriege des zwanzigsten Jahrhunderts nicht verantwortlich sind. Bob Mason wollte das große Faß, das über zehn Meter lang ist und 236 000 Flaschen faßt, wiedersehen. Leute im Schloß erklärten uns die Bedeutung des Fasses. Im späten Mittelalter und in den ersten Jahren der modernen Zeit trank man dermaßen viel, daß man es sich heute kaum vorstellen kann. Besonders unter Aristokraten, aber auch an Universitäten, gab es einen Trinkkultus. „Die dicken Figuren des Malers Lucas Cranach", sagte er, „mit ihren roten Gesichtern und kleinen Augen, waren zum Beispiel starke Trinker. In dieser Zeit entstanden die großen Fässer, darunter auch das Heidelberger." Die amerikanischen Studenten genossen die Erklärung sehr. Als man im allgemeinen vom Trinken sprach, sagte einer: „Heute ist wohl der Unterschied zwischen Deutschland und Amerika, daß man in den Staaten oft vor dem Essen trinkt, während man hier bei dem Essen trinkt." Es gibt aber hier auch viele Menschen, die überhaupt nicht trinken.

diese *the latter*
verantwortlich *responsible*
das Faß *vat, barrel*
fassen *hold*

dermaßen viel *so much*
kaum *hardly* / sich vorstellen *imagine*
der Trinkkultus *cult of drinking* / dick *heavy, stout*
stark *heavy*

allgemein *general*
der Unterschied *difference*

überhaupt *at all*

Am Abend saßen wir im Sepp'l, dem historischen Studentenlokal, und sprachen von der Universität, die bald 600 Jahre alt wird, von Professoren und Studenten. Unter den 1700 ausländischen Studenten hier sind zweimal so viele aus USA als aus irgendeinem anderen Land. Seit den Tagen Longfellows, der hier studierte, haben die Amerikaner eine Vorliebe für Heidelberg.

das Lokal *inn*

irgendein *any(one)*

die Vorliebe *special liking*

Ich bleibe drei oder vier Tage hier, bevor ich nach München fahre. Ob ich im Winter hier studiere, ist schwer zu sagen. Wenn es geht, mache ich es nach alter Tradition: ein oder zwei Semester an einer Universität und dann zwei oder drei an anderen Universitäten.

# München

"Ich will aus München eine Stadt machen, die jeder gesehen haben muß, der Deutschland kennenlernen will", sagte Ludwig I. von Bayern vor über hundert Jahren. So ist es heute. München ist die Stadt der Fremden geworden. Die Ausländer-Kolonie zählt fast 150 000 Menschen; jeder Deutschland-Besucher will München sehen. International berühmt sind der Fasching und das Oktoberfest, das Witzbolde das "Septoberfest" nennen, weil es im September beginnt.

Unter Ludwig I. wurde München zu einer Kunststadt von europäischer Bedeutung. Unter seinem Sohn Maximilian II. blühten die Wissenschaften und die Literatur. Nach der Vereinigung der deutschen Staaten im Jahr 1871 wurde die Hauptstadt Bayerns zur modernen Metropole; nach dem zweiten Weltkrieg wurde sie zum

*Bayern Bavaria*

*der Fremde foreigner, tourist*

*zählen number*

*der Fasching carnival / das Fest festival / der Witzbold joker*

*die Bedeutung significance*

*die Vereinigung unification*

Industriezentrum. München ist aber eine der bedeutendsten deutschen Kunst-, Musik- und Theaterstädte
geblieben.

Mitte Dezember 1957, als der millionste Münchner
geboren wurde, zählte die südlichste der deutschen Groß-
städte eine Million Einwohner. Der Magnet München
wächst doppelt so schnell wie jede andere deutsche Groß-
stadt, aber mit der quantitativen geht eine qualitative
Veränderung der Stadt Hand in Hand. Das Kulturleben
wird immer reichhaltiger.

Am ersten Tag machte ich eine Rundfahrt, wie
viele Touristen es tun. Um elf Uhr war ich beim Rathaus
am Marienplatz und hörte das berühmte Glockenspiel.
Die Fremden hatten Kameras in der Hand. Später besuchte ich die Frauenkirche, das bedeutendste Bau-

südlich *southernmost*

doppelt so *twice as*

die Veränderung *change*
reichhaltig *rich*

-platz *Square*
das Glockenspiel *chime(s)*

die Frauenkirche *Church of
Our Lady*

**105**

das Bauwerk *edifice* / rein
*pure*

verkehrsreich *congested*

fließen *flow*
genährt von *fed by*
die Quelle *spring*

breit *broad, wide* / eng *narrow*

nächst *coming, following*

das Dutzend *dozen*

die Pinakothek ( Gr. ) *picture
gallery* / das Gemälde
*painting*

zahlreich *numerous*

hiesig *local*

irreführend *misleading*

die Technik *technology*
vor Augen führen *display*
lebendig *lively*
der Versuch *attempt*

die Bewegung *motion*
verbringen *spend*

werk reiner Gotik in München; ich wanderte lange in der Kirche herum.

Um die Mittagszeit aß ich in einem Restaurant am verkehrsreichen Karlsplatz, den die Münchner immer den „Stachus" nennen. Am Nachmittag war ich am Ufer der weißgrünen Isar, die durch die Stadt fließt, genährt vom Schneewasser der Alpen und von klaren Quellen.

In München sind die meisten Straßen groß und breit. Nur in der eigentlichen Altstadt sind jene engen, mittelalterlichen Straßen, die für viele deutsche Städte charakteristisch sind. In den nächsten Wochen sehe ich mir vor allem die vielen Kunstsammlungen an, die in den zwei Dutzend Museen und den vielen privaten Galerien hier zu finden sind. Morgen bin ich in der Alten Pinakothek und gehe in die „Große Galerie" mit den Gemälden der deutschen Renaissance: Dürer, Cranach, Grünewald und Altdorfer. Dort findet man auch zahlreiche Gemälde der Niederländer: Rembrandt, Rubens und van Dyck. Nächste Woche möchte ich die Gemälde des Münchner „Blauen Reiters" sehen. In den hiesigen Galerien sind viele Werke von Franz Marc, Kandinsky, Klee und Macke.

Im Deutschen Museum war ich schon. Der Name ist irreführend, denn es ist kein Tempel der Musen, sondern ein wissenschaftlich-technisches Museum, das uns die Wissenschaft, Technik und Industrie aller Nationen und aller Zeiten vor Augen führt. Der Besucher sieht eine lebendige Geschichte der Wissenschaft, Industrie und Technik von den frühen Versuchen bis heute. Man kann die ältesten mit den neuesten Methoden vergleichen. In einem Reiseführer las ich, daß das Museum 350 Räume hat; man muß fünfzehn Kilometer laufen, um alles zu sehen. Die vielen Apparate, die dort stehen, kann der Besucher selber in Bewegung setzen. Man könnte mehrere Tage im Deutschen Museum verbringen.

Nachdem ich einen ganzen Morgen im Deutschen Museum war, aß ich ein paar Münchner Weißwürste und ging dann in das Brauerei-Museum, das es seit 1963 gibt. Dort wird die Geschichte der Braukunst seit der Zeit der alten Ägypter dokumentiert. Das Museum wurde vor Jahren am 4. Mai, dem Tag des Heiligen Florian, eröffnet. Der Heilige Florian ist der Schutzpatron der Brauer. Was man alles nicht weiß! Auch habe ich gelesen: zwei Fässer Bier waren 1835 bei der Eröffnungsfahrt der ersten deutschen Eisenbahnlinie die erste deutsche Eisenbahnfracht. In den nächsten Tagen besuche ich auch das berühmte Hofbräuhaus. Für Bier, das „flüssige Brot" der Bayern, ist München in der Tat bekannt.

Bekannte erzählten mir, das Münchner Theater- und Musikleben habe viel zu bieten. Ich würde gern Inszenierungen der Werke von Richard Strauß hier in seiner Heimatstadt sehen. Nächste Woche gibt es „Die Frau ohne Schatten"; ich will versuchen, Karten zu bekommen.

Das Wichtigste ist mir die Universität. Unter den Professoren sind sehr bedeutende Namen. Vielleicht bleibe ich zum Studium hier. Von hier aus kann man auch die bayerischen Seen besuchen, Wanderungen in den Bergen machen und im Winter skifahren.

die Weißwurst *white sausage*

die Braukunst *art of brewing*
der Ägypter *Egyptian*
der Heilige *saint*
eröffnen *open*
Was . . . weiß! *All the things you don't know!*

die Eisenbahn *railroad*
die Fracht *freight, cargo*
flüssig *liquid* / das Brot *bread*
in der Tat *indeed*

bieten *offer*
die Inszenierung *production, staging*

bedeutend *significant*

der See *lake*
skifahren *go skiing*

OKTOBERFEST

JUNGES PAAR VON DÜRER

# 8 | EINE KURZE REISE IN DIE DDR

Da meine Tante, die Schwester meines Vaters, mir aus Leipzig immer wieder schrieb, daß ich sie besuchen solle, habe ich eine Woche in der DDR verbracht. Mit dem Flugzeug ging es in einer Stunde von München nach West-Berlin. Vom Flughafen Berlin-Tempelhof fuhr ich sofort zur Friedrichstraße und ging über Checkpoint Charlie nach Ost-Berlin. Dort begann mein Besuch „bei den Brüdern und Schwestern in der Zone", wie man sie in der Bundesrepublik nennt.

Von Ost-Berlin bin ich mit der Eisenbahn nach Leipzig gefahren. Als ich im Speisewagen erst Soljanka und dann Ungarisches Paprikagoulasch aß, las ich ein Büchlein, das ich in der Friedrichstraße bekommen hatte. Es hatte den Titel *Kleine Reise durch die DDR*. In dem Büchlein stand:

„DDR ist die Kurzform für Deutsche Demokratische Republik, eine der beiden deutschen Staaten, die nach dem zweiten Weltkrieg auf deutschem Boden entstanden sind. Je nachdem, wo Sie zu Hause sind und welche speziellen Interessen Sie haben, werden Sie eine andere Vorstellung von der DDR haben. Vielleicht denken Sie an die Leipziger Messe oder an die Dresdner Gemälde-

---

das Flugzeug *plane*
der Flughafen *airport*
sofort *immediately*

der Speisewagen *dining car*
Soljanka *(Russian) vegetable
soup*

stehen *be written*

der Boden *soil, ground*
je nachdem *according to*

die Vorstellung *idea, conception*
die Messe *fair*

**108**

galerie, vielleicht an die optischen Erzeugnisse der Zeiss-Werke oder an Meißner Porzellan."

Ich denke nicht an die Zeiss-Werke. Seit über zwanzig Jahren gibt es Zeiss-Werke auch in der Bundesrepublik Deutschland. In der Tat denke ich aber an die Gemälde in Dresden, an das Porzellan in Meißen bei Dresden und an die Messe in Leipzig.

„Als ich in Leipzig ankam, war es gerade Meßzeit ... besonders zogen meine Aufmerksamkeit an sich, in ihren seltsamen Kleidern, jene Bewohner der östlichen Gegenden, die Polen und die Russen." Die Worte sind nicht von mir, sondern von Goethe; sie stehen in seiner Autobiographie *Dichtung und Wahrheit*.

Ich kaufte Blumen und ging sofort zu meiner Tante. Das Wiener Schnitzel mit Leipziger Allerlei schmeckte gut; die Unterhaltung war unpolitisch. Am nächsten Tag besuchten wir die Messe und lasen immer wieder den Satz: „800 Jahre Leipziger Messe". Ich interessierte mich vor allem für die Buchmesse. „Stadt der Bücher: 100 000 Bücher gehen täglich von Leipzig hinaus in alle Welt" stand dort am Eingang. Seit dem Ende des zweiten Weltkrieges gibt es in Deutschland zwei große Buchmessen, die von Leipzig und die von Frankfurt.

Im Lauf der Tage in Leipzig waren meine Tante und ich in Auerbachs Keller, den ich aus der Literatur und aus den Erzählungen meines Vaters kannte. Die vielen Touristen dort sahen aus, als ob sie von Fausts Ritt auf dem Faß gelesen hatten und deshalb in Auerbachs Keller waren. Am letzten Tag stand ich, in Gedanken vertieft, vor der 1409 gegründeten Universität, wo Leibniz, Lessing, Goethe und Nietzsche studiert hatten, bevor sie Karl-Marx-Universität hieß.

die Gemäldegalerie *picture gallery* / das Erzeugnis *product*

Aufmerksamkeit an sich ziehen *draw a person's attention* seltsam *strange* / die Kleider (pl.) *clothes*

Leipziger Allerlei *peas, carrots and asparagus (or other vegetables)*

der Eingang *entrance*

der Ritt *ride* deshalb *for that reason* / in Gedanken vertieft *lost in thought*

MEISSNER PORZELLAN

**109**

DER ZWINGER

Von Leipzig aus fuhr ich nach Dresden. Es sind etwa neunzig Kilometer. Dresden gilt als das Kultur- und Forschungszentrum der DDR. Im Zentralinstitut für Kernforschung war ich nicht, aber die Graphische Sammlung, die Gemäldegalerie und die Staatlichen Kunstsammlungen habe ich alle besucht.

Die Stadt Dresden wurde im Februar 1945 zum großen Teil durch Bomben zerstört, aber die meisten historischen Bauten wurden in den letzten Jahrzehnten wiederhergestellt. Der bekannteste Bau ist der Zwinger, das schönste Beispiel für die spielerische Form der dekorativen Rokoko-Außenarchitektur. In der Kreuzkirche am Altmarkt hörte ich ein Konzert des berühmten Kreuzchors.

Die Technische Universität Dresden ist übrigens die größte dieser Art im deutschen Sprachraum. Im *Statistischen Handbuch* der Deutschen Demokratischen Republik las ich: „Hier sind sogar mehr Studierende als in Leipzig oder Berlin und natürlich mehr als an der Martin-Luther-Universität in Halle oder der Friedrich-Schiller-Universität in Jena."

Einen Nachmittag fuhr ich auf der Elbe mit einem Schiff nach Meißen, um die Meißner Porzellan-Fabrik zu besuchen. Das Meißner Porzellan, das man in der Welt oft Dresden-Porzellan nennt, wird seit dem Jahr

1710 in Meißen hergestellt. Von der Elbe aus sah ich schon von weitem die romantische Silhouette des tausend Jahre alten Meißens mit den Türmen des spätgotischen Doms. Ich verbrachte den ganzen Nachmittag und Abend in Meißen. Es war sehr spät, als ich wieder im Dresdener Hotel Astoria war.

Am nächsten Tag fuhr ich mit der Eisenbahn von Dresden nach Ost-Berlin und ging dann über Checkpoint Charlie nach West-Berlin. Noch am selben Tag flog ich nach München zurück.

Es war schön, meine alte Tante wiederzusehen. Verwandte, die in den zwei Teilen Deutschlands leben, haben selten, wenn überhaupt, Gelegenheit zusammenzukommen. Meine Tante sprach sehr viel darüber.

Ich bin froh, daß ich im Westen bin.

*herstellen produce*

*weit afar*

*der Verwandte relative*

*überhaupt at all / die Gelegenheit opportunity*

*froh glad*

ZWISCHEN WEST UND OST

BERLIN 1945

# IV | Berlin und die Freie Universität

# 9 | ALTE UND NEUE UNIVERSITÄT

zerbombt *badly damaged by bombs*

der Mantel *coat*
ungeheizt *unheated*

die Reihe *row* / blicken auf *look at*

der Bleistift *pencil*

schlank *slender*

schwarz *black*

indem *while*

die Tasche *pocket*

herhaben *get*

der Reichtum *riches, wealth*

flüstern *whisper*

der Band *volume*

die Sorge *worry*

gleich *(the) same* / der Kopf *head* / lächeln *smile*

verkaufen *sell*

hergeben *give up*

Mitte April 1948 lag noch Schnee auf den Straßen Berlins. Im großen Auditorium der zerbombten Universität im Ostsektor saßen Hunderte von Studenten. Alle hatten Mäntel an, denn in dem ungeheizten Auditorium war es eisig kalt.

In der letzten Reihe blickte ein langer, blonder, junger Mann wie hypnotisiert auf ein Stück Schreibpapier und einen Bleistift, den er sich vor die Nase hielt. Neben ihm saß ein schlankes Mädchen. Sie hatte große schwarze Augen und braunes Haar, das ihr auf die Schultern fiel. Indem sie die kalten Hände in die Taschen des Mantels steckte, fragte sie, ohne den Kopf zu wenden: „Wo haben Sie den Reichtum her?" In den ersten Jahren nach dem Kriege waren in Deutschland Schreibmaterialien und Bücher fast nicht zu kaufen.

Der Student flüsterte: „Für Lessings Werke in fünf Bänden habe ich hundert amerikanische Zigaretten bekommen. Für zehn Zigaretten habe ich Bleistift und Papier bekommen. Was ich mit den andern neunzig mache, weiß ich noch nicht."

„Die Reichen haben ihre Sorgen", sagte sie ernst. Sie wandten zu gleicher Zeit den Kopf, sahen sich in die Augen und lächelten.

Nach einer kurzen Pause fragte sie: „Warum haben Sie gerade Lessing verkauft? Meinen *Nathan* würde ich nicht hergeben."

5

10

15

20

25

**114**

„Von der Wahrheitsliebe und Toleranz Lessings könnten die hier etwas lernen. Sie haben schon recht. *Nathan der Weise* ist ein großes Werk. Da ich es aber fast auswendig kann . . .“

„Still“, flüsterte sie, „hier kommt das Gegenstück zum Nathan.“ Ein älterer Herr war vor die Studenten getreten. Das Auditorium verstummte. Professor Doktor Zulauf, der vor den Studenten stand, war Soziologe. Er war auch Kommunist. Jedenfalls tat er so.

„Das neue Semester beginnt optimistisch“, begann Professor Zulauf, „aber dieser Optimismus ist realistisch.“ „Ich mache jetzt ein Nickerchen“, sagte leise das schlanke Mädchen mit dem braunen Haar.

Bevor ihr Nachbar antworten konnte, sprach Professor Doktor Zulauf weiter: „Eine der großen Aufgaben der Partei in der Epoche der Diktatur des Proletariats ist die Umerziehung der alten Generation und die Erziehung der jungen im Geiste der Diktatur des Proletariats und des Sozialismus.“

Auf ein kleines Stück Papier schrieb der Student: „Sagen Sie mir noch, wie Sie heißen, bevor Sie einschlafen! Mein Name ist Walther von Nordheim.“

Sie blickte auf die zwei Sätze, die er geschrieben hatte, nahm ihm den Bleistift aus der Hand und schrieb: „Hildegard Grüningen.“

„Melodischer Name. Gefällt mir.“

Sie lächelte und schloß die Augen.

Ihm wurde das Herz schwer, als er hörte: „Die wachsende Zahl von Arbeiter- und Bauernsöhnen unter Ihnen erfüllt uns mit Stolz und Hoffnung für die Zukunft. — Kommunistische Erziehung. — Kampf mit bürgerlichen Traditionen. — Warum konnte die Lehre von Karl Marx Millionen und Millionen Herzen der revolutionären Klassen für sich gewinnen? — Die Erziehung der Jugend, so schrieb Lenin, muß eine Erziehung in der kommunistischen Ethik sein. Die kommunistische Ethik dient dem Kampf der Werktätigen gegen die Ausbeutung.“

---

die Wahrheitsliebe *love of truth*

auswendig können *know by heart*
das Gegenstück *counterpart, opposite*

verstummen *become silent*

jedenfalls *at any rate* / so tun *act as if*

ein Nickerchen machen *take a little nap* / nicken *nod*

die Aufgabe *task*

die Umerziehung *reeducation*
der Geist *spirit*

einschlafen *fall asleep*

der Satz *sentence*

gefällt mir *(I) like it*
schließen *close*

die Zahl *number* / der Bauer *farmer* / erfüllen *fill* / die Zukunft *future*
bürgerlich *bourgeois*

die Lehre *teaching*

die Ethik *ethics*

der Werktätige *worker* / die Ausbeutung *exploitation*

**115**

was sollen wir hier? *what are we doing here?*

die Pflichtvorlesung *required class (lecture)*

auskommen *manage*

die Eltern *parents* / am Leben *alive* / die Tante *aunt*

die Fabrik *factory*

verdienen *earn* / der Werkstudent *student who works on the side* / die Vorlesung *lecture* / lautlos *without a sound*

das Gesicht *face*

die Linden: Unter den Linden *famous street in Berlin*
die Richtung *direction, in the direction of* / das Geschäft *shop*

die Grenze *border, boundary*

das Tor *gate*
die Chaussee *boulevard*

der Teich *pond*

einst *once*

die Kohle *coal*

abholzen *cut down trees*

zitieren *cite, quote*

das Reich *realm*
der Traum *dream*

„Mein Gott! Was sollen wir hier?" flüsterte Walther von Nordheim.

„Ist doch Pflichtvorlesung!"

Er blickte weiter auf Professor Doktor Zulauf, hörte aber nicht mehr, was er sagte. Erstens interessierte er sich nicht für Politik. Zweitens fragte er sich, wie er bis Ende des Monats mit seinem Geld auskommen sollte. Seine Eltern waren nicht mehr am Leben. Reiche Onkel und Tanten hatte er auch nicht. Fünf Tage die Woche arbeitete er in einer großen Fabrik, um sich sein Studiengeld zu verdienen. Er war Werkstudent wie viele andere.

Nach der Vorlesung standen die meisten Studenten langsam auf und gingen lautlos aus dem Auditorium. Auf manchen Gesichtern sah man stille Resignation, auf andern Bitterkeit.

Walther von Nordheim und Hildegard Grüningen gingen zusammen hinaus und wanderten die „Linden" entlang, Richtung Brandenburger Tor. Das Opernhaus, die Schlösser, berühmte Geschäfte, Cafés und Restaurants waren Ruinen. In vierzig Tagen und Nächten waren Bomben auf die Stadt gefallen.

Sie gingen über die Sektorengrenze am Brandenburger Tor, kamen auf die Charlottenburger Chaussee im englischen Sektor, und gingen links in den Tiergarten. Auf einer Bank neben einem Goldfischteich nahmen sie Platz. Der Himmel war grau. In dem einst schönen Park gab es nur noch wenige Bäume. Da es seit Ende des Krieges wenig Kohlen gab, hatten die Berliner den Tiergarten abgeholzt.

Nachdem sie einige Minuten nebeneinander gesessen hatten, ohne ein Wort zu sagen, zitierte sie aus dem *Wilhelm Tell*: „Der Tyrann des Landes ist gefallen... Wir sind freie Menschen."

Nach einer Pause sagte er: „Vielleicht hatte Schiller aber recht, als er schrieb, daß die Freiheit nur im Reich der Träume ist. 1945 dachten wir, es würde anders werden."

„Es wird anders werden." Hildegard Grüningen betonte jedes Wort.

„Das ist eine Illusion", meinte er. „Für uns Berliner ist es eine Illusion. Seit drei Jahren wird die Freiheit mit jedem Tag illusorischer. Haben Sie nicht gehört, was uns Professor Zulauf vor einer halben Stunde vortrompetete? So geht es seit 1946. Und die Amerikaner können sich in Berlin nicht halten."

Beide schwiegen.

REICHSTAG 1945

Am 2. Mai 1945 hatte die Garnison Berlins kapituliert. In den nächsten zwei Monaten kamen deutsche Kommunisten in alle Schlüsselstellungen, im Magistrat und in der Polizei. Als die Truppen der Westmächte im Juli nach Berlin kamen, war die Stadt unter kommunistischer Herrschaft.

Der politische Kampf um die Universität, die Unter den Linden im Ostsektor lag, begann schon im Frühling 1945. Berlin war eine der jüngsten Universitäten Deutschlands, erst 1810 gegründet. Schon in der ersten Hälfte des neunzehnten Jahrhunderts wurde Berlin eine der besten Universitäten der Welt. Bis 1933 blieb sie ein Zentrum der Forschung und des geistigen Lebens. Dies änderte sich nach 1933, als viele bedeutende Professoren als „Nichtarier" oder wegen politischer Anschauungen teils vertrieben, teils emeritiert wurden. Ein Nationalsozialist, ein unbedeutender Mann, wurde Rektor.

betonen *emphasize*

illusorisch *illusory*

vortrompeten *trumpet forth*

sich halten *hold on*

schweigen *be silent*

die Garnison *garrison*

dis Schlüsselstellung *key position* / der Magistrat *magistrate, municipal council*

die Herrschaft *rule, domination*
der Kampf um *struggle for*
der Frühling *spring*

gründen *found*

die Forschung *research*
geistig *intellectual*

der Nichtarier *non-Aryan (Nazi term for anyone with Jewish blood)* / die Anschauung *view* / vertreiben *expel* / emeritieren *retire* / der Rektor *head of a German university*

| | |
|---|---|
| erwarten *expect* | |
| eröffnen *to open* | |
| der Vordergrund *foreground*<br>der Dichter *poet* | |
| die Vorlesung *lecture* | |
| nicht auf den Mund gefallen<br>sein *always have a ready<br>comeback*<br>der Saal *lecture room* | |
| sich aufstellen *post oneself* | |
| der Schutz *protection* | |
| der Untergrundbahnhof<br>*subway station* | |
| sich bilden *form* / die Arbeits-<br>gemeinschaft *working<br>group* / entgegenarbeiten<br>*work against* / der Leiter<br>*leader, head* / aufbauen<br>*build up* | |
| anbringen *put up* | |
| dienen *serve* / die Bildung<br>*education, culture* / darauf<br>*later*<br>bestellen *ask to come* | |
| ziehen *pull* | |
| das Zuchthaus *penitentiary*<br>verurteilen *sentence* / einzeln<br>*single* | |

Nach Ende des Krieges hatte man erwartet, daß Berlin wieder eine der großen Universitäten der Welt werden würde. Als sie aber am 29. April 1946 unter kommunistischer Kontrolle eröffnet wurde, kam es anders. Eine Minorität von kommunistischen Professoren und Studenten wurde immer lauter, Nichtkommunisten hatten es immer schwerer. Geschichte wurde marxistisch interpretiert. Die „progressive" Literatur trat in den Vordergrund; Dichter wie Lessing und Heine wurden „Vorläufer des Kommunismus". An Diskussionsabenden gab man Studenten freies Essen und marxistische Theorien. Professoren, die in ihren Vorlesungen zu viel über Freiheit sprachen, bekamen anonyme telefonische Warnungen. Ein Psychologe, der nicht auf den Mund gefallen war, hatte jeden Mittwoch nachmittag von vier bis sechs Seminar. Nach Ende des Seminars blieb er in dem Saal, bis sich zwanzig seiner Studenten in Gruppen von zwei oder drei auf der Straße aufgestellt hatten. Unter dem Schutz der Studenten ging er dann von der Universität zum Untergrundbahnhof in der Friedrichstraße. Das war das Leben an der Universität!

Schon vor der Eröffnung der alten Berliner Universität bildete sich eine „Studentische Arbeitsgemeinschaft", die versuchte, dem Marxismus entgegenzuarbeiten. Der Leiter der Arbeitsgemeinschaft, ein Medizinstudent namens Georg Wrazidlo, baute eine starke Opposition auf. Als man am 1. Mai 1947 ein Symbol der kommunistischen Partei an der Universität anbringen wollte, schrieb er im Namen der Studentischen Arbeitsgemeinschaft: „Die Universität dient der Wissenschaft und Bildung und ist keine Parteiinstitution." Einige Zeit darauf wurde er durch einen Telefonanruf in ein Café Unter den Linden bestellt; dort zogen ihn zwei Männer in ein Auto. Erst später hörten seine Freunde, daß man ihn zu fünfundzwanzig Jahren Zuchthaus verurteilt hatte. Manche sagten sich: Was soll ich als einzelner Mensch dagegen tun? Ich will ja studieren und nicht einen täglichen Kleinkrieg gegen politische Funktionäre führen. Andere aber sagten: Das Wichtigste ist heute der Kampf um die Universität. Unter diesen war Hildegard Grüningen.

Im Gespräch mit Walther von Nordheim ließ sie hauptsächlich ihn reden. Dann und wann stellte sie Fragen. Endlich wiederholte er: „Freiheit ist nur im Reich der Träume. Ich sehe sehr schwarz. Die Universität wird jeden Tag mehr zur Parteischule. Und was kann man als einzelner Mensch dagegen tun? Nichts. Politik ist Sache der Politiker. Ich will mein Studium beenden und mit der Politik nichts zu tun haben." „Politik geht heute jeden etwas an." Sie sprach immer lauter und schneller: „Vielleicht haben Sie mit der Politik nichts zu tun, aber die Politik mit Ihnen."

„Man muß den Mund halten."

„Vor einer Stunde sagten Sie mir, Sie lesen Lessings *Nathan der Weise* immer wieder. Haben Sie Nathans Worte im ersten Akt, ‚Kein Mensch muß müssen‘, vergessen?"

„Ja, aber . . ."

Sie unterbrach ihn, bevor er etwas sagen konnte: „Diktatoren lieben Menschen wie Sie. Gerade unter den Deutschen gibt es . . ."

Er sah sie fragend an: „Was gibt es gerade unter den Deutschen?"

Sie war einen Augenblick still, bevor sie sagte: „Unpolitische Menschen wie Sie gibt es leider in jedem Lande. Bei uns in Deutschland aber noch mehr als anderswo. ‚Das Volk der Dichter und Denker‘ nannte uns ein Engländer. Das Volk der Politiker und Staatsmänner hat uns noch niemand genannt. Unpolitisch-Sein wurde das Ideal unserer Dichter und Denker. Schopenhauer schrieb, wir sollen uns mit Kunst, Literatur und Philosophie beschäftigen — nicht mit Politik. Die Romantiker warnten uns in schönen Gedichten vor ihr. Dasselbe finden Sie bei Nietzsche und in einem der

---

das Gespräch *conversation*

dann und wann *now and then*

wiederholen *repeat*

die Sache *matter, affair*
der Politiker *politician*

etwas angehen *be of concern*

den Mund halten *keep one's mouth closed*

kein Mensch muß müssen *no one really has to do anything*

unterbrechen *interrupt*

fragend *inquiring*

leider *unfortunately*

anderswo *elsewhere*

das Sein *being*

die Kunst *art*

sich beschäftigen *occupy oneself*

früh *early*

das Geschöpf *creature*

der Komponist *composer*

heutig *present-day*

der Kurfürstendamm *famous street in Berlin*

leise *softly*

verlieren *lose*

die Zeitschrift *magazine, journal* / der Akademiker *scholar, academician*

der Jurastudent *law student*

herausgeben *publish*

frühen Werke Thomas Manns. Sie wußten alle nicht, was Aristoteles schon vor zwei tausend Jahren wußte: der Mensch ist ein politisches Geschöpf. Das Resultat? Deutschland hat eine große Kultur. Welches Land hat so viele große Komponisten gehabt wie Deutschland? 5 In der Geschichte der deutschen Kunst, Literatur und Philosophie findet man Namen, die in der ganzen Welt bekannt sind. Wie aber steht es mit unserer Politik?"

„Es gibt auch in Deutschland eine große, freie, politische Tradition", unterbrach er. „Ich könnte Ihnen 10 aus der Geschichte Hunderte von Namen nennen."

„Sie interessieren sich also doch für Politik?"

„Ich interessiere mich für die Geschichte."

„Was haben Sie von der Geschichte gelernt?"

„Ich will Historiker werden und . . ." 15

Sie unterbrach ihn wieder: „und mit heutigen Problemen nichts zu tun haben?"

„So wenig wie möglich."

Hildegard Grüningen sah auf die Uhr. „Um vier bin ich am Kurfürstendamm mit einigen Freunden zusam- 20 men. Es ist ein weiter Weg. Kommen Sie mit!"

Er lachte leise. „Sprechen Ihre Freunde auch über politische und unpolitische Menschen?"

Sie lachte auch. „Vielleicht. Es wird nicht uninteressant sein." 25

„Gut", antwortete er, „ich habe nichts zu verlieren."

Eine Stunde später saßen sie in einem Café am Kurfürstendamm. Es war ungeheizt. Der Kaffee war schlecht, aber heiß. Zwei andere Studenten, die schon auf sie gewartet hatten, sprachen von der letzten Num- 30 mer des „Colloquium. Zeitschrift für junge Akademiker", die auf dem Tisch vor ihnen lag.

Das *Colloquium* (lat. für „Gespräch") gab es seit 1947. Der Medizinstudent Otto Heß und der Jurastudent Joachim Schwarz gaben es mit einigen Mitarbeitern im 35 amerikanischen Sektor Berlins heraus. Otto Heß war weit über Berlin hinaus bekannt, da er als Leiter des

**120**

Studenteninformationsbüros eine wichtige Stellung innehatte. In den ersten Monaten wollte man nur ein Diskussionsorgan und eine Plattform für die deutsche Studentenschaft. Als der Kommunismus in der Ostzone aber immer aggressiver wurde, wurde das *Colloquium* ein Organ für den Kampf gegen die Bolschewisierung des Universitätslebens. 1948 war es schon eine gefürchtete Waffe. Im April war es so weit gekommen, daß Otto Heß, Joachim Schwarz und ihr bedeutendster Mitarbeiter, Otto Stolz, die Universität verlassen mußten. Man gab im Osten kein Wort der Erklärung ab und sprach weiter von „Redefreiheit". Hier war nun, seit der Vertreibung der drei, die erste Nummer des *Colloquium*. Auf der ersten Seite sah man: Ein Mann mit einem Knebel im Mund steht vor einem Richter; die Unterschrift: „Sie haben das Wort! Erklären Sie sich! Sie sind frei!"

Hildegard Grüningen sagte ernst: „Wir haben an der Sektorengrenze einen Saal im Hotel Esplanade. Am Nachmittag des 23. kommen wir dort zusammen."

„Wer ist wir?" fragte Walther von Nordheim.

innehaben *hold*

die Studentenschaft *student body*

gefürchtet *feared* / die Waffe *weapon* / so weit kommen *come to such a point*

verlassen *leave* / eine Erklärung abgeben *furnish an explanation* / die Redefreiheit *freedom of speech*

der Knebel *gag*
der Richter *judge* / die Unterschrift *inscription*

der Saal *large room*

**121**

„Vor einer Stunde sagten Sie mir", antwortete Fräulein Grüningen, „der einzelne Mensch kann nichts tun. Der Einzelne kann doch etwas tun. Wenn viele Einzelne sich zusammentun, so können sie sehr viel."

„Die Menschen glauben gern, was sie wünschen."

Sie tat, als ob sie ihn nicht gehört hätte und sprach weiter: „Am 23. April kommen zum Beispiel Hunderte von Berliner Studenten zu einer Protestversammlung zusammen. Glauben Sie nicht, daß es so manches gibt, wogegen man protestieren sollte?"

„Innerlich protestiere ich schon seit Jahren."

„Die schöne innere Freiheit!" Die anderen zwei Studenten ließen sie reden. „Wir wollen eine Freiheit, die man täglich sehen und hören kann."

„Kann man abstrakte Begriffe hören und sehen?"

„Kommen Sie am 23. zum Hotel Esplanade!"

„Was können Sie in einer Protestversammlung erreichen? Man wird Ihnen sagen, Sie müssen die Universität verlassen. Das ist alles."

„Vielleicht wollen wir die Universität verlassen."

„Aus Protest wollen Sie Ihr Studium aufgeben?"

Hildegard Grüningen lächelte: „Nein, aufgeben will ich mein Studium nicht. Ich will aber an eine Universität, wo ich frei studieren kann, ohne Pflichtvorlesungen über marxistisch interpretierte Geschichte hören zu müssen."

"Sie wollen also nach Westdeutschland, um in Heidelberg, Frankfurt oder an einer anderen westdeutschen Universität weiterzustudieren?"

„Das nicht! Ich will hier in Berlin an eine freie Universität."

Walther von Nordheim nahm ein Päckchen Zigaretten aus der Tasche und gab jedem eine. „Das interessiert mich. Wo gibt es denn solch eine Institution?"

„Es gibt sie noch nicht", antwortete sie, „aber es wird sie geben. Wenn Sie sich dafür interessieren, können Sie sogar mithelfen, solch eine Universität ins Leben zu rufen."

„Ich . . .“

„Ich bin nur ein kleiner Mann, wollten Sie sagen, nicht wahr?“ Hildegard Grüningen wiederholte: „Kommen Sie am 23. zum Hotel Esplanade! Sie werden sehen, was ‚kleine Leute‘ können.“

Walther von Nordheim sagte weder ‚ja‘ noch ‚nein‘. Da es schon spät war, verabschiedete man sich. Auf der Straße sagte Fräulein Grüningen: „Wir sprechen uns noch in den nächsten Tagen.“

Am nächsten Tag waren in der Universität zwanzig bis dreißig Anschläge: Alle sollten am 23. April zu einer Protestversammlung kommen. Die Studenten lasen den Anschlag und schwiegen. Keiner fragte den anderen, ob er zur Versammlung ginge. Im Labor flüsterte ein Assistent Hildegard Grüningen zu: „Seien Sie vorsichtig! Man hat uns einen neuen Studenten in den Saal geschickt. Wir wissen nicht, woher er kommt.“ Keiner sprach ein Wort, das über die Zoologie hinausging.

Vierundzwanzig Stunden später konnte man auf einem zweiten Anschlag lesen: Alle Studenten, die an der Versammlung teilnehmen, müssen die Universität verlassen. Dieser war vom Rektor.

Am Vormittag des Versammlungstages war es noch stiller als gewöhnlich. Als sich Hildegard Grüningen gegen Mittag den Mantel anzog, sah sie, daß viele andere die Arbeit beendeten. Einer nach dem anderen verschwand. Ihren unpolitischen Historiker hatte sie nicht mehr gesprochen, da sie in diesen Tagen sehr viel zu tun hatte.

Der kleine Saal an der Sektorengrenze, in dem die Demonstration stattfinden sollte, war fünfzehn Minuten vor Beginn schon überfüllt. Da immer mehr Menschen kamen, montierte man Lautsprecher, damit auch diejenigen auf dem Hof und auf der Straße, die keinen Platz mehr im Saal fanden, teilnehmen konnten. Über zweitausend Studenten hörten, wie Otto Stolz — entschlossen, aber ohne Pathos — von der akademischen

sich verabschieden *take leave, say good-bye*

die nächsten Tage *the next few days*

der Anschlag *placard, poster*

das Labor *"lab"*
vorsichtig *careful*

hinausgehen *go beyond*

teilnehmen *take part*

gewöhnlich *usual, customary*
anziehen *put on*
verschwinden *disappear*

stattfinden *take place*
überfüllt *jammed*
montieren *set up*
der Hof *courtyard*

entschlossen *resolute*

die Zuhörer (pl.) *audience*
keinen Blick wenden von *not take one's eyes off*

zuhören *listen*

der Beifall *applause*
der Abgeordnete *deputy* / CDU *Christian Democratic Union* / unterstützen *support*

sich einzeichnen *sign one's name* / dokumentieren *prove, show*
in den Köpfen spuken *haunt the heads of* / der Phantast *visionary*

herkommen *come from*

die Besatzungsbehörde *occupation authority*

die Haltung *attitude, principles* / gewährleisten *guarantee* / die Mehrheit *majority*

zur Hilfe bereit *ready to help*

der Abgeordnete *deputy*

Unfreiheit sprach. Die Zuhörer im Saal wandten keinen Blick vom Redner; die auf dem Hof und auf der Straße wandten keinen Blick von den Lautsprechern. Walther von Nordheim stand auf der rechten Seite und hörte still zu.

Als der Redner sagte: „Wir brauchen im Westen Berlins eine neue Universität" und jedes Wort betonte, gab es minutenlangen Beifall. Der Abgeordnete der CDU im Berliner Parlament, Kurt Landsberg, unterstützte Otto Stolz unter dem stürmischen Beifall der Studenten.

Schon in den ersten Tagen nach der Demonstration zeichneten sich Tausende von Studenten in Listen ein. Sie dokumentierten damit, daß der Wunsch nach einer freien Universität nicht nur in den Köpfen einiger Phantasten spukte, sondern daß es der Wille der meisten Berliner Studenten war. Die Probleme waren groß. Erstens brauchte man Geld, sehr viel Geld, um eine Universität zu gründen. Wo sollte die Hilfe herkommen? Zweitens brauchte man eine Lizenz von den Besatzungsbehörden. Würden die Amerikaner die Deutschen unterstützen?

Bei einer Versammlung des Berliner Parlaments am 29. April erklärte ein sozialdemokratischer Abgeordneter, die Stadt Berlin müsse sofort eine freie Universität gründen, „an der Freiheit der Wissenschaft und eine demokratische Haltung der Studentenschaft gewährleistet ist." Das Parlament war mit großer Mehrheit dafür.

Die amerikanische Besatzungsbehörde unter General Lucius D. Clay erklärte sich einige Wochen später zur Hilfe bereit. Amerikaner und Deutsche arbeiteten zusammen.

In dieser Zeit wurde die Propaganda der Presse im Osten immer lauter. „Die amerikanische Besatzungsbehörde hat kein Recht mehr, in Berlin zu bleiben", las man täglich in den Zeitungen Ost-Berlins.

Diese Wochen brachten für Hildegard Grüningen viel Arbeit. Einen Tag war sie mit Abgeordneten der

**124**

Stadt zusammen, dann hatte sie Briefe zu schreiben, den nächsten Tag war sie bei einer Studentenversammlung. Sie sprach mit Amerikanern und Deutschen, mit Professoren und Studenten. Selten hatte sie Zeit, mehr als vier Stunden zu schlafen.

Von Anfang Mai bis Ende Juni sahen sich Walther von Nordheim und Hildegard Grüningen nur einmal. Mitte Mai traf sie ihn nach einer Vorlesung, hatte aber nur Zeit, ihn zu fragen, wie es ihm gehe, und mußte dann zu einem amerikanischen Journalisten, der sich für die Berliner Studenten interessierte und in amerikanischen Zeitungen über das Universitätsleben Berlins schreiben wollte. Nordheim hatte auch keine Zeit. Er wollte zum Olympia-Stadion, wo sein jüngerer Bruder am Nachmittag Fußball spielen sollte.

Am 24. Juni 1948 hatte er bis abends in der Universität zu tun. Auf dem Weg zum Untergrundbahnhof kaufte er sich eine Zeitung. Er blieb auf der Straße stehen, als er die Überschrift las: Berlin-Blockade. Eisenbahn- und Autoverkehr von und nach Westdeutschland kommt zum Stillstand. „Das ist der Anfang vom Ende", dachte er. Er blieb noch einige Minuten stehen, bis er sich entschloß, in das Café am Kurfürstendamm zu gehen, wo er vor zwei Monaten mit Hildegard Grüningen zusammen gewesen war.

treffen *meet*

der Fußball *soccer*

der Bahnhof *station*

die Überschrift *headline*

der Verkehr *traffic, communication*

sich entschließen *decide*

KURFÜRSTENDAMM

125

gewöhnlich *usual*

brennen *be on*

sich gewöhnen an *get used to*

die Ecke *corner*
lebhaft *lively, animated*

der Platz *room* / Platz nehmen
*take a seat* / vorstellen
*introduce*

entschlossen *determined*

sich halten *hold on*

ansehen *look at*

aufhorchen *listen attentively*

der Gegner *opponent*

das Konzentrationslager
*concentration camp*

leise *softly*

sich überlegen *think about*

---

Die Menschen auf der Straße sahen ernster aus als gewöhnlich. Auf dem Kurfürstendamm standen hier und dort kleine Gruppen mit Zeitungen in der Hand. Im Café war es dunkel. Nur ein kleines elektrisches Licht brannte. Als sich seine Augen an das Dunkel gewöhnt hatten, sah er auch das Mädchen, das er suchte, an einem Tisch in der Ecke links, in lebhaftem Gespräch mit fünf jungen Leuten. Er nahm einen Stuhl von einem freien Tisch, ging hinüber und fragte: „Ist noch Platz für mich?" „Nehmen Sie Platz!" sagte sie und stellte ihn vor.

Er setzte sich und fragte: „Was sagen Sie nun?"

„Es hat sich nichts geändert", erklärte ein entschlossen aussehender junger Mensch, der nur einen Arm hatte.

„Berlin ist blockiert. Können sich die Amerikaner halten?" Nordheim sah einen nach dem andern an. „Wie können sie sich halten!"

„Sind Sie gekommen, um uns das zu sagen?" fragte sie. „Warum sind Sie denn hierher gekommen?" Sie sah ihn fragend an. „Ein Mensch, der die Geschichte kennt und von ihr nichts gelernt hat." Er hörte den ironischen Ton. „Die Zeit ist gekommen. Wer nicht für uns ist, ist gegen uns."

„Ich wollte Ihnen schon lange etwas erzählen." Er schwieg einen Augenblick. Fräulein Grüningen horchte auf. Die andern schwiegen. „Ich mache es kurz. Mein Vater war ein entschlossener Gegner Hitlers. 1933 kam er in ein Konzentrationslager. Er brauchte nur ‚Ja' zu sagen. Er sagte aber nicht ‚Ja'. 1934 ist er im Lager gestorben."

Hildegard Grüningen sagte leise: „Jetzt verstehe ich Sie besser."

„Aber noch nicht ganz." Er sprach sehr langsam. „Seit ich mir vor einer Stunde die Zeitung kaufte, habe ich mir vieles überlegt. Und ich habe mich entschlossen: Was mein Vater konnte, kann ich auch."

Alle waren still. Einer nach dem andern reichte ihm die Hand. Der junge Mann, der nur einen Arm hatte,

**LUFTBRÜCKE**

sagte lächelnd: „Nur Mut, die Sache wird schon schief gehen."

„Wir treffen uns morgen nachmittag am Funkturm." Sie gab ihm noch einmal die Hand.

„Ich komme", sagte er.

Kurz nach Beginn der Blockade, die fast ein Jahr dauern sollte, riefen die amerikanischen Generäle Wedemeyer und Clay die Luftbrücke ins Leben. Die technische Leistung der Amerikaner war eine sehr große in der modernen Geschichte. Die psychologische Leistung der Berliner war auch eine große Leistung in der modernen Geschichte. „Kälte und Hunger sind leichter zu ertragen als Sklaverei." Die Worte des Oberbürgermeisters Ernst Reuter wurden zur Parole. Die Berliner erzählten sich 1948 und 1949 immer wieder: „Auch die beste Blockade ist schlecht. Während uns die Russen blockieren, ernähren uns aber die Amerikaner. Gott sei Dank ist es nicht umgekehrt."

Nur Mut, die Sache wird schon schief gehen *literally: Courage. The thing will go wrong anyway; actually: Cheer up, everything will be all right.* / der Funkturm *radio tower, a well-known landmark in Berlin*

dauern *last*

die Luftbrücke *air bridge, air lift* / die Leistung *accomplishment*

ertragen *bear*
der Oberbürgermeister *lord mayor* / die Parole *watchword, motto*

ernähren *feed*

umgekehrt *the other way around*

**127**

Obwohl die Menschen froren, schlecht aßen und abends meistens im Dunkeln saßen, weil es keinen Strom gab, ging man nach der Arbeit weiter ins Theater, ins Konzert und ins Kino. Die Menschen taten, als ob sich nichts geändert hätte. Die Blockade erschwerte die Arbeit der Berliner und Amerikaner, die im Wintersemester eine freie Universität eröffnen wollten. Die Arbeit daran ging aber weiter, wie das übrige Leben in Berlin.

Nordheim war der erste am Funkturm. Fünf Minuten später kamen die andern. „Gestern war ich beim Oberbürgermeister", rief Fräulein Grüningen, noch bevor sich alle auf eine Bank gesetzt hatten. „Ernst Reuter unterstützt uns voll und ganz. Viele Professoren der Linden-Universität kommen zu uns. Die meisten Studenten kommen auch zu uns." Zwei Stunden lang saßen sie auf der Bank und machten Pläne für die kommenden Wochen. Die Parole war: „Die Blockade ändert nichts."

So war es auch. Studenten und Professoren, Berliner und Amerikaner arbeiteten zusammen. Die amerikanische Besatzungsbehörde stellte im Juni zwei Millionen D-Mark und einige Gebäude in Dahlem, einem Viertel im amerikanischen Sektor, zur Verfügung. Schon Mitte Juli begann man, in die neuen Gebäude einzuziehen.

Es war ein heißer Sommertag, als ein paar Studenten

**DAHLEM-VILLA**

mit Hildegard Grüningen und Walther von Nordheim in einer Villa in der Boltzmannstraße, Berlin-Dahlem, zusammenkamen. Dort sollte das Sekretariat der neuen Universität entstehen. Als sie ins Haus kamen, waren sie aber erschrocken. Außer einem Telefon, das auf einem alten Stuhl in der Ecke stand, war alles leer. Sie sahen sich schweigend an; in dem Augenblick klingelte das Telefon. Der Student mit dem einen Arm ging an den Apparat. „Wann das Semester beginnt, wollen Sie wissen?" Er warf noch einen kurzen Blick auf die kleine Gruppe, bevor er freundlich antwortete: „Ende Oktober werden wir wohl anfangen." Keiner lächelte, sie waren so sicher. In das Zimmer kam eine Studentin. „Kann ich helfen?" fragte sie. „Meine Schreibmaschine habe ich im Rucksack." Das Telefon klingelte wieder. Dieses Mal war es jemand, der einen Tisch und mehrere Stühle zur Verfügung stellen wollte. Zwei junge Leute gingen sofort, um den Tisch und die Stühle zu holen. Am ersten Tag hatten vierzig Menschen telefoniert. Hundertzwanzig Besucher waren gekommen. An der Tür war ein Pappschild, worauf zu lesen war: „Freie Universität. Sekretariat."

Freiwillig arbeiteten Hunderte von Menschen in den nächsten vier Monaten. Als man der Freien Universität mehr Gebäude zur Verfügung stellte, kamen mehr Studenten, die mithelfen wollten. Manche brachten Stühle und Tische, manche gingen von einer Buchhandlung in die andere, um gebrauchte Bücher zu kaufen, manche saßen am Telefon, andere sprachen mit jungen Leuten, die im Wintersemester an der neuen Universität studieren wollten. Sechstausend kamen persönlich in das Sekretariat. Die meisten waren an der Universität im Ostsektor, wollten aber an die freie Institution in Berlin-Dahlem. Es war nicht möglich, so viele zuzulassen, denn es gab nicht genug Gebäude und Säle, Bücher und Professoren. "Wo Villen sind, ist auch ein Weg", hieß aber ein Studentenwort.

---

das Sekretariat *registrar's office*

erschrocken *startled*
leer *empty*
klingeln *ring*

der Apparat *telephone*
werfen *throw, cast*

sicher *sure, certain*
die Schreibmaschine *typewriter*

das Pappschild *pasteboard sign*
das Sekretariat *registrar's office*

freiwillig *voluntarily*

die Buchhandlung *bookstore*

möglich *possible*
zulassen *admit*

die Villen (pl.) *(suburban) houses*

**129**

willens *willing*


alle Brücken hinter sich abbrechen *burn one's bridges
  behind one*
die Verwirklichung
  *realization*


aus . . . werden *turn into,
  become*

warm ums Herz werden *feel
  pleasure* / selbstlos *unselfish*


die Parole *motto*

verlangen *demand*


soweit sein *be ready*
die Eröffnungsfeier *opening
  ceremonies* / der Titania-
  Palast *a moving picture
  theatre* / aus . . . werden
  *amount to*


das Wappen *coat of arms* / der
  Bär *bear* / die Fackel *torch*

Veritas, Justitia, Libertas (Lat.)
  *truth, justice, freedom*


erretten *save* / erhalten *preserve* / das Los *prize*


die Insel *island* / das Meer *sea*

General Clay hatte erklärt, er würde den Plan der Gründung unterstützen, wenn man ihm die Namen von fünfzig Professoren nennen könnte, die willens wären, an die Freie Universität zu kommen. Die Namen von fünfzig Leuten hatte man bald zusammen, obwohl sie nicht wußten, ob sie dadurch nicht alle Brücken hinter sich abbrächen. Hildegard Grüningen und viele andere glaubten fest an die Verwirklichung ihres Ideals. Andere, „Realisten", waren nicht so sicher. Aus Nordheim, der sich früher nur für sein Privatleben interessiert hatte, wurde nicht sofort ein Enthusiast. Aber nichts war ihm zu viel. Er arbeitete jeden Tag viele Stunden in Dahlem. Ihm wurde warm ums Herz, als er sah, wie viele Menschen selbstlos mithalfen, um die Gründung möglich zu machen. Die Worte des Berliner Parlaments wurden ihm zur Parole: „Wir wollen die Studenten nicht zu Objekten politischer Propaganda machen und verlangen die Gründung einer Institution, an der freie wissenschaftliche Arbeit möglich ist."

Am 4. Dezember 1948 war es soweit. Die Eröffnungsfeier fand im Titania-Palast statt. In der ersten Reihe saßen Hildegard Grüningen und Nordheim. Sie nahm seine rechte Hand in ihre linke und flüsterte: „Aus Ihnen kann noch etwas werden." Er wandte schnell den Kopf, sah ihre lachenden Augen und antwortete: „Es ist alles möglich." Vor ihnen war das Wappen der Universität, das den schwarzen Bären mit der Fackel zeigt und darüber die lateinischen Worte: *Veritas, Justitia, Libertas.* Ernst Reuters Eröffnungsrede endete mit den Worten: „Die Universität ist gegründet." Der Kunsthistoriker Professor Dr. Edwin Redslob, der wie kein anderer mitgeholfen hatte, die Universität ins Leben zu rufen, zitierte die Goethe-Worte: „Wer errettet und erhält, hat das beste Los gewonnen."

Es gab immer noch viele Menschen, die an die Freie Universität nicht glaubten. West-Berlin war eine Insel in einem roten Meer. Konnte sich die neue Univer-

DIE ERÖFFNUNGSFEIER

sität halten? Was für akademische Leistungen konnte man erwarten? Repräsentanten von nur zwei deutschen Universitäten, der Technischen Universität Berlin und der Universität Tübingen, waren bei der Eröffnungsfeier. Die Universitäten der Ostzone waren zum Schweigen verurteilt.

die Leistung *achievement, accomplishment*

verurteilen *condemn*

Der Kampf um die Gründung war gewonnen. Die Probleme, mit denen man sich weiter beschäftigen mußte, waren: Professoren, Bücher, Gebäude. Im Dezember 1948 gab es erst drei Fakultäten: die Medizinische mit zwölf Professoren und fünfzehn Lehrbeauftragten, die Philosophische mit siebzehn Professoren und achtundzwanzig Lehrbeauftragten und die Rechtswissenschaftliche mit neun Professoren und zweiunddreißig Lehrbeauftragten. Schon sechs Jahre später hatte man drei weitere Fakultäten; es lasen nun sechsmal so viele Professoren wie 1948. Es ging ungeheuer schnell weiter. Als Präsident John F. Kennedy fünfzehn Jahre später der zehnte Ehrenbürger der Freien Universität Berlin wurde, studierten dort zwischen 14 000 und 15 000 Studenten in den Hörsälen und Laboratorien von siebenundsiebzig Gebäuden. Namhafte Professoren und neue Einrichtungen tragen dazu bei, daß Berlin ein Mittelpunkt des geistigen Lebens ist.

sich beschäftigen *deal*

die Fakultät *school, faculty*

der Lehrbeauftragte *temporary appointee (to teach)* / die Philosophische Fakultät *College of Letters, Arts and Sciences*

ungeheuer *enormous*
der Ehrenbürger *honorary citizen, freeman*

namhaft *noted* / die Einrichtung *facility* / beitragen (dazu) *contribute (towards)*

**131**

die Stiftung *foundation*

begabt *gifted*
vernachlässigen *neglect*
Schiffbruch leiden *suffer shipwreck*

beraten *advise, counsel*

das Lehrfach *field of study*

Amerikanische Gelder, besonders die der Ford-Stiftung, haben sehr viel mitgeholfen.

Die deutsche Universität war schon immer dafür bekannt, daß sie begabten jungen Menschen sehr viel zu geben hat. Man vernachlässigte jedoch weniger begabte Studenten, die dann Schiffbruch litten. Das wurde an der Freien Universität anders. Im zweiten Semester entstand schon ein „Studienhelfer-System". „Studienhelfer" sind ältere Studenten, die kleine Gruppen von Studienanfängern in akademischen und persönlichen Fragen beraten. Manche junge Menschen haben es durch das neue System leichter als ihre Väter und Großväter es hatten.

Die deutsche Universität war auch schon immer dafür bekannt, daß man Politik und politische Bildung vernachlässigte. Auch das wurde an der Freien Universität anders. Politik wurde ein Lehrfach wie Philosophie, Literatur, Geschichte und Chemie.

Der Geist an der neuen Universität war so frisch wie der Geist von Berlin. Die Berliner wurden in der Mitte des zwanzigsten Jahrhunderts die demokratischsten Deutschen und vielleicht die demokratischsten Europäer.

MENSA

BIBLIOTHEK

132

Während der Blockade fragte ein Amerikaner einen Berliner: „Glauben Sie, daß man Ihnen eines Tages für Ihren Freiheitskampf dankbar sein wird?" „Das erwarten wir nicht", war die Antwort. „Warum kämpfen Sie dann weiter?" „Ich möchte Sie etwas fragen", sagte der Berliner. „Ist man Ihnen dafür dankbar, daß Sie atmen?"

dankbar *grateful*

atmen *breathe*

Die Blockade endete am 11. Mai 1949. Ganz Deutschland sang den Schlager:

der Schlager *popular hit*

> Ich hab' so Heimweh nach dem Kurfürstendamm.
> Ich hab' so Heimweh nach meinem Berlin.
> Und war'n wir och in Frankfurt, München,
>     Hamburg oder Wien
> Det is ja allet nischt, denn Berlin bleibt
>     doch Berlin.

Heimweh haben nach *be homesick for*

war'n wir och *Berlinese: waren wir auch*

Det is ja allet nischt *Berlinese: Das ist ja alles nichts*
Berlin bleibt doch Berlin *Berlin will always be Berlin*

Berlin setzte ein Denkmal zur Erinnerung an die Luftbrücke. In Croydon, England, goß man eine Freiheitsglocke; in derselben Stadt hatte man im achtzehnten Jahrhundert die amerikanische Freiheitsglocke gegossen. Eine halbe Million Berliner kamen im Oktober 1950 zusammen, um die Glocke im Rathaus Berlin-Schöneberg zum ersten Male läuten zu hören.

ein Denkmal setzen *put up a monument* / in Erinnerung an *in memory of*

die Glocke *bell*
gießen *cast*

läuten *toll*

LESESAAL

# 10 | JAHRZEHNTE SPÄTER

Wie ging es in Berlin weiter? Manchmal war Tauwetter, manchmal wurde es sehr kalt.

Bis zum Sommer 1961 gingen 500 000 Berliner täglich über die Grenze von West nach Ost, von Ost nach West. Acht bis zehn Millionen aus Ost-Berlin und aus der Sowjetzone besuchten jährlich die Theater, Opern, Kinos, Filmfestspiele, Vorträge und Sportfeste in West-Berlin. Manche wohnten im Osten und arbeiteten im Westen — oder umgekehrt. Eltern und Kinder, Onkel und Tanten, Verwandte und Bekannte besuchten sich. Menschen aus der Zone kamen dann und wann nach West-Berlin, gingen einkaufen und nahmen Bücher, Zeitungen und Zeitschriften nach Hause mit. Manche nahmen nichts nach Hause mit — denn sie gingen nicht wieder nach Hause. Durchschnittlich 20 000 Menschen gelang die Flucht monatlich. Im Juli 1961 waren es sogar über 30 000.

Am 15. Juni 1961 fragte eine Reporterin aus Frankfurt in Ost-Berlin, ob man die Absicht habe, gegen das massenhafte Fliehen aus dem Osten etwas zu unternehmen. „Niemand hat die Absicht, eine Mauer zu errichten", erklärte das Haupt der Regierung. Nach einer Mauer hatte man nicht gefragt. Die Idee einer Mauer war so absurd, daß man überhaupt nicht daran dachte.

Am 13. August, dem schwarzen Sonntag der Berliner Geschichte, begann ein neuer Akt des Dramas. Um zwei Uhr in der Frühe marschierte eine Division der Nationalen Volksarmee an die Sektorengrenze; um drei Uhr war Stacheldraht zwischen Ost- und West-Berlin. „Eine Phase der Nachkriegsgeschichte ist zu Ende", erklärte Bürgermeister Willy Brandt, „eine neue Phase hat für uns begonnen."

das Tauwetter (a) thaw

der Vortrag lecture

umgekehrt the other way around

dann und wann now and then

durchschnittlich on an average / die Flucht flight, escape

die Absicht intention
massenhaft wholesale
die Mauer wall

errichten put up
das Haupt head

die Frühe (early) morning

der Stacheldraht barbed wire

**135**

steingeworden *of stone, turned to stone*

damalig *then*

verbunden *united*

bereit *ready*

treu *loyal*

wo immer *where ever*

deshalb *therefore* / stolz auf *proud of*

ausführen *enlarge (on a subject)*

das Straßenschild *street sign*

umgeben *surround*
die Insel *island*
die Lage *situation*
die Milliarde *billion*

standhalten *resist*
die Lebensordnung *way of life*

sich zum Feind machen *make an enemy of*

Mit dem Bau der Mauer begann man am 18. August. Im Herzen Berlins entstand das steingewordene Monument eines zweigeteilten Deutschlands.

Am 19. August kam der damalige Vizepräsident, Lyndon B. Johnson, nach Berlin und erklärte: „Diese Insel steht nicht allein . . . Die Berliner sind verbunden mit den Menschen in jedem Teil der Welt, die in Freiheit leben und bereit sind, dafür zu kämpfen." Kurz bevor Vizepräsident Johnson am 21. Berlin verließ, sagte er: „Ich werde dem Präsidenten und dem amerikanischen Volk sagen, daß die Westmächte niemals bessere und treuere Alliierte hatten, als die Bürger dieser Stadt."

Als der Präsident der Vereinigten Staaten von Amerika am 26. Juni 1963 in Berlin war, erklärte er vor dem Schöneberger Rathaus: „Alle freien Menschen, wo immer sie leben mögen, sind Bürger dieser Stadt Berlin; und deshalb bin ich als freier Mann stolz darauf, sagen zu können: Ich bin ein Berliner!" Präsident John F. Kennedy ging noch weiter, indem er ausführte: „Vor zweitausend Jahren war der stolzeste Satz, den ein Mensch sagen konnte, der: Ich bin ein Bürger Roms; heute ist der stolzeste Satz, den jemand in der freien Welt sagen kann: Ich bin ein Berliner." Hundert Jahre zuvor hatte Bismarck gesagt: „Ich bin ein halber Berliner." Gegen Ende des Jahres 1963 sollte man an Straßenschildern Berlins lesen: John F. Kennedy-Platz.

West-Berlin gehört zur Bundesrepublik, ist aber vom anderen Teil Deutschlands, der Deutschen Demokratischen Republik, umgeben. Man spricht von einer Insel im roten Meer. Die Lage bringt Probleme mit sich. Aus Bonn kommen Subventionen, Milliarden und Milliarden. In West-Berlin heißt es: „Wir werden allen Versuchen der Kommunisten standhalten, unsere Lebensordnung zu zerstören". Im marxistischen Osten sagte der Sekretär des Zentralkomitees: „Wer auf einer Insel lebt, darf sich das Meer nicht zum Feind machen."

Ein großes Problem ist der Verkehr mit „Draußen".

PRÄSIDENT KENNEDY IN BERLIN

Da Grenzkontrollen überall stattfinden, wo Züge, Omnibusse und Autos vom Osten in den Westen und vom Westen in den Osten fahren, ist das Flugzeug das beliebteste Verkehrsmittel. Auf der Berlin-Route fliegen mehr Menschen als auf irgendeiner anderen im innerdeutschen Verkehr.

der Zug *train*

beliebt *popular*

das Verkehrsmittel *means of transportation* / irgendein *any*

Die Flugzeuge, die aus aller Welt nach Berlin fliegen, landen mitten in der Stadt; der Tempelhofer Flughafen ist der einzige Europas, der im Zentrum einer Stadt liegt. Der Landeplatz des Flughafens war einst das Paradefeld der preußischen Könige, wo seit Generationen die Paraden der Berliner Regimenter stattfanden. In der zweiten Hälfte des zwanzigsten Jahrhunderts hat man in Berlin aber wenig Sinn für Militär.

das Paradefeld *parade grounds*

In Tempelhof landet ein großer Teil der Gäste, die Berlin besuchen. Die Menschen kommen vor allem aus der Bundesrepublik. Aus den Vereinigten Staaten von Amerika kommen jährlich etwa zweihunderttausend Menschen. Es folgen zahlenmäßig die Gäste aus Schweden, Großbritannien und Nordirland, Frankreich, der Schweiz, Dänemark, Italien, den Niederlanden und Österreich. Unter den Gästen aus anderen Kontinenten stehen die Besucher aus Asien mit vierzig- bis fünfzigtausend an erster Stelle.

Sinn haben für *have a taste for* das Militär *(the) military* der Gast *guest*

zahlenmäßig *numerical*

Irland *Ireland*

die Stelle *place*

**137**

STADTRING BERLIN

UNIVERSITÄTSKLINIK

Die Menschen fliegen meist nach Berlin, aber die Verbrauchsgüter kommen über die Autobahn, auf dem Wasserweg und mit der Eisenbahn. Die Lebensadern, die West-Berlin mit der Bundesrepublik verbinden, bestehen aus drei Luftkorridoren, zwei Wasserwegen, drei Autostraßen und drei Eisenbahnlinien. West-Berlin, die größte Industriestadt zwischen Moskau und London, exportiert Waren in fast alle Länder der Welt. Ein sehr kleiner Teil des Exports geht in die Ostblockstaaten.

die Verbrauchsgüter *consumer goods*
die Lebensader *lifeline*
bestehen aus *consist of*

In den ersten zwanzig Jahren nach Ende des zweiten Weltkrieges war der Wohnungsbau von größter Wichtigkeit, da jede dritte Wohnung während des Krieges zerstört wurde. In diesen zwei Jahrzehnten wurden rund 300 000 Wohnungen gebaut. In den sechziger Jahren baute man sogenannte Wohnsiedlungen für dreißig- bis sechzigtausend Menschen. Die von Walter Gropius erbaute „Gropiusstadt" hat zum Beispiel sechzehntausend Wohnungen für etwa fünfzigtausend Menschen.

der Wohnungsbau *residential construction*

rund *about*

die Wohnsiedlung *residential area*

Unter den Hochschulen hat die Technische Universität Berlin große Pläne. Im Lauf der Jahre wird eine ganze Universitätsstadt ins Leben gerufen werden. Auch die Freie Universität Berlin baut weiter; im Jahr 1968 nahm die mit amerikanischer Hilfe erbaute Klinik ihre Arbeit auf. Das Krankenhaus hat 1800 Betten und dient der medizinischen Forschung sowie der Ausbildung von Ärzten.

erbauen *build*

sowie *as well as* / die Ausbildung *training*

HAUS VON GROPIUS

**139**

KONGRESSHALLE                    GRENZÜBERGANG FRIEDRICHSTRASSE

An den Hochschulen West-Berlins studieren etwa 30 000 Studenten, unter ihnen viele aus dem Bundesgebiet und dem Ausland. Bis zur Zeit der Mauer studierten hier auch viele aus den Ostgebieten. Das geht seit 1961 nicht mehr.

treiben *carry on*

die Kernforschung *nuclear research*
die Anwesenheit *presence*
das Uran *uranium* / spalten *split*

Seit dem Ende der fünfziger Jahre treiben Westberliner Wissenschaftler Kernforschung. 1959 gab man dem Kernforschungsinstitut in Anwesenheit des Chemikers Otto Hahn, der 1938 das Uran-Atom gespalten hatte, und seiner Mitarbeiterin, der Atomphysikerin Lise Meitner, den Namen Hahn-Meitner-Institut. Es ist eins von zahlreichen Forschungsinstituten.

erinnern an *remind of*

benennen *name*

die Gedenkbibliothek *Memorial Library*
nahe *close (to)*
der Mittelpunkt *center*

das Tal *valley*

die Sohle *bottom*

aufsteigend *rising*

sowie *as well as*

Unter den neuen Bauten West-Berlins sind zwei, welche die Berliner täglich an Amerika erinnern: die nach Benjamin Franklin benannte Kongreßhalle und die Amerika-Gedenkbibliothek. Nahe der Mauer entstand in den sechziger Jahren das neue Haus der Philharmonie Berlin. Musik ist in der Tat im Mittelpunkt, denn das Orchester ist — in der Mitte. Der Saal ist wie ein Tal gedacht. Das Orchester, das sich in der Sohle befindet, ist von aufsteigenden „Weinbergen" umgeben.

Bauhaus-Architekt Walter Gropius sowie Bauhaus-Architekt L. Mies van der Rohe haben in den Nachkriegsjahren in Berlin gebaut. Van der Rohe ist der Architekt der Neuen Nationalgalerie in West-Berlin.

**140**

KONZERTSAAL DER PHILHARMONIE                    SCHLOSS BELLEVUE

Die Stadt baut heute schon für morgen. Die Pläne gelten der ganzen, nicht der halben Stadt. Auch die Pläne für das Straßennetz, für die Stadtautobahn und für das Untergrundbahnnetz gelten der ganzen Stadt. Die Pläne sehen für beide Teile Berlins ein Untergrundbahnnetz von mehr als zweihundert Kilometer. Den Stadtautobahnring könnte man sofort in den Osten weiterführen.

*gelten be meant for*
*-netz network, system*
die Untergrundbahn *subway*

*sofort immediately*
weiterführen *continue*

Jährlich fahren Hunderttausende von Amerikanern nach Berlin. Fast jeder ist begeistert von der Berliner Luft und von dem Geist der Einwohner. Der Amerikaner ist bei dem Berliner ebenso beliebt wie der Berliner bei dem Amerikaner. Man betrachtet ihn als einen Teil der Bevölkerung, der zu einem gehört.

begeistert von *enthusiastic about*

betrachten *regard*

Die Amerikaner sind nicht die einzigen, die sich in der urban-humanen Atmosphäre Berlins wohl fühlen. Der europäische Geist der Stadt, der Tag für Tag Geschichte macht, ist nicht nur eine Erscheinung der heutigen Epoche. Als Wilhelm von Humboldt am Anfang des neunzehnten Jahrhunderts die alte Universität Berlin gründete — sie ist unter den älteren deutschen Universitäten nach Bonn die jüngste — schrieb er zu einer Zeit, als der Nationalismus unter französischer Besetzung Flammen schlug: Man ist in der Arbeit für

die einzigen *the only ones*
urban *urbane*
Tag für Tag *day after day*
die Erscheinung *phenomenon*

die Besetzung *occupation*
Flammen schlagen *flame, become intense*

**141**

Deutschland glücklich, denn diese Arbeit gilt zu gleicher Zeit der Menschheit.

vergehen *pass*

Seit der Blockade sind Jahrzehnte vergangen. Die Probleme sind seit 1949 größer, nicht kleiner geworden. An der Freien Universität, an der Studenten mehr zu sagen haben, als an anderen Universitäten, geht es manchmal von Demonstration zu Demonstration, von Protest zu Protest. Aber an anderen Hochschulen im deutschen Sprachraum ist es auch so; Studenten-Rebellion gibt es

hingegen *on the other hand*
die Angelegenheit *matter*

sogar in der konservativen Schweiz. Hingegen ist Berlin selbst eine politisch-internationale Angelegenheit, und an der Freien Universität ist Politik eines der wichtigsten Gebiete.

Andere Probleme sind auch nicht kleiner geworden.

abwandern *depart, leave*
zuwandern *come (to a place)*
doppelt so *twice as*

Es gibt mehr Menschen, die abwandern, als Menschen, die zuwandern. In West-Berlin sind fast doppelt so viele Menschen über fünfundsechzig als im Westen **Deutschlands**.

die Schlagzeile *headline*
der Wendepunkt *turning point*
die Geisel *hostage*

Bei den vielen Berlin-Krisen liest man die verschiedensten Schlagzeilen und Parolen: Berlin am Wendepunkt! Bollwerk der Freiheit! Geisel Berlin! Stirbt Berlin? Was ist die Zukunft Berlins?

der Mittler *mediator*

Berlin liegt in der Mitte Europas, meinen manche; Berlin soll Mittler und Brücke werden zwischen Ost und West. Es gibt täglich politische Diskussionen, aber die Stadt ist immer noch bevölkert von kleinen Leuten, die arbeiten und einkaufen, ins Kino gehen und schlafen wie die Menschen überall.

Der Berliner Dichter Theodor Fontane hatte im neunzehnten Jahrhundert geschrieben: Für den Berliner

verblüffen *fluster, confuse*
das Gebot *commandment*

klingen *sound*

ist „Laß dich nicht verblüffen" das elfte Gebot. Der Berliner hat sich in der Tat von den Krisen im zwanzigsten Jahrhundert nicht verblüffen lassen. Seine Witze klingen manchmal etwas bitter, aber seinen Humor hat er immer noch.

Im Schaufenster eines Berliner Geschäftes stehen

unmöglich *that which is impossible* / erledigen *take care of, do* / dauern *take*

zwei typische Berliner Sätze: Unmögliches erledigen wir sofort. Wunder dauern etwas länger.

# V | Studenten gegen Hitler

# 11 | DAS IDEAL UND DIE WIRKLICHKEIT

das Dorf *village*
die Donau *Danube*
der Geburtsort *birthplace*
zuvor *before*

das Ereignis *event*

erschüttern *shake*

an die Regierung kommen
  *come to power*

treten in *enter*

kaum *hardly*

viele Worte über etwas
  machen *talk very much
  about something*
ruhen *rest*

begeistert *enthusiastic*
die Kolonne *column*
die Gelegenheit *opportunity*
mit Leib und Seele *with body
and soul* / dabei sein *take
part*
stolz auf *proud of*

der Rattenfänger von Hameln
  *Pied Piper of Hamelin*

der Verbrecher *criminal*

Hans Scholl war vierzehn Jahre alt, seine Schwester Sophie zehn. Vor einigen Monaten waren sie von einem kleinen Dorf nach Ulm, der Stadt an der Donau gezogen. Ulm ist der Geburtsort Albert Einsteins, aber Einstein hatte kurz zuvor Deutschland verlassen und war ins Exil gegangen. Davon wußten sie nichts. Es war in dieser Zeit, daß politische Ereignisse Deutschland und die Welt erschütterten.

Am 30. Januar 1933 hörten sie in der Schule Leute sagen: „Jetzt ist Hitler an die Regierung gekommen." Später am Nachmittag kam durchs Radio: „Nun wird alles besser werden in Deutschland." Die Politik trat in das Leben von Hans und Sophie Scholl.

In den nächsten Wochen hörten sie viel von Vaterland und Heimatliebe reden. Es war ihnen ganz natürlich, daß sie ihre Heimat liebten, obwohl sie kaum sagen konnten, warum. Viele Worte hatte man nie darüber gemacht. Nun sagte man überall, wie groß dieses Deutschland sei. Hitler wird nicht ruhen, stand in der Zeitung, bis jeder einzelne Deutsche ein freier und glücklicher Mensch ist. Die Kinder fanden das gut. Auch waren Hans und Sophie begeistert von den marschierenden Kolonnen der Jugend. Sobald sie Gelegenheit hatten, traten sie in die Hitlerjugend ein. Da sie mit Leib und Seele dabei waren, konnten sie nicht verstehen, daß ihr Vater gar nicht glücklich war. Er war gar nicht stolz auf die uniformierte Tochter und den uniformierten Sohn. Es war ihnen unklar, wieso er Hitler mit dem Rattenfänger von Hameln vergleichen konnte. Es war ihnen unklar, was er meinte, als er von Naziverbrechern sprach. Die Worte des Vaters waren in den Wind gesprochen.

**144**

In den nächsten Jahren fühlten sich die Kinder als Teile einer großen Bewegung. Dann und wann kamen allerdings Fragen auf. Eines Abends erklärten mehrere der Gruppe, es wäre ja alles sehr schön, nur die Sache mit den Juden wäre ihnen unverständlich. Ein Älterer antwortete: „Hitler weiß schon, was er tut. Um der großen Sache willen muß man manches Schwere und Unverständliche akzeptieren." Obgleich viele mit der Antwort nicht zufrieden waren, hatten es die meisten am nächsten Tage wieder vergessen. Hans Scholl dachte aber weiter darüber nach. Auch machte er eine Erfahrung, die ihn sehr persönlich traf. Schon lange hatte er Volkslieder gesammelt, dänische und norwegische, englische und französische, die seine Freunde gern hörten, wenn er sie zur Gitarre sang. Als ein Hitlerjugendführer das Singen hörte, erklärte er: „Solche Lieder sind verboten. Es gibt genug deutsche Lieder." Hans Scholl legte die Gitarre weg, ging nach Hause, legte sich aufs Bett und konnte stundenlang nicht einschlafen.

Im Jahre 1936 wurde Hans Scholl auserwählt, das Banner seiner Gruppe beim Parteitag in Nürnberg zu tragen. Seine Freude war groß. Freunde und Bekannte

die Bewegung *movement*
dann und wann *now and then*

unverständlich *incomprehensible*

die Sache *cause* / um ... willen *for the sake of*

zufrieden *satisfied*

eine Erfahrung machen *have an experience* / treffen *hit*

sammeln *to collect*

auserwählen *select*

**HITLERJUGEND**

**145**

gratulieren *congratulate
(someone)* / gespannt
*eagerly* / der Bericht *report*
zunächst *at first*

herausbringen *get out*


die Treue *loyalty*
nichts als *nothing but*


das Verbot *prohibition*



plötzlich *suddenly*
verschwinden *disappear*


zerbrechen *be shattered*


das Mitglied *member*


die Jungenschaft *Boys' Club*



im Freien *in the open*
malen *paint*


das Fahrtenbuch *travel book*


die Gefahr *danger*
das Gefängnis *prison*
reißen *tear*
der Leib *body* / sich blutig
verbrennen an *be seared
for life*
entscheidend *decisive*
das Erlebnis *experience*
das Hakenkreuz *swastika*
verhaßt *odious, hated*

gratulierten. Mit großer Begeisterung fuhr er nach Nürnberg. Man wartete gespannt auf den Bericht über die großen Ereignisse. Als er zurückkam, konnte man zunächst wenig aus ihm herausbringen. Erst mit der Zeit erfuhr man, daß die Wirklichkeit ganz anders aussah als das Ideal. In Nürnberg hatten die Führer tagaus tagein von Treue geredet, aber zu sehen war nichts als Drill und Uniform.

Einige Wochen später kam er mit einem neuen Verbot nach Hause. Ein höherer Nazi hatte ihm ein Buch von Stefan Zweig aus der Hand genommen mit der Erklärung, daß es verboten sei. Warum? Stefan Zweig war Jude. In derselben Zeit hörte er die Geschichte von einem jungen Lehrer, der plötzlich in ein Konzentrationslager verschwunden war. Als so immer mehr zusammenkam, wurde Hans Scholl stiller und ernster. Eine Welt zerbrach. Wenn der Vater nun von Naziverbrechern sprach, hörten er und die Schwester ernst zu.

Hans Scholl war schon jahrelang Mitglied einer Organisation für Vierzehn- bis Achtzehnjährige, die sich „Jungenschaft" nannte. Die „Jungenschaft" war unter Hitler halb verboten, aber es gab sie noch in manchen Städten Deutschlands. Die Jungen machten Wanderungen zusammen, übernachteten im Freien, saßen vor dem Feuer und sangen. Sie malten und photographierten, lasen und schrieben. Von Zeit zu Zeit erschienen ihre Fahrtenbücher und Zeitschriften. Plötzlich erklärten die Nazis im Jahre 1938, diese Jungen mit ihren Liedern und Büchern wären eine Gefahr fürs Vaterland. Hunderte, unter ihnen Hans, wurden von der Gestapo ins Gefängnis gesteckt. Er schrieb damals: „Reißt uns das Herz aus dem Leibe—und ihr werdet euch blutig daran verbrennen."

Die Wochen im Gefängnis wurden das entscheidende Erlebnis in seinem Leben. Hitlerjugend und alles, was mit der Hakenkreuz-Partei zusammenhing, wurden ihm verhaßt. Wo stand er? Er wußte es nicht. Er war ganz allein mit sich, als er aus dem Gefängnis kam. Die schweren Fragen fanden keine Antwort. Beziehungen zur politischen Opposition, die unterirdisch und sehr vorsichtig zu Werke ging, hatte er nicht. Dem Vater wurden oft Schwierigkeiten gemacht. Er hatte wenig Zeit für die Kinder.

die Beziehung *connection*

unterirdisch *underground*
vorsichtig *cautious, careful*

die Schwierigkeit *difficulty*

Hans Scholl begann zu lesen. In der Bibliothek des Vaters standen die Werke der deutschen Klassiker, der deutschen Dichter und Denker. In der Bibliothek eines älteren Bekannten entdeckte er die antiken und die modernen französischen Philosophen. Immer wieder kam er auf die Schriften der deutschen Klassiker zurück. Friedrich Schillers Freiheitsdramen, *Wilhelm Tell* und *Don Carlos*, las er mit erneutem Interesse. Der Monolog in *Don Carlos*, der mit „Geben Sie Gedankenfreiheit" endete, gewann aktuelle Bedeutung. Auch entdeckte er in Schillers weniger bekannten politischen Schriften einen frischen Wind. Er verglich Sparta, den militaristischen, chauvinistischen Staat im alten Griechenland, den Schiller beschrieb, mit dem Deutschland der dreißiger Jahre. In dem Essay standen die Worte: „Sobald das Kind geboren war, gehörte es dem Staat. Vater und Mutter hatte es verloren ... Dadurch, daß der Staat der Vater seiner Kinder wurde, hörte der natürliche Vater desselben auf, es zu sein. Das Kind lernte nie seine Mutter, seinen Vater lieben." Würde es im heutigen Deutschland nicht auch so werden, wenn die Nazis lange genug an der Macht blieben?

die Bibliothek *library*

antik *ancient*

die Gedankenfreiheit *freedom of thought* / aktuell *up-to-the-minute, timely*
entdecken *discover*

beschreiben *describe*
die dreißiger Jahre *the thirties* / sobald *as soon as*

aufhören *to stop*

an der Macht *in power*

Lange saß er still am Schreibtisch, bevor er weiterlas. „Das Vaterland war das erste Schauspiel, das sich dem spartanischen Knaben zeigte, wenn er zum Denken erwachte ... Alles, was um ihn lag, war Nation, Staat und Vaterland. Es war der erste Eindruck in seinem Gehirne, und sein ganzes Leben war eine ewige Erneuerung dieses Eindrucks." War es nicht genau so unter Hitler? Im nächsten Paragraphen stand: „Die Idee von Vaterland und vaterländischem Interesse verwuchs mit dem

das Schauspiel *spectacle*

der Eindruck *impression*
das Gehirn *mind, brain*
die Erneuerung *renewal*

verwachsen *become intertwined*

**147**

der Trieb *impulse* / entflammen *kindle* / öffentlich *public* / zahlreich *numerous*

ehelich *marital*

die Tugend *virtue*

der Gedanke *thought, idea*

halten von *think of*
zum Opfer bringen *sacrifice for*

das Mittel *means*
der Zweck *end*
die Bedingung *condition*
erfüllen *satisfy, fulfill*

innersten Leben aller seiner Bürger. Noch andre Gelegenheiten, diese Triebe zu entflammen, gaben die öffentlichen Feste, welche in ... Sparta sehr zahlreich waren." Wo gab es wohl mehr öffentliche Feste? In Sparta oder im nationalsozialistischen Deutschland? „In Sparta gab es keine eheliche Liebe", hatte Schiller weitergeschrieben, „keine Mutterliebe, keine kindliche Liebe, keine Freundschaft — es gab nichts als Bürger, nichts als bürgerliche Tugend."

Es war schon nach Mitternacht; morgen mußte er früh aufstehen. Seine Gedanken ließen ihm aber keine Ruhe. Obgleich es im Hitler-Deutschland noch nicht ganz so weit gekommen war — man war auf dem besten Weg dahin.

Er fragte sich, was Schiller von dem spartanischen Staat hielt. Auf der nächsten Seite bekam er die Antwort. „Alles darf dem Besten des Staats zum Opfer gebracht werden, nur dasjenige nicht, dem der Staat selbst nur als ein Mittel dient. Der Staat selbst ist niemals Zweck. Er ist nur wichtig als eine Bedingung, unter welcher der Zweck der Menschheit erfüllt werden kann. Dieser Zweck

**148**

ist kein andrer als Ausbildung aller Kräfte des Menschen." Das war es! Was Hans Scholl dunkel empfunden hatte, war hier klar ausgedrückt. Er gewann Klarheit über sich selbst und über die politische Konstellation im Deutschland Hitlers. Doch was er unternehmen sollte, was er als Einzelner machen könnte, wußte er nicht.

die Ausbildung *development*

empfinden *feel, sense*

1938 wurde er Student der Medizin an der Universität München. Im Herbst 1939 kam Hitlers Invasion von Polen, und einige Tage später erklärten England und Frankreich Deutschland den Krieg. Die Hitlersche Politik hatte zum zweiten Weltkrieg geführt. Auf den Straßen von München und Berlin, Hamburg und Leipzig war in den Septembertagen 1939 keine Begeisterung, wie es 1914 der Fall gewesen war. Die Älteren saßen ernst am Radio und hörten voller Besorgnis die letzten Nachrichten. Die Jüngeren fragten sich, wann sie an die Front müßten.

der Fall *case*

die Besorgnis *anxiety, appre-hension* / die Nachricht *news*

Hans Scholl blieb es einige Monate lang erspart, die Uniform anzuziehen. Als Mediziner wurde es ihm erlaubt, zunächst einmal weiterzustudieren. Doch im Frühling des nächsten Jahres, kurz bevor der Sitzkrieg zum Blitzkrieg wurde, mußte er Soldat werden. Den Feldzug in Frankreich, im Mai und Juni 1940, machte er als Sanitäter mit. Da Hermann Göring nach Ende des Feldzuges erklärte, der ganze Krieg sei praktisch gewonnen und daher viele Soldaten nach Hause schickte, durfte Hans Scholl an die Universität München zurück. Er war in einer Studentenkompanie und verbrachte die Zeit bis 1942 halb als Student, halb als Soldat.

erspart bleiben *be spared from*

zunächst einmal *for the time being*
der Sitzkrieg *sit-down war (term used in 1939–40)*
der Feldzug *campaign*
der Sanitäter *member of the ambulance corps*

verbringen *spend*

Die Unfreiheit war seit Beginn des Krieges noch größer geworden. Kein freies Wort durfte man mehr riskieren. Immer wieder hörte man von der Geheimen Staatspolizei, die zwischen fünf und sechs in der Frühe ihre „Besuche" zu machen pflegte. Die „Besuchten" verschwanden oft in Konzentrationslagern, von denen die meisten Deutschen nur wußten, daß sie existierten. Mil-

geheim *secret*
die Frühe *morning*
pflegen *be in the habit of*

HANS SCHOLL

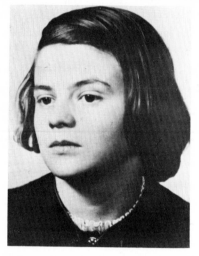

SOPHIE SCHOLL

lionen von Deutschen, die wie Hans Scholl empfanden, wagten es höchstens, den nächsten Verwandten und den intimsten Freunden ihre Gedanken und Gefühle anzuvertrauen.

wagen *dare* / höchstens *at most* / intim *intimate, close* anvertrauen *confide, entrust to*

Unter den Studenten der Medizin waren drei, mit denen Hans Scholl Freundschaft schloß. Der eine, Alexander Schmorell, der Sohn eines Arztes, war ein humorvoller, ruhiger Mensch. Der zweite, Christoph Probst, war verheiratet und hatte schon zwei Kinder im Alter von zwei und drei Jahren. Der dritte, Willi Graf, war ein großer, blonder, schweigsamer Mensch aus dem Saarland. Sie lernten sich in der Studentenkompanie kennen und empfanden sehr schnell, daß sie zusammen gehörten. Ihre Weltanschauung und ihre Anschauungen über das Hitler-Regime waren die gleichen. Sie studierten zusammen und verbrachten die Freistunden zusammen.

Freundschaft schließen *make friends*
der Arzt *doctor*

verheiratet *married*

das Alter *age*

schweigsam *reserved, silent*

die Anschauung *view, attitude*

gleich *same*

Im Frühling 1942 kam die Schwester Sophie auch nach München, um hier zu studieren. Am 9. Mai, es war ihr Geburtstag, kam sie an. Von zu Hause brachte sie

ankommen *arrive*

**150**

einen Geburtstagskuchen und eine Flasche Wein mit. Ein halbes Jahr hatte sie Arbeitsdienst machen müssen, dann ein weiteres halbes Jahr Kriegshilfsdienst. Unter den vielen Mädchen war sie einsam geworden; denn Sophies Anschauungen über den Staat waren die gleichen wie diejenigen ihres Bruders. Dazu kam noch die Sorge um den Vater. Eines Morgens hatte er zwischen fünf und sechs in der Frühe „Besuch" bekommen. Drei Männer von der Geheimen Staatspolizei wollten ihn sprechen. Nach vielen Fragen und Antworten durchsuchten sie das Haus und nahmen den Vater mit. Am Nachmittag desselben Tages durfte er zwar wieder nach Hause gehen, aber die Gestapo-Männer erklärten, sie würden bald wiederkommen. Man hätte erfahren, daß Herr Scholl Adolf Hitler „die Gottesgeißel der Menschheit" genannt hatte.

*der Kriegshilfsdienst auxiliary war service*
*einsam lonely*
*gleich same*

*Sorge um worry about*

*durchsuchen search*

*erklären declare*
*erfahren find out*
*die Gottesgeißel scourge of God*

Mit gemischten Gefühlen war Sophie nach München gefahren. Sorge um die Eltern dämpfte die Freude, mit der sie dem neuen Leben und dem Wiedersehen mit dem Bruder entgegensah. Hans Scholl war schon am Bahnhof, als der Zug ankam. Am Abend kamen die Freunde bei ihm zusammen, um Sophie kennenzulernen und ihren Geburtstag zu feiern. Im Mittelpunkt waren Sophie, der Geburtstagskuchen und der Wein. Hans spielte die Gitarre, Alex die Balalaika. Man sang und war guter Stimmung. In der letzten Stunde sprach man über Politik und Krieg. Die Stimmung wurde ernst.

*dämpfen dampen, deaden*

*entgegensehen look forward to*
*der Zug train*

*feiern celebrate / der Mittelpunkt center*

*die Stimmung mood, atmosphere*

CHRISTOPH PROBST      WILLI GRAF      ALEXANDER SCHMORELL

der Unsinn *nonsense*

heilen *cure, heal*
zahllos *countless*

der Widerstand *resistance*

der Vervielfältigungs-Apparat
   *mimeograph machine*
ein Kolleg hören bei *have a
   course with*
das Stück *part*

vorsichtig *careful*

Gleichgesinnte *kindred spirits*
sich gegenüberstehen *face one
   another* / erwarten *expect*

das Erstaunen *astonishment*
zusagen *accept*

versammeln *gather*
in Gang kommen *start*
die Erfahrung *experience*

zunächst *at first*

„Ist es nicht ein Unsinn", fragte plötzlich einer der Mediziner, „daß wir in unseren Zimmern sitzen und lernen, wie man Menschen heilt, während draußen der Staat täglich zahllose Menschenleben in den Tod treibt? Worauf warten wir eigentlich? Bis eines Tages der Krieg zu Ende ist und alle Völker sagen, wir haben eine solche Regierung ohne Widerstand akzeptiert?" Widerstand! Der Gedanke ging allen durch den Kopf. „Man sollte einen Vervielfältigungs-Apparat haben", meinte Hans.

Sophie Scholl hatte das Glück, ein Kolleg in der philosophischen Fakultät bei Professor Kurt Huber zu hören. Er hatte den Ruf, das beste Stück der ganzen Universität zu sein. Als sie Professor Huber das erste Mal hörte, war sie begeistert. Er sprach nicht wie ein Buch. Was er sagte, war lebendig und aktuell. Obgleich er sich vorsichtig ausdrückte, war es klar, daß er kein Nationalsozialist war. Sie machte ihren Bruder und dessen Freunde mit dem Professor bekannt. Man fühlte sofort, daß Gleichgesinnte sich hier gegenüberstanden. Hans Scholl lud ihn zu sich ein, obgleich er nicht erwartete, daß der Professor kommen würde. Professoren hatten wenig Zeit für Studenten. Zu seinem Erstaunen sagte Professor Huber zu.

Einige Tage später waren alle sechs bei Hans Scholl versammelt. Eine sehr lebendige politische Diskussion kam sofort in Gang. Keiner von den sechs hatte politische Erfahrung. Die Frage, wie und in welcher Form man etwas gegen das Hitler-Regime unternehmen könnte, fand zunächst keine Antwort.

**152**

PROFESSOR HUBER

# 12 | WIDERSTAND

Vier Wochen später erschütterte ein sensationelles Erlebnis die Stadt München. Antinationalsozialistische Flugblätter lagen im Rathaus, in den Universitätsräumen, auf den Straßen. In der Bibliothek, wo Sophie mehrere vorfand, las sie: „Widerstand! Verhindert das Weiterlaufen dieser atheistischen Kriegmaschine, ehe es zu spät ist ... Alles darf dem Besten des Staates zum Opfer gebracht werden, nur dasjenige nicht, dem der Staat selbst nur als Mittel dient. Der Staat selbst ist niemals Zweck".

Sophie hielt den Atem an. Sie ging zu Hans aufs Zimmer. Er war nicht zu Hause. Sie setzte sich an den Schreibtisch und blätterte durch die Bücher, die darauf lagen. In einem aufgeschlagenen Band von Schiller las sie erst flüchtig, aber dann mit wachsender Aufregung, als sie zu den Worten kam: „Der Staat selbst ist niemals Zweck." Sie machte das Buch zu und schloß die Augen. Was hatte Heinrich Himmler, Reichsführer der SS und Chef der Gestapo, vor einigen Tagen gesagt? „Wenn jemand dem Führer oder dem Reich nicht treu ist, und sei es nur in Gedanken, so habt ihr dafür zu sorgen, daß dieser Mensch unsere Reihen verläßt. Wir aber werden dafür sorgen, daß er diese Welt verläßt."

Ein Flugblatt hatte sie noch in der Hand, als Hans nach Hause kam. „Weißt du, woher die Flugblätter stammen?" fragte sie. „Man soll heute manches nicht wissen, um niemanden in Gefahr zu bringen", antwortete er. Sie schwieg eine Weile, bevor sie langsam sagte: „Allein kann man so etwas nicht." Kein weiteres Wort wurde gesprochen.

das Erlebnis *experience*
das Flugblatt *handbill*

verhindern *prevent*

das Mittel *means*
der Zweck *end (in itself)*

blättern *thumb*
aufgeschlagen *opened*
flüchtig *hasty*

SS = Schutzstaffel *literally: protective echelon; the SS were used originally for the protection of National Socialist speakers*
treu *loyal*

sorgen für *see to it*
die Reihe *rank, row*

stammen *come (from)*
die Gefahr *danger*

danach *after that*

geistig *intellectual*

sich auseinandersetzen *come to an understanding*

die Lüge *lie*

betrügen *deceive, cheat*

der Schrecken *horror*

angreifen *attack* / mächtig *powerful*

böse *evil*

verteilen *distribute, divide up*

austragen *distribute*

abstellen *put down*

irgendwo *anywhere* / der Zug *train* / der Augenblick *moment* / aussteigen *get off*
kontrollieren *check*

meistens *usually*

Flieger- *air raid*

trotz *in spite of*

leer *empty*

eintreten *set in*

der Befehl zum Abstransport *orders to leave*

Kurz danach erschienen Flugblätter zum zweiten Mal. Es war nicht die Schillersche Sprache, die man dieses Mal las. Die Worte waren aber einfach und klar. „Man kann sich mit dem Nationalsozialismus nicht geistig auseinandersetzen, weil er ungeistig ist. Es ist falsch, wenn man von einer nationalsozialistischen Weltanschauung spricht... Lüge... Schreibt doch Hitler selbst: ‚Man glaubt nicht, wie man ein Volk betrügen muß, um es zu regieren‘... Jetzt stehen wir vor dem Ende... Widerstand!... Ein Ende mit Schrecken ist immer noch besser als ein Schrecken ohne Ende... Es ist noch nicht zu spät."

In den nächsten Wochen erschienen weitere Flugblätter, nicht nur in München, sondern auch in anderen süddeutschen Städten. „Jedes Wort, das aus Hitlers Munde kommt, ist Lüge... Wir müssen das Böse dort angreifen, wo es am mächtigsten ist, und es ist am mächtigsten in der Macht Hitlers... Unser heutiger ‚Staat‘ ist die Diktatur des Bösen... Die nationalsozialistische Macht muß militärisch gebrochen werden."

Alle sechs nahmen nun an der Arbeit teil. Die Scholls, Alexander Schmorell, Christoph Probst, Willi Graf und Professor Huber verteilten, was zu tun war. Einige schrieben, einige vervielfältigten, einige trugen die Blätter aus. Wenn sie in andere Städte fuhren, stellten sie die Koffer irgendwo im Zug ab, aber nie bei sich. Erst im Augenblick des Aussteigens nahmen sie das Gepäck an sich, denn oft kontrollierte die Gestapo oder die Kriminalpolizei die Koffer. Meistens kamen sie bei Nacht in den Städten an. Manchmal, wenn Fliegeralarm war, mußten sie besonders vorsichtig zu Werke gehen, denn es war dann verboten, auf der Straße zu sein. Trotz großer Schwierigkeiten ging aber alles gut. Sie kamen immer mit leeren Koffern zurück.

Eine längere Pause trat ein, als die Studentenkompagnie Befehl zum Abtransport nach Rußland bekam. Am letzten Abend vor der Fahrt versammelten sich die

Freunde noch einmal. Professor Huber und einige Studenten, auf die man rechnen konnte, waren eingeladen. Im Laufe des Abends wurden Pläne für die Zukunft besprochen. Das Endresultat war: Wenn sie das Glück hätten, aus Rußland heimzukommen, wollten sie ihre Tätigkeit zu einer systematischen Widerstandsbewegung erweitern. Zu diesem Entschluß zu kommen, war nicht leicht. Es kostet Kraft, gegen den Strom zu schwimmen. Es ist nicht leicht, dem eigenen Volk die militärische Niederlage zu wünschen.

Die Kompagnie war fünf Monate in Rußland. Inzwischen kam die Gestapo wieder zwischen fünf und sechs in der Frühe zu Herrn Scholl. Dieses Mal mußte er vier Monate im Gefängnis sitzen. Sophie gab das Studium auf, packte ihre Sachen und fuhr heim. Das Haus war sehr still geworden. Die Briefe aus Rußland erzählten wenig von den Erlebnissen an der Front und von militärischen Ereignissen, aber viel von schlaflosen Nächten und von dem Wunsch, nach Hause zu kommen, um weiter zu ‚arbeiten'.

Alle vier kamen unverwundet nach Deutschland zurück. Sie hatten Glück, nicht an der Schlacht von Stalingrad teilnehmen zu müssen; sie hatte schon begonnen. In München kamen sie mit Sophie und Professor Huber in einem kleinen Häuschen zusammen, das einem Mann gehörte, der selber an die Front mußte. Das Haus stand jetzt leer, und dort gingen sie wieder an die Arbeit. Nach der großen Schlacht von Stalingrad war in Tausenden von Blättern zu lesen: „Der Krieg geht seinem sicheren Ende entgegen ... Hitler kann den Krieg nicht gewinnen, nur noch verlängern! ... ‚Ich kämpfe bis zum letzten Mann', sagt Hitler — der Krieg ist schon verloren ... Trennt Euch von dem nationalsozialistischen Untermenschentum! Beweist durch die Tat, daß Ihr anders denkt! Ein neuer Befreiungskrieg bricht an. Der bessere Teil des Volkes kämpft auf unserer Seite ...

rechnen auf *count on*
die Zukunft *future* / besprechen *discuss*

die Tätigkeit *activity*

erweitern *expand*
zu einem Entschluß kommen *reach a decision*

die Niederlage *defeat*

inzwischen *meanwhile*

das Erlebnis *experience*

unverwundet *unharmed*

teilnehmen *take part*

die Schlacht *battle*
entgegengehen *move toward*

verlängern *prolong*

sich trennen *divorce oneself*
das Untermenschentum *subhuman regime* / beweisen *prove* / anbrechen *begin*

**155**

sich entscheiden *decide*

nieder *down*

zu gleicher Zeit *at the same time*

übernehmen *undertake*

gründen *set up*

sich verbreiten *spread*

erschüttert *shocked*
der Untergang *fall, destruction*

das Schicksal *fate, destiny*
anvertrauen *entrust to*

fordern *demand*

erwarten *expect*

fertig *finished*

die Treppe *staircase*

Entscheidet Euch, ehe es zu spät ist ... Glaubt nicht an die nationalsozialistische Propaganda!"

In diesen Tagen konnte man auch in der Münchener Ludwigstraße die Worte „Nieder mit Hitler" siebzig Mal lesen. In der Nacht hatten Hans, Alex und Willi die Worte an die Häuser gemalt. Zu gleicher Zeit erschienen Flugblätter in Berlin und Hamburg. In Berlin hatte ein Medizinstudent, der mit Hans befreundet war, es übernommen, auch dort eine Widerstandsbewegung zu gründen. Nach Hamburg hatte eine Studentin ein Münchener Flugblatt gebracht. Dort fand sich eine Gruppe von Studenten, die es vervielfältigten. Die Münchener Freunde hofften nun, daß sich der Geist des Widerstandes in einer Stadt nach der anderen verbreiten werde.

Anfang Februar 1943 arbeiteten Professor Huber und Hans Scholl an einem weiteren Blatt. Über die Niederlage von Stalingrad schrieben sie: „Erschüttert steht unser Volk vor dem Untergang der Männer von Stalingrad ... Wollen wir weiter einem Dilettanten das Schicksal unserer Armeen anvertrauen?" Über die innerdeutsche Politik schrieben sie: „Im Namen der deutschen Jugend fordern wir vom Staat Adolf Hitlers die persönliche Freiheit zurück ... Es gibt für uns nur eins: Kampf gegen die Partei!" Die Schrift schloß mit der Forderung: „Studentinnen! Studenten! Auf uns sieht das deutsche Volk! Von uns erwartet es, wie 1813 die Brechung des Napoleonischen, so 1943 die Brechung des nationalsozialistischen Terrors."

Am 17. Februar war man fertig mit der Vervielfältigung von Tausenden von Blättern. In der Frühe des 18. füllten Hans und Sophie einen Koffer, ehe sie zur Universität gingen. Fünf Minuten nachdem die beiden das Haus verlassen hatten, kam ein Freund mit einer Warnung. Da niemand zu Hause war, setzte er sich auf die Treppe und wartete.

Wenige Menschen waren auf der Straße, als sich Hans und Sophie auf den Weg zur Universität machten.

**156**

Der Himmel war blau und klar. Die Sonne schien. Dann und wann fuhr ein Auto in schnellem Tempo vorbei. Die Läden waren noch zu. Die Türen der Universität waren auf, aber die Hörsäle waren noch geschlossen. Sie hatten alle Hände voll zu tun, die Blätter auszulegen, bevor Studenten und Professoren kamen. Zu Hunderten legten sie sie in den Gängen aus, so schnell sie konnten. Die Zeit verging wie im Fluge. In wenigen Minuten sollten die Hörsäle vom Hausmeister geöffnet werden. Da der Koffer noch halb voll war, gingen sie schnell die Treppen hinauf und leerten vom obersten Stock den Rest in die Eingangshalle hinab. Als sie die Treppe wieder herunterkamen, war die große Tür zu. Sie liefen den Gang entlang und versuchten, eine zweite zu öffnen. Diese war auch geschlossen. Als sie zum zweiten Male an die große Tür kamen, ging sie auf. Auf der Treppe standen sechs Beamte in Uniform. Der Hausmeister hatte die Gestapo telefonisch alarmiert.

Donnerstag, den 18. Februar, um acht Uhr bringt man Hans und Sophie Scholl ins Wittelsbacher Palais, das die Nationalsozialisten als Gestapo-Gefängnis benutzen. Hans Scholl kommt in eine, Sophie in eine andere Zelle. In der Zelle Sophies befindet sich ein Mädchen namens Else G. „Nichts eingestehen, wofür sie keine Beweise haben", erklärte Else. „Nein", sagt Sophie ruhig. Zehn Minuten später geht die Zellentür auf. Sophie muß zum Verhör.

Durch lange Gänge machen Sophie und der Gefängniswärter ihren Weg. Kein Wort wird gesprochen. In einem Büro nimmt sie Platz, während der Wärter die Tür hinter ihr zumacht. Es ist niemand anders im Zimmer. Fünf Minuten vergehen, zehn, fünfzehn. Sophie sitzt auf einem harten Stuhl, ohne sich zu bewegen. Endlich geht die Tür auf. Ein etwa dreißigjähriger Gestapo-Beamter mit eisblauen Augen setzt sich an den Schreibtisch, ohne ein Wort zu sagen. Er blättert in Büchern, liest Briefe, macht Notizen, als ob er im Zimmer allein sei. Sophie

---

der Laden *store*

der Hörsaal *lecture room*

auslegen *distribute*

zu *by the*

der Gang *corridor, hall*

wie im Fluge *like a flash*

der Hausmeister *janitor*

der oberste Stock *highest floor*

entlang *along*

aufgehen *open* / der Beamte *official*

das Wittelsbacher Palais *Wittelsbach palace*
benutzen *use*

eingestehen *confess*

der Beweis *proof*

das Verhör *interrogation, hearing*
der Gefängniswärter *jailer*

vergehen *pass, go by*

sich bewegen *move*

blättern in *thumb through*

bewegt sich nicht. Plötzlich sieht er Sophie in die Augen. „Machen Sie es sich leicht, Fräulein Scholl", sagt er mit einem freundlichen Lächeln, das nur auf den Lippen liegt. Sophie sitzt still da. „Machen Sie es sich leicht", wiederholt er. „Gestehen Sie alles ein, und wir werden sehen, was sich machen läßt." „Ich habe nichts einzugestehen", antwortete Sophie. „Wir haben Dutzende von Flugblättern. Wir haben den Vervielfältigungs-Apparat, den Sie benutzt haben. Der Hausmeister hat gesehen, wie Sie die Blätter in den Gängen der Universität ausgelegt haben. Was wollen Sie mehr?" Sophie wiederholt: „Ich habe nichts einzugestehen." In dieser Weise geht es weiter bis drei Uhr nachmittags. Sophie verliert die Nerven nicht. Der Gestapo-Beamte verliert die Ruhe nicht. Um drei Uhr bringt der Wärter sie in die Zelle zurück.

In Hans Scholls Zelle befindet sich ein junger Bauer namens Helmut F. „Seien Sie vorsichtig, wenn Sie zum Verhör gehen", meint Helmut. „Ich werde vorsichtig sein. Aber nicht ganz so, wie Sie denken", sagt Hans. In einer halben Stunde holt man ihn zum Verhör. „Die Namen Ihrer Freunde?" fragt der Beamte kurz. „Vielleicht wird es Ihnen leicht gemacht." „Ich habe keine Freunde", antwortet Hans, „ich habe alles selber gemacht, das Schreiben, das Vervielfältigen, das Austragen." „Sie haben aber eine Schwester." Hans schweigt. „Ich will es Ihnen leicht machen. Wir wissen sowieso alles." Hans sagt: „Warum fragen Sie mich aus, wenn Sie sowieso alles wissen? Wie können Sie es mir leicht machen, wenn Sie sowieso alles wissen?" „Die Namen Ihrer Freunde—!" „Ich habe keine Freunde", erklärt er zum zweiten Male, „ich bin für alles verantwortlich." Nach sechs Stunden wird er in die Zelle zurückgeführt.

Um sechs Uhr bringt man heiße Suppe und Brot zum Abendessen. Ein Telefonruf: „Die beiden Scholls dürfen nichts zu essen bekommen. Sie werden in einer halben Stunde weiterverhört." Die Leute, die das Essen

wiederholen *repeat*

benutzen *use*
das Blatt *handbill*

die Ruhe *composure*

austragen *distribute*

sowieso *anyway*
ausfragen *interrogate, question*

verantwortlich *responsible*

die Suppe *soup*

weiterverhören *question again*

austragen, sind selber politische Gefangene, die wegen kleinerer ‚Verbrechen' im Gefängnis sitzen. Trotz des Verbots bringen sie den Scholls die heiße Suppe und das Brot.

Sophie erfährt von Else, daß Christoph Probst auch Gefangener ist. Sie schließt die Augen. Seine Frau liegt im Wochenbett.

Um halb sieben verhört man sie weiter. Dieses Mal gesteht sie nach einer Stunde alles ein. „Na also", sagt der Gestapo-Beamte freundlich. „Wie sind Sie als deutsches Mädchen, Fräulein Scholl, dazugekommen, Sabotage gegen Ihr Vaterland zu treiben? Mir ist es unverständlich", erklärt er und hält einen langen Vortrag über den Nationalsozialismus, über den Führer, über die deutsche Ehre. Sophie hört still zu. „Ich will mit Ihnen sprechen wie ein Kamerad mit einer Kameradin, Fräulein Scholl. Wenn Sie das alles verstanden hätten", er preßt die Hand ans Herz, „so hätten Sie nicht gemacht, was Sie gemacht haben!" Sophies Antwort ist: „Ich würde alles genau noch einmal so machen, denn nicht ich, sondern Sie haben die falsche Anschauung." Die Augen des Mannes verkleinern sich. Das Lächeln verfliegt. Ein scharfes Licht blendet sie plötzlich. Das Verhör geht weiter bis acht Uhr morgens. Sophie nimmt alle Schuld auf sich. Sie nennt keinen einzigen Namen.

In derselben Nacht muß auch Hans zum zweiten Mal zum Verhör. Immer wieder hämmert der Beamte: „Die Namen Ihrer Freunde!" Immer wieder wiederholt Hans Scholl, ohne die Nerven zu verlieren: „Ich habe alles selber gemacht. Ich bin für alles verantwortlich." Der Beamte versucht es mit hundert Fragen.

„Wo waren Sie Mittwoch abend?" „Zu Hause."

„Wer war noch da?" „Niemand."

„Waren Sie Dienstag in der Universität?" „Ja."

„Wer saß neben Ihnen im Kolleg?" „Ich weiß es nicht."

„Kennen Sie Professor Huber?" „Nein."

---

der Gefangene *prisoner*
das Verbrechen *crime*

das Wochenbett *childbed*

dazukommen *occur to*

der Vortrag *lecture*

die Ehre *honor*

genau so *exactly the same way*

sich verkleinern *become smaller* / verfliegen *vanish*
die Schuld *guilt*
einzig *single*

wiederholen *repeat*

verantwortlich *responsible*

das Kolleg *lecture*

„Wer hat Ihnen dabei geholfen, die Flugblätter zu schreiben?" „Niemand."

„Wie viele Leute sind in Ihrer Organisation?" „Es gibt keine Organisation."

befreundet sein mit *be the friend of, know*

„Mit wem sind Sie in der Studentenkompagnie befreundet?" „Mit niemand."

„Sehr viele Studenten kommen zu Ihnen aufs Zimmer!" „Könnte sein."

„Wer sind diese Studenten?" „Ich weiß es nicht."

die Post *mail*

„Von wem bekommen Sie Post?" „Von niemand."

„Heißen alle Ihre Freunde Niemand?"

stundenlang *for hours*

Das Fragen und Antworten geht stundenlang weiter. Der Refrain bleibt immer derselbe: „Ich weiß es nicht. Ich habe keine Freunde. Ich korrespondiere mit niemand. Ich bin für alles verantwortlich". Freitag ist Verhör, Sonnabend und Sonntag ist Verhör. Die ganze Nacht lang ist das Licht in der Zelle an. Nach drei Tagen hat Hans Scholl keinen einzigen Namen genannt. Mit Sophie und mit Christoph Probst hat die Gestapo ebenso wenig Glück.

ebenso *just as*

Freitag, den 19. Februar, bekommen die Eltern von einer Studentin, die mit den Geschwistern befreundet ist, die Nachricht, daß Hans und Sophie im Gefängnis sind. Dann telefoniert noch ein unbekannter Student. Am Wochenende sind aber keine Besuche im Gefängnis erlaubt. Erst Montag, den 22., fahren die Eltern nach München. Am Bahnhof steht ein Student und wartet auf Herrn und Frau Scholl. „Es ist höchste Zeit. Der Prozeß hat schon begonnen", erklärt der wartende Student. „Werden sie sterben müssen?" fragt die Mutter. Der Student schweigt.

die Geschwister *brother and sister*

erlauben *permit*

der Prozeß *trial*

der Justizsaal *courtroom*

wagen *dare*
der Richter *judge*

Sie eilen zum Justizsaal. Der Prozeß ist schon nahe dem Ende. Sophie sagt noch: „Was wir sagten und schrieben, denken ja so viele. Nur wagen sie nicht, es auszusprechen." Vor den Nazirichtern in roten Roben sitzen die Geschwister und Christoph Probst, still, ruhig und sehr einsam. Fünf Minuten später hören die Eltern das Todesurteil. Die Mutter verliert einen Augenblick die Kräfte und muß hinausgeführt werden. Der Vater ruft: „Es gibt noch eine andere Gerechtigkeit."

Nach Ende des Prozesses hat jeder Verurteilte Gelegenheit, noch ein Wort für sich zu sprechen. Sophie sagt nichts. Christoph Probst bittet um sein Leben, um seiner Kinder willen. Hans bittet um Christophs Leben, aber der Nazirichter namens Freisler donnert: „Wenn Sie für sich selbst nichts zu sagen haben, so schweigen Sie!"

Noch in derselben Stunde bringt man die drei nach München-Stadelheim, wo am Nachmittag die Hinrichtung stattfinden soll. Dort schreiben sie ihre letzten Briefe. Wie durch ein Wunder bekommen Herr und Frau Scholl die Erlaubnis, den Sohn und die Tochter noch einmal zu besuchen. Zwischen vier und fünf Uhr nachmittags am 22. Februar eilen sie zum Gefängnis in München-Stadelheim. Sie wissen noch nicht, daß es die letzte Stunde ihrer Kinder ist.

Als erster kommt Hans zu ihnen. Seine Augen sehen groß und klar aus. Eltern und Sohn finden nur wenige Worte. Schweigend nehmen sie Abschied von einander. „Ich fühle keinen Haß. Es ist alles hinter mir", sagt Hans.

Als zweite kommt Sophie. Auf den Lippen und in den Augen liegt ein Lächeln. „Nun wird dein Zimmer immer leer stehen", sagt die Mutter. „Ach, die paar Jahre, Mutter", antwortet sie und sagt noch, nach einer kleinen Pause: „Sorgt Euch nicht um uns! Es ist alles gut."

Christoph Probst kann niemand mehr sehen. Seine Frau liegt im Wochenbett mit seinem dritten Kind, seiner ersten Tochter. Sie erfährt von allem erst später.

Einen Augenblick vor der Hinrichtung führen einige Gefängniswärter die drei noch einmal zusammen, obgleich es verboten ist. „Wir wollten", so schrieb einer der Wärter später, „daß sie noch eine Zigarette miteinander rauchten. Es waren nur ein paar Minuten, aber ich glaube, es hat viel für sie bedeutet." Kurz nach fünf

das Todesurteil *death sentence*
hinausführen *take out*
die Gerechtigkeit *justice*
der Verurteilte *condemned person*

bitten um *plead for*

die Hinrichtung *execution*
stattfinden *take place*

die Erlaubnis *permission*

eilen *hasten, hurry*

Abschied nehmen von *say good-bye to* / der Haß *hatred*

sich sorgen um *worry about*

erfahren *find out*

**161**

Uhr fand die Hinrichtung statt; erst das Mädchen, dann Christoph, dann Hans.

Trotzdem die Geschwister geschwiegen hatten, folgte einige Wochen später ein zweiter Prozeß. Das Resultat:

drei weitere Todesurteile. Die Hinrichtung Alexander Schmorells und Professor Hubers fand am 13. Juli, die Willi Grafs am 12. Oktober statt. Sie waren bis ans Ende ebenso ruhig wie die Geschwister Scholl und Christoph Probst.

Zwanzig Jahre zuvor hatte der Dichter Franz Kafka einmal zu einem Freund gesagt: „Ruhiges Stillhalten

macht frei — selbst vor der Hinrichtung."

# VI | **Wien von Gestern und Heute**

# 13 | WIEN IN DER GESCHICHTE

## Der Aufstieg
## zur internationalen Metropole

die Ferne *distance*

der Luftangriff *air raid*
das Flugzeug *airplane*

die Vorstadt *suburb*

unternehmungslustig
*adventurous*

die Einheit *unit*

der Panzer *tank*

die Wehrmacht *German Army*
der Zivilist *civilian*

entgegensehen *look forward to*
die Zerstörung *destruction*
begeistert *enthusiastic*

verhindern an *prevent from*

Als eine russische Armee am 1. April 1945 fünfzig Kilometer östlich von Wien stand, hörte man in der Ferne das Rollen der Artillerie. Die Russen kamen schnell vorwärts und standen drei Tage später neun Kilometer vor der österreichischen Hauptstadt. Am 5. April fielen die ersten Artilleriegranaten auf Wien. Zwar hatte man zweiundfünfzig Luftangriffe schon hinter sich, aber Flugzeuge in der Luft und Soldaten auf der Straße sind nicht dasselbe. Am nächsten Tag konnte man in der Vorstadt die ersten russischen Soldaten sehen. Als die Straßenkämpfe begannen, blieben die Mütter, Großmütter und Großväter in den Kellern. Den Kindern war es verboten, das Haus zu verlassen, obwohl manche Unternehmungslustige gerne auf die Straße wollten, um zu sehen, was los war.

Fliehen konnte man nicht, denn Einheiten der Roten Armee standen vor den Toren der Stadt, und der Wiener Wald war voll von russischen Panzern. Der Norden war zwar noch frei, aber neben den Autos, Panzern und Soldaten der Wehrmacht war kein Platz für Zivilisten.

Die Wiener hatten genug von den Nationalsozialisten, doch sahen sie dem Anmarsch vom Osten mit gemischten Gefühlen entgegen, denn der Kampf um eine Stadt kostet Menschenleben und bringt Zerstörung mit sich. Auch war man wenig begeistert vom „Arbeiterparadies" der Kommunisten. Drittens hatte man eine vage Angst vor „Asien". „Das Bollwerk gegen Asien" nannte man Wien seit dem sechzehnten Jahrhundert, als die Türken vor den Toren Wiens daran verhindert wurden, ganz Europa zu erobern. Schwarze Tage hatten die Wiener hinter sich, schwarze Tage standen ihnen bevor. Obwohl man einer trüben Zukunft entgegensah, glaubte man aber, sich „durchwursteln" zu können. „Biegen nicht brechen" war schon lange das Wiener Motto.

Die Älteren konnten sich noch an die gute alte Zeit erinnern, bevor Wien in den ersten Weltkrieg taumelte, aus dem es nicht als kaiserliche Metropole, sondern als Hauptstadt einer kleinen Republik hervorgehen sollte. Bis 1914 war Wien die Hauptstadt des Kaiserreiches Österreich-Ungarn gewesen. Deutsch und Ungarisch waren die offiziellen Sprachen. Der 1830 geborene Kaiser Franz Joseph mit dem schönen weißen Backenbart saß als Symbol der Dauerhaftigkeit auf dem Thron, den er 1848 bestiegen hatte. In Wien war der Hof mit seinen galanten Offizieren und Diplomaten. Es war ein schönes Leben. Nach gut Wiener Brauch wurde man zwar nicht müde zu raunzen; der Österreicher ist unglücklich, wenn er nicht raunzen kann. Um diese Zeit schrieb der österreichische Schriftsteller Hermann Bahr: „Hört man den Wiener, so muß hier zu leben ein Fluch sein. Aber keiner wandert aus ... Und er tut nichts, Wien zu verändern, oder den Wiener, auch nur den Wiener in sich selbst. Dies versucht er nicht, und wer es versucht, ist sein Feind. Der Wiener ist ein mit sich sehr unglücklicher Mensch, der den Wiener haßt, aber ohne den Wiener nicht leben kann ... der sich elend, aber eben darin wohl fühlt, der immer klagt ... aber sich alles gefallen läßt, nur nicht, daß man ihm hilft — dann wehrt er sich."

Trotz all des Raunzens lebte man damals gut. Es wurde viel gesungen, gespielt und getanzt. Man drehte sich gern nach dem Dreivierteltakt der Walzer von Strauß. Das goldbraune Wiener Schnitzel und die Torte im Hotel Sacher schmeckten wunderbar; man aß und trank überhaupt gerne und oft.

Beim Heurigen gab es neuen Wein und sentimentale Weaner Lieder, die man nach dem zweiten Glas Wein

erobern *conquer*

trübe *gloomy* / die Zukunft *future* / sich durchwursteln *muddle through* / biegen *bend*

sich erinnern an *remember*

taumeln *stagger* / kaiserlich *imperial*

hervorgehen *emerge, come forth*

der Backenbart *whiskers*

die Dauerhaftigkeit *permanence* / besteigen *ascend* / der Hof *court*

der Brauch *custom*

raunzen *Austrian for: gripe*

der Fluch *curse*

klagen *complain*
sich alles gefallen lassen *put up with anything* / sich wehren *put up resistance*

der Takt *time*

das Schnitzel *veal cutlet*

die Sachertorte *a famous cake*

der Heurige *tavern serving new wine* / Weaner = Wiener

DIE OPER

mitsingen *join in singing*

die Stimme *voice*

der Schauspieler *actor*

berühmt *famous*

a *Viennese for: ein, eine*

malen *paint*

traurig *sad, depressing*

verbringen *spend (time)*

die Tätigkeit *activity*

das Gefängnis *prison*

der Spielball *plaything, toy*

mitsang. Die Orchester Wiens waren die besten der Welt; in der Oper hörte man die schönsten Stimmen Europas. In den Theatern spielten die bekanntesten Schauspieler der Zeit. Auf die berühmte Universität gingen Studenten aus der Neuen und Alten Welt. „Es gibt nur a Kaiserstadt, es gibt nur a Wien", hatte der Lokalpoet Bäuerle geschrieben und ein lebhaftes Echo unter den Bürgern gefunden.

Vor dem ersten Weltkrieg gab es keinen Hitler und keinen Stalin. Adolf lebte zwar in Wien, malte Postkarten, haßte das „Rassenkonglomerat" und schrieb später in *Mein Kampf,* er hätte „die traurigste Zeit" seines „Lebens in Wien verbracht". Wer wußte aber damals etwas von ihm, außer den paar Menschen, die ihn kennenlernten! Wer wußte damals etwas von Joseph Stalin, der wegen revolutionärer Tätigkeit in irgendeinem sibirischen Gefängnis saß. Inzwischen waren Hitler und Stalin Diktatoren geworden und Wien ihr Spielball.

Als der Kampf um Wien am 14. April mit einem Sieg der Russen endete, ersetzten Hammer und Sichel das Hakenkreuz. Einige Monate später teilten die Alliierten die Donaustadt in fünf Sektoren auf, die Amerikaner, Engländer und Franzosen neben den Russen besetzten. Die Innere Stadt, der erste Bezirk, wurde der internationale Sektor, wo alle vier Besatzungsmächte ihre Truppen hatten. Bis 1955 lag Wien also hinter dem sogenannten Eisernen Vorhang, obwohl die Stadt selber zum Teil dem Westen „gehörte", und Touristen ohne große Schwierigkeiten nach Wien reisen konnten.

Als alliierte Truppen Städte wie Aachen und Köln, München und Nürnberg eroberten, hörten die Radiohörer im Westen mit halbem Ohr zu. Man interessierte sich mehr für das bevorstehende Ende des Krieges als für einzelne Städte. Bei der Eroberung von Wien war das Interesse so groß, daß man auf den Straßen von London, Moskau und New York tagelang darüber sprach. Das Interesse war nicht militärisch. Welche Bedeutung hat die alte deutsch-österreichische Donaustadt? Was erregte die Menschen so sehr?

Die Geschichte Wiens reicht bis in die graue Vergangenheit zurück. In dem Jahrtausend vor Christus waren Kelten dort, zur Zeit des alten Rom eine Festung, die die Römer Vindobona nannten. In drei Museen findet man Überreste dieser Epoche, in der erst die XIII., dann die X. Legion der Römer hier ihr Lager hatte. Der Stadtname Vindobona gehört der Geschichte an, aber im Sprachgebrauch lebt das Wort weiter. Wenn man in den Straßen der Donaustadt herumwandert, sieht man das Wort immer wieder. Neben einer Reihe von Vindobonafirmen und -geschäften gibt es zum Beispiel eine Vindobona Apotheke und ein Vindobona Kino, ein Vindobona Reisebüro und ein Vindobona Informationsbüro. Für den Unternehmungslustigen, der kommunistische Gebiete bereisen will, fährt der Vindobona Express täglich um 8.20 vom Franz Joseph Bahnhof in Wien ab und

der Sieg *victory* / ersetzen *replace* / das Hakenkreuz *swastika* / aufteilen *divide*

besetzen *occupy*

der Bezirk *district*

die Macht *power*

der Eiserne Vorhang *Iron Curtain*

die Schwierigkeit *difficulty*

bevorstehend *imminent*

erregen *excite*

die Vergangenheit *past*

die Festung *fortress*

das Lager *camp*

angehören *belong to*

herumwandern *walk around*

eine Reihe von *a number of*

die Apotheke *pharmacy*

bereisen *travel through*

abfahren *leave*

**169**

kommt 13.46 in Prag, 17.14 in Dresden und 19.48 in Ost-Berlin an.

ankommen *arrive*

Was das Wort „Vindobona" bedeutet, ist nicht bekannt.

keltisch *Celtic*

Vielleicht kommt es aus dem Keltischen, vielleicht kommt es von dem Namen eines slawischen Volkes, vielleicht bedeutet es „guter Wein". Im dritten Jahrhundert

die Rebe *vine, grapes*

ließ der Kaiser Probus zwar Reben pflanzen—unter den besten Heurigen des heutigen Wien sind die in der

die Gasse *street, lane*

Probusgasse — aber der Name wurde schon zur Zeit Marcus Aurelius' gebraucht. Der römische Kaiser und stoische Philosoph schrieb seine *Meditationen* und starb im Jahre 180 A.D. in Vindobona. In der Inneren Stadt ist eine Straße nach dem Philosophen, dessen kosmo-

klingen *sound* / benennen *name*

politische Toleranz recht wienerisch klingt, benannt.

In den Jahrhunderten nach Marcus Aurelius' Tod überrannten Goten, Vandalen und andere germanische Völker Vindobona. In der deutschen Literatur spielt Wien eine bedeutende Rolle. In dem bekannten *Nibelun-

das Abenteuer *adventure*

*genlied* gibt es im zweiundzwanzigsten Abenteuer eine

der Schauplatz *setting, scene*

Episode, deren Schauplatz Wien ist. Nachdem Siegfried

erschlagen *slay* / die Witwe *widow*

von Hagen erschlagen wird, heiratet seine Witwe Kriem-hild den Hunnenkönig Attila. Im mittelhochdeutschen

die Hochzeit *wedding*

Originaltext heißt es: „Diu hohzit was gefallen an einem

der Pfingsttag *day in the Whit-sun holidays* / stattfinden *take place* / der Fürst *prince, ruler* / die Pracht *splendor*

pfinxtac ... in der stat ze Wiene". Die Hochzeit fand also in Wien statt, wo Fürsten und Völker in großer Pracht zusammenkamen.

mongolisch *Mongolian*

Die Hunnen waren übrigens kein germanisches, sondern ein mongolisches Nomadenvolk. Noch glauben viele, die durch die Propaganda des zwanzigsten Jahrhunderts

irreführen *mislead*

irregeführt wurden, daß die Hunnen Germanen waren.

Im achten Jahrhundert war Karl der Große während

der Kriegszug *military expedition*

eines Kriegszuges in Wien. Manche Historiker glauben, die Peterskirche, eine der ältesten Wiens, sei von ihm gegründet worden.

Im Jahr 881 erscheint das Wort „Wenia" als Kampf-platz zwischen Ungarn und Germanen. Als 1030 weitere Kämpfe stattfanden, wurde der Name „Wienne" ge-

**170**

schrieben. Um diese Zeit begann mit der Familie Babenberg der eigentliche Aufstieg Österreichs und seiner
Hauptstadt. Einer der größten Babenberger war Heinrich
Jasomirgott, dessen Name von dem Spruch kommt, den
man täglich aus seinem Munde hörte: „Ja, so mir Gott
helfe!"

    1137 wurde Wien wieder eine Festung, wie zur Zeit
der Römer. Mit den Kreuzzügen gewann es weiter an
Bedeutung, denn ein Weg nach dem Heiligen Land ging
durch die österreichische Hauptstadt. Der kulturelle Aufstieg ging mit dem materiellen Hand in Hand. An den
glanzvollen Hof kamen die Dichter und Sänger der Zeit
und sangen ihre Minnelieder. Der berühmteste unter
ihnen, Walther von der Vogelweide, rühmte in seinen
Gedichten Wien und seinen Hof; er ist sehr wienerisch,
wenn er die Kavaliere lobt und über Frauenherzen und

der Aufstieg *rise*

der Spruch *saying*

die Kreuzzüge *crusades*

glanzvoll *brilliant, glittering*
das Minnelied *love song*
rühmen *praise*
das Gedicht *poem*
loben *praise*

**171**

Männerliebe philosophiert. Walther wird nicht müde, Wien und den Wiener Herrn zu rühmen: „Ob jemand leben mag, der sah, daß größre Gabe je geschah, als wir beim Fest zu Wien empfangen haben?"

Zwei Jahre nachdem der sechsundachtzigjährige Kaiser Franz Joseph gestorben war, wurde 1918 der letzte Habsburger, Karl I., abgesetzt. Der Gründer des Herrscherhauses, Rudolf I. (1273—1291), war Schweizer. Der Name Habsburg ist eine verkürzte Form seiner Schweizer Burg, der Habichtsburg, die heute noch existiert.

In kurzer Zeit wurde Wien zur kaiserlichen Metropole und zum Kulturmittelpunkt an der Donau. Wenn Touristen die Wiener Hofburg, die Residenz der Habsburger, besuchen, so fallen ihnen die goldenen Buchstaben A E I O U in die Augen. Es ist der mystische Habsburger Spruch, der im fünfzehnten Jahrhundert zum Hausspruch des Kaisers Friedrich III. wurde. Für die Bedeutung dieser Buchstaben gibt es mehrere Erklärungen, aber Historiker meinen, sie bedeuten: Alles Erdreich ist Österreich untertan. Der Geist des Spruches ist zu gleicher Zeit weltlich und religiös. Aus ihm spricht der Glaube einer Weltstadt und eines Weltreiches an eine Mission, denn Wien war das Zentrum der Christenheit in Europa und nahm die Rolle, die es im christlichen Abendlande spielte, sehr ernst.

Durch die Kirche wurde 1365 die Universität Wien gegründet, die ein Mekka der Wissenschaft werden sollte. Das älteste Siegel der Universität stammt aus dem Jahr der Gründung. Die Sprache der Universitas Vindobonensis war Jahrhunderte lang Latein; so war es an allen europäischen Universitäten der Zeit. Im Jahrhundert nach der Erfindung der Buchdruckerkunst waren zwei Drittel der Bücher, die im Deutschen Reich gedruckt wurden, in lateinischer Sprache. Erst im achtzehnten Jahrhundert wurde Deutsch die Sprache der deutschen Universitäten.

---

die Gabe *offering* / geschehen *be given* / empfangen *receive*
-jährig *year(s) old*

absetzen *depose*

die Burg *castle*
der Habicht *hawk*

in die Augen fallen *strike one's eye*

der Buchstabe *letter*

alles Erdreich *the whole world* / untertan *subject to*
der Geist *spirit*

der Glaube *faith*

das Abendland *Occident, West*

gründen *found*
das Siegel *seal*

lang *for . . .*

die Erfindung *invention*
drucken *print*

**172**

Als Universitätsstadt, Mittelpunkt der Christenheit, Hauptstadt des Reiches und Residenz der Habsburger wurde Wien die bedeutendste deutsche Stadt Europas. Berlin war Jahrhunderte lang eine Kleinstadt. München und andere Städte hatten lokale Bedeutung; Wien war politisch, kulturell und wirtschaftlich eine Weltstadt.

wirtschaftlich *economic*
der Aufstieg *rise*

Der wirtschaftliche Aufstieg fiel allen Besuchern in die Augen. Im fünfzehnten Jahrhundert schrieb der Italiener Ena Silvio de Piccolomini, der spätere Papst Pius II.: „Die Wohnhäuser der Bürger sind groß... Wenn man irgend jemandes Haus betritt, so meint man, das Haus eines Prinzen zu betreten. Die Weinkeller sind so tief und groß, daß man sagt, unter der Erde wäre ein zweites Wien... Was an Lebensmitteln täglich in die Stadt gebracht wird, ist kaum zu glauben. Wagen voll von Eiern und Krebsen kommen an, Brot, Fleisch, Fische und Geflügel in ungeheurer Menge."

der Bürger *citizen*
irgend jemand *someone*
betreten *enter*

die Lebensmittel ( pl.) *food, provisions* / kaum *hardly*
der Krebs *crayfish*
das Geflügel *fowl* / ungeheuer *enormous* / die Menge *quantity*

Der Höhepunkt des Aufstiegs von Wien liegt im siebzehnten Jahrhundert. Während viele deutsche Städte im Dreißigjährigen Krieg zerstört wurden, wurde in Wien kein einziges Gebäude beschädigt. Keine Kämpfe wurden um Wien gekämpft, keine Menschen kamen ums Leben. Im Kriege wurden viele reich, Menschen aus allen Ländern Europas kamen nach Wien, und die Metropole an der Donau wurde immer internationaler. Indem sich die Immigranten mit den Deutschen vermischten, wurde die Kaiserstadt ein Schmelztiegel, wie es Hunderte von Jahren später New York werden sollte.

das Gebäude *building*
beschädigen *damage*

ums Leben kommen *die*

der Schmelztiegel *melting pot*

DIE KAISERLICHE BURG

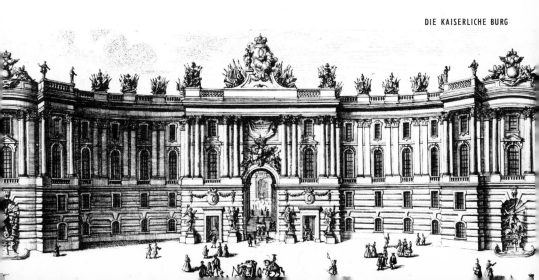

# Die Wiener
# und das Wienerische

Die fremden Einflüsse kann man bis heute auf Schritt und Tritt bemerken, ob man sie in der Sprache, in der Architektur oder in der Küche sucht. Spanische, französische und besonders slawische Einflüsse sind sehr sichtbar. In jedem Adreßbuch findet man Tausende von nichtdeutschen Namen; manchmal sind sie verdeutscht, oft nicht.

Das Wiener Deutsch ist voller Fremdwörter. Der große Park Wiens, einer der berühmtesten der Welt, hat seinen Namen „Prater" von dem spanischen Wort *Prado*, „Wiese". Der Dialekt hat die nasalen Laute mit dem Französischen gemein. Vielleicht ist es italienischer Einfluß, der die Sprache so weich, breit und angenehm gemacht hat. Obwohl der süddeutsche Akzent der Wiener manchem Norddeutschen etwas komisch erscheint — wie die Sprache im Süden Amerikas einem Yankee — ist Wienerisch melodisch und weich wie das Wiener Leben. Das ist der romanische Einfluß.

Wie viele Fremde auch nach Wien kamen, sie wurden mit der Zeit assimiliert. Der französische Philosoph Montesquieu war ein schlechter Prophet, als er 1728 aus Wien schrieb: „Es sind so viele Völker hier, daß sie eine gemeinsame Sprache haben müssen, und man wird immer unser Französisch wählen." Hingegen sprach er aus, was viele nach ihm aussprechen sollten: „In Wien stirbt man, aber man altert nicht."

Die Wendungen des Wienerischen sind weich und melodisch. Statt „Guten Tag" sagt man unter Männern oft „Hab die Ehr". Man sagt einer Dame nicht „Auf Wiedersehen", sondern „Küß die Hand", ob man die Hand küßt oder nicht. Am Telefon beginnt das Gespräch mit „Mein Kompliment" und endet mit „Meine Ergebenheit". Man spricht die Menschen am besten mit einem Titel an: Herr Direktor, Herr Professor, Herr Hofrat,

**174**

Herr Sektionschef und so weiter. Wenn man nicht weiß, was für einen Titel ein Mensch hat, sagt man auf jeden Fall „Herr Doktor".

Die weiche Sprache und die galanten Wendungen hängen zusammen mit der Weltanschauung, deren Motto lautet: „Leben und leben lassen." Das ist, meinen die Wiener, humaner als der kategorische Imperativ des Nordens. Die deutsche Tüchtigkeit kannte man aber nicht. Die Norddeutschen, und selbst die Wiener, sprechen von österreichischer „Schlamperei". Was besagt dieses Wort „Schlamperei" — man spricht auch oft von Wiener „Gemütlichkeit" — als Gegenstück zur norddeutschen Tüchtigkeit?

Wenn wir uns dem zwanzigsten Jahrhundert zuwenden, so gibt es ein Beispiel aus den Tagen nach dem Anschluß von 1938, als die Wiener nun „tüchtig" werden sollten. Es kamen Sturmtruppen aus Norddeutschland. Eines Tages ging eine Truppe durch den Prater. Sechs oder sieben Arbeiter standen um einen großen Stein herum und rauchten. „Was ist hier los?" fragte einer der Deutschen. „So einen großen Stein haben wir überhaupt noch nicht gesehen", autwortete ein Parkarbeiter. Ohne ein Wort zu sagen, nahm der Deutsche einen schweren Hammer in die Hand, und in zehn Sekunden war der Stein zertrümmert. „Ja natürlich", sagte ein Wiener, „mit G'walt!"

Man erzählt noch eine andere Anekdote. Vor Jahren plante man eine Stadtbahn, wie man sie in Berlin hatte. Mit der Arbeit wurde 1869 begonnen, aber erst 1898 wurde die Bahn eröffnet. Ein Schriftsteller der Zeit schrieb, die Bahn führe zwar durch schöne Gegenden, die durch das *Nibelungenlied* berühmt waren, aber sie sei nicht sehr zu brauchen. Ein heutiger Wiener Kritiker meinte, es sei charakteristisch, daß eines der bekanntesten hier komponierten Musikwerke die „Unvollendete" heißt. Er sprach von Schuberts Symphonie.

Gemütlichkeit bedeutet auch, daß man nicht pünkt-

auf jeden Fall *in any case*

die Weltanschauung *philosophy of life* / lauten *be*

die Tüchtigkeit *efficiency*

die Schlamperei *indifferent carelessness, slackness*

die Gemütlichkeit *complacent amiability* / das Gegenstück *counterpart*

der Anschluß *union (of Austria and Germany)* / tüchtig *efficient*

rauchen *smoke*

so ein *such a*

zertrümmern *shatter*

mit Gewalt *if you use force*

die Stadtbahn *city railway*

der Schriftsteller *writer*

sehr zu brauchen sein *be very practical*

unvollendet *unfinished*

pünktlich *punctual*

**175**

lich ist, daß man lebt und leben läßt. Die Wiener denken gern darüber nach, was zu tun wäre. Sie sprechen auch gern darüber. Der Dichter Grillparzer ist wienerisch, wenn er in seinem Drama *Libussa* schreibt: „Das Schwerste dieser Welt ist der Entschluß." Wenn andere über diese Gemütlichkeit wild werden, lächeln die Wiener: „Es läßt sich aber gut hier leben. Warum sich aufregen? Das Leben ist tragisch genug, warum soll man es sich noch schwerer machen?"

Wie weit reicht diese Philosophie in die Vergangenheit zurück? Vor drei hundert Jahren gab es den „Absolutismus". „Der Staat bin ich", sagten die europäischen Herrscher der Zeit. Auch Leopold von Österreich sagte: „Der Staat bin ich." Der Absolutismus in Österreich war aber nicht so absolutistisch wie in anderen europäischen Ländern, erklärte ein Historiker; der Absolutismus der Habsburger sei durch „Schlamperei" gemildert. Ist es vielleicht auch eine Form der Menschlichkeit? In Anerkennung dieser Menschlichkeit schrieb der norddeutsche Dichter Friedrich Gottlieb Klopstock ein Gedicht auf den Tod Maria Theresias. Klopstocks Ode beginnt:

Schlaf' sanft, du Größte deines Stammes,
Weil du die Menschlichste warst!

Obwohl Maria Theresia Kriege gegen Friedrich den Großen von Preußen verlor, war sie als Herrscherin beliebt. Sie hatte ebenso wie Friedrich keine Kenntnis der deutschen Orthographie und sprach, ebenso wie er, am liebsten französisch. Doch fühlte sie sehr deutsch. An ihre Tochter, Marie Antoinette, die Ludwig XVI. von Frankreich geheiratet hatte, schrieb sie: „Nehmen Sie den französischen Leichtsinn nicht an, bleiben Sie eine gute Deutsche, machen Sie sich eine Ehre daraus, es zu sein." Auch an die Tochter Maria Carolina schrieb Maria Theresia, bevor Maria Carolina den König von Neapel heiratete: „Vergessen Sie nie, daß Sie als Deutsche geboren sind."

STEPHANSDOM

Als Maria Theresia 1717 geboren wurde, standen schon die meisten bekannten Wahrzeichen von Wien, die Denkmäler, Paläste und Kirchen, die sich Touristen heute mit einem Reiseführer in der Hand ansehen. Das
5 bekannteste Wahrzeichen, der Stephansdom, liegt in der Inneren Stadt. Mit dem Bau des Doms begann man am Ende des dreizehnten Jahrhunderts; 1433 war er im großen und ganzen fertig. Mehr als ein halbes Jahrtausend ist inzwischen vergangen, und am „Alten Steffl"
0 hängen die Wiener sehr. Tausende von Menschen kommen täglich an dem Dom vorbei, da sechs Geschäftsstraßen am Stephansplatz zusammenlaufen.

das Wahrzeichen *landmark*
das Denkmal *monument*

im großen und ganzen *by and large*

vergehen *go by*
hängen an *be fond of*
die Geschäftsstraße *business street*

**177**

die Kunst *art*

romanisch *Romanesque*

der Stil *style*

verschmelzen *fuse, blend*

beschädigen *damage*

ausbrennen *burn out* / das
Dach *roof*

die Wiederherstellung
*restoration* / die Weihnacht
*Christmas*

die Glocke *bell*

gießen *cast*

das Pestdenkmal *monument
of the plague*

die Pestleiche *body of one
who died of the plague*
die Totengrube *mass grave*
ausgeschlafen *rested*

Manche Kunsthistoriker meinen, der Dom sei ein Mischmasch aus gotischem, romanischem und barockem Stil und daher architektonisch unbedeutend. Die Liebe der Wiener sei nur aus Sentimentalität zu erklären. Andere meinen, die drei Stile seien zu einer harmonischen Einheit verschmolzen; der Dom sei ein großes Monument europäischer Architektur. So oder so, der Stephansdom ist mit seiner Mischung von Stilen für Wien und sein Völker- und Kulturgemisch symbolisch.

Im zweiten Weltkrieg wurde der Stephansdom stark beschädigt. Erst fielen russische Artilleriegranaten auf ihn; in den letzten Tagen des Kampfes, als die Russen schon einen Teil der Stadt erobert hatten, deutsche. Das Innere des Doms brannte zum großen Teil aus und das Dach wurde zerstört. Bald nach Ende des Krieges begann die Wiederherstellung und in der Weihnachtswoche 1948 eröffnete der Kardinal von Wien den zum Teil wiederhergestellten Dom. 1952 war die Wiederherstellung fast beendet. Da die alte Glocke 1945 zerstört wurde — die Wiener nannten sie die „Pummerin" — goß man eine neue „Pummerin", die 1952 von Linz nach Wien gebracht wurde.

Ein paar hundert Meter vom Stephansdom steht das bekannte Pestdenkmal, ein Andenken an den Kampf gegen die Pest im siebzehnten Jahrhundert. Jeder kennt das bekannte Lied „Ach, du lieber Augustin", aber wenige wissen, daß Augustin etwas mit der Pest zu tun hatte. Man erzählt, Ende des siebzehnten Jahrhunderts lebte ein gemütlicher Alkoholiker namens Augustin in Wien. Im Pestjahr 1679 fand man Augustin völlig betrunken und warf ihn als Pestleiche in die Totengrube; am nächsten Morgen erwachte er, frisch und ausgeschlafen. Die Vorübergehenden trauten ihren Augen nicht, als Augustin aus der Totengrube herausstieg und singend seiner Wege ging. Noch heute singt man das Lied vom lieben Augustin, der die Menschen zum Lachen brachte, als es wenig zu lachen gab.

Wenn man von den berühmten Gebäuden und Kirchen Wiens spricht, so könnte man eine lange Liste machen. Es sind aber besonders drei, die man wegen ihrer historischen und kulturellen Bedeutung kennen sollte: Die Karlskirche, das Schloß Schönbrunn und das Schloß Belvedere. Den Stil vieler Bauwerke Wiens nennt man Barock. Die Architektur des Barock ist ornamentaler als die Architektur der Renaissance. Auch spielt das Religiöse eine größere Rolle im Zeitalter der Gegenreformation, dem Zeitalter des Barock. Man nennt die Kunst der Renaissance individualistisch und anthropozentrisch, die Kunst des Barock theozentrisch.

Die Karlskirche ist das Meisterwerk des größten Baumeisters Wiens, eines der größten Baumeister der Welt, Fischer von Erlach. Auch Menschen, die wenig von Baukunst verstehen, empfinden die Lieblichkeit der Karlskirche, die den Triumph der Gegenreformation und den Geist der Stadt symbolisiert. Die klassischen Säulen zu beiden Seiten der Kirche sind symbolisch zu verstehen, denn Wien war die Hauptstadt des Heiligen Römischen Reiches Deutscher Nation.

berühmt *famous*

das Schloß *castle*
das Bauwerk *building, edifice*

der Baumeister *architect*

empfinden *feel*

die Säule *column*

KARLSKIRCHE

der Brunnen *fountain*
umgeben *surround*
die Farbe *color*

Das Schloß Schönbrunn, Residenz der Habsburger, wurde von Fischer von Erlach im siebzehnten Jahrhundert begonnen und von den Architekten Pacassi und Hohenberg unter Maria Theresia vollendet. Der Name Schönbrunn kommt von dem „Schönen Brunnen", der in dem Park liegt, welcher das Schloß umgibt. Die gelbgraue Farbe des Schlosses ist heute bekannt als Maria-Theresien-gelb. Obwohl Schönbrunn nicht ein architektonisches Meisterwerk wie die Karlskirche ist, hat es als Residenz der Habsburger größere historische Bedeutung. 1815 kamen Kaiser und Könige, Generäle und Diplomaten aus allen Ländern Europas hier zusammen. Es war das Jahr des Wiener Kongresses, der die Napoleonischen Kriege beendete.

1955 feierten Tausende jubilierender Gäste hier das Ende der Besetzung und die Geburt eines souveränen Staates. 1961 verstanden sich Herr Chrustschow und John F. Kennedy im Laufe ihrer Gipfelkonferenz schlecht, genossen aber den Abend in Schönbrunn und das musikalische Programm. Es begann mit zwei Mozart-Kompositionen, der Figaro-Ouvertüre und einer Arie aus „Don Giovanni"; es folgten Lieder aus Johann Strauß-Operetten und das Programm endete mit dem sentimentalen Lied, das bei den Gästen großen Beifall fand, „Wien, Wien, nur du allein, sollst stets die Stadt meiner Träume sein."

Das Schloß Belvedere ist von Lukas von Hildebrandt, dem zweiten großen Architekten jener Zeit. Es

jubilieren *jubilate, shout with joy*

sich verstehen *understand one another*
der Gipfel *summit*
genießen *enjoy*

Beifall finden *meet with approval*
stets *(for)ever*

**181**

weltmännisch *cosmopolitan*

die Sache *cause*
fördern *further, promote*

weitreichend *far-reaching*

gering *slight*

war die Residenz Prinz Eugens, einer der bedeutendsten Generäle in der Geschichte Österreichs. Prinz Eugen war ein weltmännischer Geist, der zusammen mit dem deutschen Philosophen Leibniz in Wien eine Akademie der Wissenschaften gründen wollte. „Kein Mensch", schrieb Leibniz, „kann und will die Sache der Wissenschaften mehr fördern als Prinz Eugen." Obwohl eine Akademie damals nicht gegründet wurde, war Prinz Eugens Einfluß auf das kulturelle Leben Wiens weitreichend. Belvedere und Schönbrunn wurden im zweiten Weltkrieg beschädigt, aber im Vergleich zu den ungeheuren Zerstörungen am Stephansdom war der Schaden gering. Beide Schlösser wurden wiederhergestellt.

PRINZ EUGEN

## Die musikalische Welt

ausgehend *late*

der Dirigent *conductor*
der Gesprächsstoff *topic (of conversation)*
der Laden *store*

Die Epoche, in der Prinz Eugen, Fischer von Erlach, Lukas von Hildebrandt und Maria Theresia lebten, war ein Höhepunkt in der Geschichte Wiens, aber erst im ausgehenden achtzehnten und im neunzehnten Jahrhundert wurde die Donaustadt ein Musikzentrum der Welt. Dirigenten und Opernsänger sind bis heute Gesprächsstoff in Läden und an Straßenecken. Oft ist es unmöglich, Karten für die Oper oder das Konzert zu bekommen.

**182**

Während die Nationalhelden Amerikas Freiheitskämpfer sind — Washington, Jefferson und Lincoln — sind die Nationalhelden Österreichs Musiker — Gluck, Haydn, Mozart, Beethoven, Schubert, Brahms, Bruckner, Wolf, Mahler und Richard Strauß. Obwohl nicht alle in Wien geboren wurden, verbrachten sie wichtige Jahre ihres Lebens dort. Manche der von ihnen bewohnten Häuser sind heute Museen. Das berühmte Opernhaus, das 1869 mit Mozarts *Don Giovanni* eröffnet und 1944 geschlossen wurde, fiel am 12. März 1945 Bomben zum Opfer. In den Ruinen sah man Anschläge, auf denen *Götterdämmerung* zu lesen war. Die ersten Arbeiten für ein neues, völlig modernisiertes Opernhaus, das 1955 mit Beethovens hohem Lied der treuen Gattenliebe, *Fidelio*, eröffnet wurde, begannen schon kurz nach dem Ende des Krieges.

Am Anfang des neunzehnten Jahrhunderts, im Jahre 1812, nannte ein Musikkritiker Wien schon „die Hauptstadt der musikalischen Welt". Allerdings findet man in Beethoven- und Schubertbriefen Stellen, in denen die Stadt in weniger rosigen Farben erscheint. Beethoven sagte einmal: „Vom Kaiser bis auf den Schusterjungen sind alle Wiener nichts wert." Ein anderes Mal sagte er zu einem Londoner Freund, der in Wien zu Besuch war: „England steht hoch in der Kultur. In London weiß jeder Mensch etwas und weiß es gut, aber der Wiener, der weiß von Essen und Trinken zu sprechen und singt und klimpert Musik von wenig Bedeutung." Doch waren das Gefühlsausbrüche, die auf sein stürmisches Temperament zurückzuführen sind.

Mit seinem Freund, dem Dichter Grillparzer, saß er einmal in einer Bierstube. Beide schimpften auf die Stadt, aber dann kamen Sätze wie: „Und doch wird außer Wien nirgends in Deutschland etwas Bedeutendes für die Oper geleistet werden." — „Und doch möchte ich nirgend anders leben." — „Und die übrigen Deutschen sind in Pedanterie ertrunken." — „Gefühl ist hier." — „Ich bin

---

der Nationalheld *national hero*
der Freiheitskämpfer *fighter for freedom*

wichtig *important*

bewohnen *inhabit*

zum Opfer fallen *fall victim to*
der Anschlag *poster*

das hohe Lied *Song of Songs*
die Gattenliebe *marital love*

rosig *rosy*

der Schusterjunge *shoemaker's apprentice*

zu Besuch *on a visit*

klimpern *play badly*

der Gefühlsausbruch *emotional outburst*
zurückführen auf *attribute to*

schimpfen auf *grumble about*

nirgends *nowhere*

leisten *do, accomplish*
übrig *remaining, other*

in Pedanterie ertrunken *be drowning in pedantry*

GLUCK

HAYDN

MARIA THERESIA

zählen *count*
anderwärts *elsewhere*

oben *above*
erwähnen *mention*

Bayern *Bavaria*
der Kapellmeister *conductor*

die Handlung *plot, action*

die Absicht *intention*

Mißbräuche verbannen *eliminate abuses*
lächerlich *ridiculous*

trotz allem in Österreich verliebt." Beethoven wurde in Bonn am Rhein geboren und lebte erst seit 1792 in Wien. 1809 wollte ihn der König von Westfalen für seinen Hof. Er schrieb aber dem König von seiner Liebe zu Wien, von seinem „Patriotismus für sein zweites Vaterland" und meinte, er werde sich immer „unter die österreichischen Künstler zählen und... nie anderwärts seinen Wohnort nehmen".

Gluck lebte von 1756 an in Wien. Johannes Brahms wurde in Hamburg geboren, kam 1862 und verliebte sich in die musikalische Stadt wie Beethoven vor ihm. Richard Strauß lebte von 1919 bis 1924 in Wien. Die anderen Komponisten, die oben erwähnt wurden, waren gebürtige Österreicher.

Gluck, der Reformator der Oper, war 1756 von Bayern nach Wien gekommen und wurde hier Hofkapellmeister unter Maria Theresia. Er war für Klarheit und Einfachheit der Opernhandlung, gegen die italienische Tradition, bei welcher der Virtuosengesang im Vordergrund stand. „Es war meine Absicht", schrieb der „Dichter unter den Komponisten", wie Klopstock ihn nannte, „alle Mißbräuche zu verbannen, die aus dem schönsten aller Schauspiele das lächerlichste gemacht haben."

Dieses Ziel hat Gluck erreicht; das erste deutsche Musikdrama, in dem Musik und Handlung verschmelzen, ist seine Oper *Orpheus und Eurydike* (1762).

Während Gluck als Opernkomponist eine beachtliche Rolle in der Geschichte der Musik spielt, wurde Haydn der Schöpfer der klassischen Symphonie und des klassischen Quartetts. Er kam, da er eine schöne Stimme hatte, mit acht Jahren als Chorknabe an den Stephansdom in Wien, aber als er im Alter von achtzehn Stimmwechsel hatte, wandte er sich nach einer Reihe von elenden Jahren als Musiklehrer der Instrumentalmusik zu. Er tat damit den entscheidenden Schritt seines Lebens, denn er wurde der Schöpfer eines neuen Orchesters und des klassischen Musikstils, den Mozart und Beethoven vollenden sollten.

Mozart wurde neben Haydn und Gluck der dritte unter den großen Wiener Musikern des achtzehnten Jahrhunderts. „Daß ich mir und der ganzen deutschen Nation Ehre mache", war seine Parole. Mozart ist die erstaunlichste Erscheinung in der europäischen Musikgeschichte. Haydn schrieb über ihn: „Wenn Mozart auch nichts anderes geschrieben hätte als seine Violinquartette und sein Requiem, würde er allein dadurch schon unsterblich geworden sein." „Eine Erscheinung wie Mozart bleibt immer ein Wunder, das nicht weiter zu erklären ist", sagte Goethe, der gern einen von Mozart komponierten *Faust* gehört hätte.

Mozart könnte man den Shakespeare der Musik nennen, denn bei ihm wie bei dem englischen Dichter findet man tiefe Intensität und eine feine Mischung von Ernst und Humor. In einem kurzen Leben von sechsunddreißig Jahren schrieb er über sechshundert Werke: Opern und Symphonien, Sonaten und Kantaten, religiöse Musik und Kammermusik. Mozarts eruptive Natur, die immer unter Hochdruck arbeitete, erinnert in dieser Beziehung an den Dichter Friedrich Schiller und den Philosophen Friedrich Nietzsche.

das Ziel *aim, goal*

verschmelzen *blend, fuse*

beachtlich *notable*

der Schöpfer *creator, originator*

der Stimmwechsel *change of voice*
eine Reihe von *a number of*
elend *miserable*

entscheidend *decisive, crucial*

der Stil *style*

vollenden *perfect*

Ehre machen *reflect honor upon* / die Parole *motto* / die Erscheinung *phenomenon*

unsterblich *immortal*

MOZART

der Hochdruck *high pressure*
erinnern an *remind (one) of*
die Beziehung *respect*

das Alter *age*

IM MOZARTHAUS

Mozart wurde 1756 in Salzburg geboren, spielte im Alter von drei Jahren Klavier und Violine im Alter von sechs, obwohl er besonders kleine Hände hatte. Seit seinem fünften Lebensjahr komponierte das Wunderkind Pianostücke. Schon als kleiner Junge machte er mit seinem Vater Konzertreisen durch halb Europa: 1762 war er in München und Wien, 1763 bis 1766 in Bayern, den Rheinprovinzen, den Niederlanden, Paris und London. In der englischen Hauptstadt hörte ihn Georg III. spielen und „stellte ihm schwere Fragen." Man fragt sich: Wer hat sie dem König diktiert? Mit vierzehn wurde Mozart Kapellmeister in Salzburg, ging aber 1781 nach Wien, da er sich in seiner Heimatstadt unglücklich fühlte.

diktieren *dictate*

der Kapellmeister *conductor*

In seinen Opern suchte er, dasselbe Ideal zu verwirklichen wie Gluck vor ihm, denn seine Musik verschmilzt nicht nur mit der Handlung, sondern auch mit dem individuellen Charakter der Personen. Er hatte schwer zu kämpfen, um seine Ideen zu verwirklichen, da die italienische Tradition in Wien stark war. Bei der ersten Vorstellung des *Figaro* (1786) sangen die italienischen Sänger absichtlich so schlecht, daß das Werk durchfiel. Die Intrigen, gegen die er zu kämpfen hatte, waren zahllos.

verwirklichen *realize*

absichtlich *intentional*

durchfallen *fail*

MOZART AM KLAVIER

"DIE ZAUBERFLÖTE"

Sein erster voller Triumph als Opernkomponist kam mit dem *Don Giovanni* (1787). *Die Zauberflöte* (1791), die große deutsche Oper, in der er Freiheit, Brüderlichkeit und Weltbürgertum besingt, schrieb er kurz vor seinem Tode.

Manche Kritiker meinen, Mozart ist als Instrumentalkomponist am größten, größer noch als in der Oper. Fraglos ist er mit Haydn und Beethoven der Schöpfer der Instrumentalmusik.

Obwohl er von dem Kaiser in Wien nur ein kleines Stipendium bekam und es sehr schwer hatte, wollte er nirgend anders leben. Als er 1789 eine Reise über Dresden und Leipzig nach Berlin machte, bot ihm der König von Preußen, Friedrich Wilhelm II., die Stelle eines Kapellmeisters an. „Kann ich meinen guten Kaiser verlassen?" fragte Mozart und kehrte nach Wien zurück, obwohl er dort weniger Geld bekam, als ihm der preußische König in Berlin angeboten hatte.

Als Liederkomponist ist Mozart nicht so bedeutend, doch zeigt seine Komposition von Goethes „Veilchen", daß sein Talent auch hier groß war. Die deutsche Lyrik begann aber erst in diesen Jahren zu blühen. Einige Jahrzehnte nach seinem Tode fand Franz Schubert die große Lyrik des Goethe-Zeitalters vor. Mozart hatte nur Anfänge davon erlebt.

Die Zauberflöte *The Magic Flute*

das Bürgertum *citizenship*

fraglos *unquestionably*

nirgend anders *nowhere else*
anbieten *offer*

das Veilchen *violet*

blühen *flourish*

erleben *witness*

**187**

die Fülle *fullness, abundance*

das Märchen *fairy tale*
zum Kunstwerk erheben *refine artistically*

die Erfindung *inventiveness, invention*

vorkommen *seem to*

die Armut *poverty*
im übrigen *for the rest*
einbringen *bring in (money)*

veranstalten *arrange*
musizieren *play music*

der Hof *courtyard*

ordentlich *ordinary*

halten für *consider* / der Engel *angel*

1797 in Wien geboren und 1828 dort gestorben, ist Franz Schubert der Musiker, dem wie keinem anderen Liedermelodien in unendlicher Fülle kamen. Die Menschheit weiß erst richtig, was ein Lied ist, seit Schubert, der in einem kurzen Leben über ein halbes Tausend schrieb. Wie die Brüder Grimm das Märchen, so hat Franz Schubert das Lied zum Kunstwerk erhoben. Die Melodien, die er zu den Gedichten deutscher Lyriker komponierte, zeigen Phantasie, Frische und einen Reichtum harmonischer Erfindung.

Warum sagte der Komponist, dessen Musik gar nicht melancholisch ist, so melancholisch von sich selbst: „Mir kommt es manchmal vor, als gehörte ich gar nicht in diese Welt?" Zu seinen Lebzeiten fanden seine Werke ein sehr kleines Echo, denn wenige kannten und verstanden ihn. Sein ganzes Leben kämpfte er mit der Armut. Eine kurze Zeit war er Hausmusiklehrer bei einem ungarischen Aristokraten, lebte aber im übrigen von seinen Kompositionen, die ihm sehr wenig einbrachten, und von treuen Freunden, die ihm von Zeit zu Zeit halfen und dann und wann die berühmten „Schubertiaden" veranstalteten, Abende des Musizierens, wo seine Lieder gesungen und seine Kompositionen gespielt wurden. In der heutigen Zeit gibt es während der Wiener Festwochen jedes Jahr eine „Schubertiade" im Hof von Schuberts Geburtshaus, Nußdorferstraße 54.

Ein romantischer deutscher Dichter dachte an Schubert und Mozart, Haydn und Beethoven, als er die Musik die „wunderbarste Erfindung" nannte, „weil sie eine Sprache redet, die wir im ordentlichen Leben nicht kennen, die wir gelernt haben, wir wissen nicht wo und wie, und die man allein für die Sprache der Engel halten möchte."

SCHUBERT

Die Namen von fünf der berühmten Wiener Komponisten, Gluck, Haydn, Mozart, Schubert und Bruckner, findet man in der Geschichte der Wiener Sängerknaben, die eine große Tradition hinter sich haben und in der ganzen Welt bekannt sind. Der Chor wurde 1498 von Kaiser Maximilian I. gegründet, und die Knaben hießen bis 1918, so lange es noch einen Kaiser und einen Hof gab, Hofsängerknaben. Von den drei Chören, die es heute gibt, singen zwei in Wien, während der dritte auf Reisen ist. Für die Aufnahme der Knaben, die zwischen sieben und fünfzehn sind, ist das Talent das einzige Kriterium. Konzerte der Wiener Sängerknaben sind in Amerika wie in Europa fast immer ausverkauft.

Spricht man von älterer, klassischer Musik, so denkt man an Wien. Spricht man von modernen Komponisten, zum Beispiel Arnold Schönberg und Alban Berg, so denkt man an Wien. Spricht man von Walzer- und Operettenkomponisten, zum Beispiel Johann Strauß und Franz Lehar, so denkt man an Wien.

die Sängerknaben *choir boys*

der Hof *court*

die Aufnahme *admission, acceptance*

ausverkauft *sold out*

**189**

Die Komponisten und die Dichter sitzen heute wie damals gerne in den Kaffeehäusern, die in fast jeder Straße der Donaustadt zu finden sind. Das Kaffeehaus ist eine österreichische Institution: eine Art demokratischer Klub, wo jeder Gast für den Preis einer Tasse Kaffee stundenlang sitzen, schreiben, diskutieren, Karten spielen und vor allem Dutzende von Zeitungen und Zeitschriften lesen kann. In den besseren Cafés der Inneren Stadt liegen nicht nur Wiener, sondern auch ausländische Zeitungen und Zeitschriften. Über die Idee des Kaffeehauses schrieb der Wiener Schriftsteller Alfred Polgar, daß es geschaffen wurde für Menschen, die allein sein wollen, aber dazu Gesellschaft brauchen.

Der Ursprung des Kaffeehauses führt in die Zeit nach der zweiten Türken-Belagerung im siebzehnten Jahrhundert zurück. Die Türken hinterließen viel Proviant, worunter sich einige hundert Pfund Kaffee befand, den ein Serbe namens Koltschinsky an sich nahm und das erste Kaffeehaus gründete. Der Kaffee schmeckte den Wienern so gut, daß weitere Cafés bald eröffnet wurden. Nicht nur der Kaffee, sondern auch die Kipfel, die man zum Kaffee ißt, sind türkischen Ursprungs.

Die Wiener sind Kaffee-Feinschmecker. In einem Kaffeehaus bestellen nur Nicht-Wiener einfach "Kaffee". Die Einwohner bestellen Kaffee mit Schlag(obers) eine Mélange (Kaffee mit viel Milch) einen Kapuziner (eine

diskutieren *discuss*
die Zeitschrift *magazine*

ausländisch *foreign*

schaffen für *make for*
dazu *for that*
die Gesellschaft *company*

die Belagerung *siege*
der Proviant *supplies*

das Kipfel *crescent roll*

der Feinschmecker *gourmet*
bestellen *order*
das Schlag(obers) *whipped cream*

Demitasse), einen Braunen (Kaffee mit etwas Sahne), eine Schale Gold (Kaffee mit viel Sahne) oder einen Einspänner (schwarzen Kaffee mit Schlagobers, in einem Glas). Der Kaffee der Türken hat Wien erobert, obwohl den Türken selbst die Eroberung nicht gelungen ist.

die Sahne *cream*

die Schale *Austrian for: cup*

gelingen (einem) *succeed*

Amerikaner, die nach ihrer Gewohnheit viel Wasser trinken, klagen, daß sie in europäischen Cafés und Restaurants kein Wasser bekommen. Die österreichische Hauptstadt ist eine Ausnahme. „Hier gibt es das beste Wasser der Welt — aus Alpenschnee", meinen die Wiener, mit Recht. Ein Glas Wasser und die Wiener Zeitung bekommt der Gast, sobald er sich setzt. Vor einigen Jahrzehnten entstand das Espresso Café, die supermoderne Form des Kaffeehauses, für Menschen, die es aus unbekannten Gründen immer eilig haben. Die Wiener kamen, bestaunten die supermodernen Espressos — und verlangten nach einigen Wochen ihre Zeitungen und Zeitschriften. Der italienische Immigrant wurde zum Wiener.

nach ihrer Gewohnheit *according to their custom*
klagen *complain*

die Ausnahme *exception*

mit Recht *justifiably*

es eilig haben *be in a hurry*
bestaunen *look at with astonishment*
verlangen *ask for*

Das Kaffeehausleben war von großer kultureller Bedeutung, denn hier haben nicht nur gebildete Dilettanten gesessen, sondern Komponisten, Dichter und Kritiker, die ihre Werke hier schrieben. Die Adresse mancher Schriftsteller lautete einfach: Kaffee Soundso, Wien.

gebildet *cultured, refined*

lauten *be*

Neben Musik und Poesie sprach man gern über das Theater. Nicht nur Intellektuelle, auch Hausfrauen, Friseure und Ladenmädchen interessierten sich für das Theater mehr als für Sport und Politik. Die Tradition hatte ihren Höhepunkt im kaiserlichen Wien des neunzehnten und frühen zwanzigsten Jahrhunderts, aber auch heute noch ist die österreichische Hauptstadt eine der großen Theaterstädte der Welt. Stefan Zweig nannte die Wiener Liebe zum Theater „Theatromanie".

der Friseur, *barber, hairdresser*
das Ladenmädchen *shopgirl*

die Theatromanie *theatre mania*

RATHAUS

# 14 | WIEN – DIE ÖSTERREICHISCHE HAUPTSTAD

Wann wurde Wien die „österreichische" Hauptstadt? In den letzten hundertundsiebzig Jahren hat sich vieles geändert. Das Jahr 1806 war epochemachend, denn am 1. August erklärte Napoleon, daß das Heilige Römische Reich Deutscher Nation nicht mehr existierte. Der Habsburger Franz II., Kaiser des Heiligen Römischen Reiches, hatte schon 1804 den Titel Franz I., Kaiser von Österreich, angenommen. Es gab nun ein Österreich und viele kleine deutsche Länder, aber kein Deutschland. In der

der Erfolg *success*
der Versuch *attempt*

Revolution von 1848 machte man ohne Erfolg den Versuch, ein neues Deutschland zu gründen. Damals schrieb der norddeutsche Dichter Friedrich Hebbel, der eine Wienerin geheiratet und seinen Wohnort in Wien genommen hatte: „Die lieben Österreicher! Sie denken jetzt

sich vereinigen *unite*

darüber nach, wie sie sich mit Deutschland vereinigen können, ohne sich mit Deutschland zu vereinigen!"

Deutschland vereinigte sich endlich 1871, aber Österreich wurde nicht ein Teil des neuen Kaiserreiches, dessen Hauptstadt Berlin war. 1866 war der „Bruderkrieg" zwischen Preußen und Österreich. Im Jahr darauf war die Doppelmonarchie Österreich-Ungarn gegründet wor-

sich halten *continue to exist*

den, die sich bis 1918 hielt.

Die Geschichte dieser Doppelmonarchie, die mit vielen Problemen zu kämpfen hatte, war kulturell bedeutend. Neben Musik, Theater und Literatur war es die Wiener Universität, die berühmt wurde. Aus allen Ländern der Erde kamen Studenten, um unter den großen Ärzten zu studieren. Auf den Gebieten der Anatomie, Gynäkologie, Laryngologie, Neurologie und Pathologie leistete man Großes. Es war aber ein Gebiet vor allem, das die Welt des späten neunzehnten und des zwanzigsten Jahrhunderts besonders interessierte: die Psychoanalyse. Jedes Kind kennt heute den Namen Sigmund Freud; jeder Mensch gebraucht in der Umgangssprache Wörter, die aus dem Freudschen Wortschatz stammen.

leisten *accomplish*

die Umgangssprache *colloquial language*

Der Gründer der modernen Psychoanalyse wurde nicht in Wien geboren. Er studierte aber an der Universität Wien und wurde später dort Professor. Dieser Mann, der mehr über das Abnormale geschrieben hat als irgendein anderer, war der normalste Mensch. Siebzig Jahre wohnte er in derselben Stadt, vierzig Jahre in demselben Haus. Er war glücklich verheiratet, hatte sechs Kinder und verbrachte einen Tag wie den anderen. Jeden Tag machte er von acht bis elf Analysen und arbeitete an seinen Büchern, deren Stil einfach und verständlich ist. Mittwoch abend hatte er eine Gruppe von Studenten und Anhängern zu einer Art sokratischen Diskussion bei sich; Samstag abend spielte er Karten. Das war sein Leben! Ein halbes Jahrhundert lang hatte er keinen Helfer, keinen Assistenten und keinen Sekretär. Briefe schrieb er mit der Hand. Der große Neurologe Sigmund Freud, der sein ganzes Leben lang intensiv arbeitete und mit zahllosen Problemen zu kämpfen hatte, war überhaupt nicht nervös.

irgendein anderer *anyone else*

verheiratet *married*

der Anhänger *follower*  FREUD

Sein erstes Werk schrieb er zusammen mit seinem Freund Josef Breuer; der Titel war: *Über den psychischen Mechanismus hysterischer Phänomene.* Das zweite Werk hieß *Studien über die Hysterie.* In den nächsten Jahren schrieb Freud die Werke, die auch unter Laien

der Laie *layman*

**193**

die Psychologie der Fehlleistung *psychology of error*

die Auffassung *conception*
das Es *id* / das Ich *ego* / das
Über-Ich *superego* / ererben
*inherit*
der Mittler *mediator, third
party*
die Außenwelt *external world*
die Selbstbehauptung *self-
assertion*
das Gewissen *conscience*

erfüllen *fulfill, accomplish*

die Seele *soul, psyche*

die Wandlung *change*

unabhängig *independent*

die Verfassung *constitution*
der Vertrag *treaty*

in der Tat *indeed*

regieren *rule, govern*

bekannt wurden. Seine Bücher über die Psychologie der
Fehlleistung, über Träume und über die Rolle des Sexuel-
len im menschlichen Leben haben zwar nicht alle gelesen,
aber alle wissen von ihnen. Die Grundlage seiner Lehre
ist seine Auffassung der drei Mächte: das „Es", das „Ich"   5
und das „Über-Ich". Das „Es" ist alles, was ererbt ist,
was man bei der Geburt mitgebracht hat. Das „Ich" ist
der Mittler zwischen dem „Es" und der Außenwelt und
hat die Aufgabe der Selbstbehauptung. Das „Über-Ich"
entsteht unter dem Einfluß der Familien- und Volks-   1
tradition und wird zum Gewissen. Das „Über-Ich" und
das „Es" sind also die beiden Mächte, zwischen denen
das „Ich" liegt und seine Aufgabe zu erfüllen hat.

Freuds Einfluß ist bis heute sehr groß, nicht nur
auf dem Gebiet der Psychologie, sondern auch in der   1
Literatur. Obwohl die moderne Wissenschaft nicht alle
seine Ideen akzeptiert, steht Freud in der Geschichte
der Wissenschaft von der Seele noch immer im Mittelpunkt.

Im Laufe seines dreiundachtzigjährigen Lebens er-   2
lebte Sigmund Freud viele politische Wandlungen. Mit
dem Ende der Doppelmonarchie Österreich-Ungarn wurden Polen, Jugoslawien, Ungarn und die Tschechoslowakei 1918 souveräne Länder. Einen Tag nach dem Ende
des ersten Weltkrieges erklärte sich Österreich als Un-   2
abhängige Deutsch-Österreichische Republik. Im zweiten
Artikel der Verfassung hieß es, das neue Österreich sei
ein Teil der Deutschen Republik. In den Verträgen von
Versailles und St. Germain hieß es aber, daß die Deutsche Republik und die Deutsch-Österreichische nichts   3
miteinander zu tun hätten, daß Deutsch-Österreich in
der Tat „unabhängig" sei. Wien war bis 1918 Hauptstadt
einer vielsprachigen Monarchie gewesen, die über vierzig
Millionen Menschen regierte. Nach 1918 wurde es die
Hauptstadt einer kleinen Republik von sieben Millionen,   3

**194**

die mit ungeheuren wirtschaftlichen Problemen zu kämpfen hatte, da eine Millionenstadt von einem großen umliegenden Lande abhängig ist. Ein Lied, das man müde und resigniert damals sang, begann mit den Worten, womit Märchen beginnen: „Es war einmal ein Walzer, es war einmal ein Wien". Zur eigenen Aufmunterung spielte man „Wien, Wien, nur du allein, sollst stets die Stadt meiner Träume sein"; man träumte von der Vergangenheit, die Welt träumte begeistert mit, und es entstand die Legende von der romantischen Walzerstadt. Die Stimmung der Wiener äußerte sich in den oft wiederholten Worten: „Ja, damals ist es uns noch gut gegangen. Jetzt geht es uns natürlich besser, aber besser wäre, es ging uns schon wieder gut."

Obwohl die Alliierten den Anschluß an Deutschland verboten, waren viele Österreicher dafür. 1921 stimmten in einer Volksabstimmung in Tirol 144 342 von 146 458 und in Salzburg 95 000 von 102 000 für den Anschluß. Die Österreicher waren für einen Anschluß an ein demokratisches Deutschland; sie hatten weniger Lust, sich einem nationalsozialistischen anzuschließen. Auf der ersten Seite seines Buches *Mein Kampf* hatte der Österreicher Adolf Hitler geschrieben: „Deutschösterreich muß wieder zurück zum großen deutschen Mutterlande." Bald nachdem er 1933 an die Macht kam, machte er die ersten Versuche, den Anschluß zu erzwingen. Da er aber noch nicht stark genug und Mussolini dagegen war, mußte er sein Program zunächst aufgeben. In einem Vertrag vom Jahre 1936 erklärte er sich mit der Unabhängigkeit Österreichs einverstanden, aber das Abkommen war nur ein „Fetzen Papier", wie alle Verträge moderner Diktatoren. 1937 und 1938 war der Höhepunkt des Kampfes um Österreich; während österreichische Nationalsozialisten die Regierung des Kanzlers Schuschnigg unterminierten, intrigierte Hitler von Deutschland aus. Da die Nationalsozialisten in Österreich keine Mehrheit hatten, wollte der Kanzler eine Volksabstimmung, denn

umliegend *surrounding*

das Märchen *fairy tale*
es war einmal *once upon a time there was*
zur eigenen Aufmunterung *for one's own encouragement*

die Stimmung *mood* / sich äußern *be expressed*
wiederholen *repeat*
damals *in those days*

der Anschluß *an union with*
stimmen *vote*
die Volksabstimmung *plebiscite*

Lust haben *feel like*

erzwingen *bring about by force*

zunächst *at first*
sich einverstanden erklären *agree*
das Abkommen *agreement*
der Fetzen *scrap*
der Höhepunkt *climax*

intrigieren *plot, intrigue*
die Mehrheit *majority*

**195**

DER ANSCHLUSS

er glaubte, daß das Resultat anders aussehen würde als 1921 in Tirol und Salzburg. Weil Hitler aber meinte, daß er eine Volksabstimmung verlieren würde, schickte er Schuschnigg am 11. März 1938 ein Ultimatum. Als deutsche Truppen am 12. in Österreich einfielen, und das Land am 13. ein Teil des Dritten Reiches wurde, kam der Anschluß anders, als es sich die Österreicher nach dem ersten Weltkrieg vorgestellt hatten.

sich vorstellen *imagine*

Der zweite Weltkrieg brachte viel Zerstörung mit sich. 1945 sah man in der früheren Hauptstadt des Heiligen Römischen Reiches Deutscher Nation, die glanzvolle Zeiten gesehen hatte, Ruinen, Hunger und schwarzen Markt. Wien wurde in Sektoren aufgeteilt, die von Amerikanern, Engländern, Franzosen und Russen besetzt wurden. Wenn der Optimist sagte: „Eines Tages werden wir a l l e betteln gehen", antwortete der Pessimist: „Ja, aber wo?"

glanzvoll *brilliant*

betteln *beg*

Zehn Jahre lang hielten die vier Mächte Wien und Österreich besetzt, aber das mit allen Schwierigkeiten der Okkupation kämpfende Land erholte sich. Als 1955 die Besetzung zu Ende ging, stand Österreich als selbständiger und neutraler Staat auf eigenen Füßen. Waren

die Waren (pl.) *goods*

**196**

im Wert von 2 250 000 000 Schilling, die im Laufe von sechs Jahren geliefert wurden, waren der Preis für Unabhängigkeit und Freiheit der zweiten Republik. Sobald die fremden Legionen gingen, kamen die Legionen der Fremden. Für Touristen wurde Wien wieder ein beliebter Punkt und Österreich das allerbeliebteste Land Europas.

Als die Vereinten Nationen im Jahr 1957 beschlossen, den Sitz der IAO, der Internationalen Atomenergie-Organisation, der hundertdrei Nationen angehören, nach Wien zu verlegen, wurde die österreichische Hauptstadt Weltzentrum für das Bemühen um „Atome für den Frieden". Die übernationale Rolle Wiens als Mittelpunkt der IAO, wo sich verschiedene Nationalitäten in ernster Arbeit freundlich begegnen, entspricht dem Geist seiner Geschichte. In der zweiten Hälfte der sechziger Jahre kam auch die große Organisation für industrielle Entwicklung nach Wien.

im Werte von *to the value of*
25 Schilling *1 dollar*
liefern *deliver*

IAO *IAEA International Atomic Energy Agency*
angehören *belong to*
verlegen *move to*

das Bemühen um *endeavors for*

sich begegnen *meet*
entsprechen *be in keeping with*
Organisation ... *UNIDO = United Nations Industrial Development Organization*

die Jahresfeier *anniversary*

bestehend *existing*

einzigartig *unique*

ausschließlich *exclusive*

die Erinnerung *reminiscence*
die Sicherheit *security*
in der letzten Zeit *recently*

der Herrgott *Lord*

knusprig-zart *crisp and tender*

alle *every*

das G'sichterl = das Gesicht
   zart *soft*

In der letzten Zeit gab es eine Reihe von Jahresfeiern. Die älteste bestehende Hochschule des deutschen Sprachraums, die Universität Wien, wurde 600 Jahre alt. Das einzigartige Orchester, die Wiener Philharmoniker, feierte den 125ten Geburtstag; es ist einzigartig, indem es ausschließlich ein W i e n e r Orchester ist. Sogar der Prater hatte einen Geburtstag, den zweihundertsten.

Das Leben ist nicht mehr das, was es zur Zeit Franz Josephs war. Damals, schrieb Stefan Zweig in seinem Buch der Erinnerungen, *Die Welt von gestern*, war „das goldene Zeitalter der Sicherheit". Da sich in der letzten Zeit aber vieles gebessert hat, sagt mancher Wiener von heute auch das, was der Wiener damals sagte: „Herrgott, ich möcht' so leben können, wie ich leb'." Musik und Theater sind erstklassig. Das knusprig-zarte Wiener Schnitzel schmeckt großartig; in den Kaffeehäusern bekommt man den besten Kaffee, während der Kellner alle halbe Stunde ein Glas Wasser und neue Zeitungen bringt. Die Wiener Mädchen haben immer noch das liebe G'sichterl mit dem zarten Lächeln. Die schöne blaue Donau ist immer noch gelblich braun.

PRINZ EUGEN-DENKMAL

# Fragen

# I | Die Deutsche Sprache

## 1 | DEUTSCH UND DIE SPRACHEN DER WELT

**1.** Was macht den Menschen zum Menschen? **2.** Wer ist ohne die Sprache nicht denkbar? **3.** Was ist die Basis der Kultur? **4.** Wer sind die Stummen der Erde? **5.** Welche Sprache sprechen die Österreicher? **6.** Welche Sprache sprechen die meisten Schweizer? **7.** Wie viele Menschen sprechen Deutsch? **8.** Wie viele Menschen sprechen Englisch? **9.** Welche Sprache lernen alle Kinder? **10.** Was lernen viele später? **11.** Was hört man bei vielen Deutschen, wenn sie Englisch lernen? **12.** Was lernen viele Amerikaner nicht, wenn sie Deutsch lernen? **13.** Was finden viele Amerikaner schwer, wenn sie Deutsch lernen? **14.** Wie viele Sprachen gibt es in der Welt? **15.** Wie viele Übersetzungen der ganzen Bibel gibt es? **16.** Wie viele Übersetzungen des Neuen Testaments gibt es? **17.** Was zeigt uns, daß Sprachen verwandt sind? **18.** Welche Sprachen sprechen je hundert Millionen Menschen oder mehr? **19.** Wie heißen die fünf kleinen Familien des indoeuropäischen Sprachstammes? **20.** Wie heißen die vier großen Familien des indoeuropäischen Sprachstammes? **21.** Wo ist der slawische Sprachraum? **22.** Welche Sprachen gehören zum romanischen Sprachstamm? **23.** Wo leben die spanischsprechenden Menschen? **24.** Wo liegt der germanische Sprachraum Europas? **25.** Welche Sprachen gehören zum germanischen Sprachstamm? **26.** Wo spricht man Deutsch? **27.** Welche fremde Sprache lernen Sie? **28.** Ist Deutsch am Anfang leicht oder schwer? **29.** Warum ist Deutsch am Anfang nicht schwer? **30.** Wer sitzt im Garten? **31.** Wie ist das Wetter? **32.** Wie alt ist der Sohn Karl? **33.** Was findet Karl im Garten? **34.** Was gibt Karl dem Onkel? **35.** Wer liegt auf einem Sofa im Haus? **36.** Wie heißt die Freundin. **37.** Wie alt ist die Freundin? **38.** Sind Hans und Hilde gute Schwimmer? **39.** Wie heißt die germanische Ursprache? **40.** Wann sprach man die germanische Ursprache? **41.** Verändern sich alle Sprachen oder nur wenige? **42.** Sind alte Texte heute leicht oder schwer zu verstehen? **43.** Ist *Beowulf* ein altenglischer oder ein neuenglischer Text? **44.** Was verändert sich in der Sprache? **45.** Wie heißt die Wissenschaft von der Sprache?

1. Wann veränderten sich einige Laute im Hochdeutschen? 2. Welche Konsonanten veränderten sich? 3. Was wurde das „t", wenn es am Anfang stand? 4. Geben Sie fünf Beispiele! 5. Was wurde das „t", wenn es in der Mitte stand? 6. Geben Sie fünf Beispiele! 7. Was wurde das „p", wenn es am Anfang stand? 8. Geben Sie fünf Beispiele! 9. Was wurde das „p", wenn es nicht am Anfang stand? 10. Geben Sie acht Beispiele! 11. Was wurde das „k"? 12. Geben Sie fünf Beispiele! 13. Was ist Plattdeutsch? 14. Wo hört man Plattdeutsch? 15. Wo steht Plattdeutsch sprachlich? 16. Kann man erklären, warum sich die Laute veränderten? 17. Gibt es eine wissenschaftliche Erklärung? 18. Welche zwei anderen Laute veränderten sich? 19. Was wurde das „d"? 20. Geben Sie acht Beispiele! 21. Was wurde das „th"? 22. Geben Sie fünf Beispiele! 23. Ist es Sommer oder Winter, wenn das Fernseh-Programm beginnt? 24. Was steht im Schatten eines Apfelbaumes? 25. Wer kommt aus dem Haus? 26. Was will der Sohn haben? 27. Wieviel kosten Schlitten? 28. Was bringt die dicke Dame? 29. Was läßt der alte Mann auf dem Stuhl liegen? 30. Gibt es in der deutschen Sprache Wörter nichtgermanischen Ursprungs? 31. Geben Sie drei Beispiele! 32. Wo gibt es Demonstrationen? 33. Was sagte man in einem akademischen Senat über die Universitätsrevolte? 34. Wovon (*about what*) sprach man in einem anderen Senat? 35. Ist die Rebellion unter Studenten nur ein akademisches Problem? 36. Was will die intellektuelle Opposition? 37. Waren die Absätze über Universitäten, Professoren und Studenten schwer zu lesen? 38. Waren sie so leicht wie die Absätze mit nur germanischen Wörtern? 39. Waren die zwei Beispiele für die deutsche Sprache typisch? 40. Hat sich die englische oder die deutsche Sprache mehr verändert?

1. Wo lebten die Angeln und Sachsen vor zweitausend Jahren? 2. Wann kamen die Angeln und Sachsen nach Britannien? 3. Wann kamen die Normannen nach Britannien? 4. Was sprachen die Normannen? 5. Aus welchen Elementen ist die englische Sprache eine Mischung? 6. Was ist die Grundlage für die heutige angelsächsische Welt? 7. Hatten die Normannen oder die Angelsachsen eine höhere Kultur? 8. Welcher Teil des englischen Wortschatzes ist oft romanischen Ursprungs? 9. Welcher Teil des englischen Wortschatzes ist oft

germanischen Ursprungs? **10.** Welcher Teil des englischen Wortschatzes hat fast immer deutsche Äquivalente? **11.** Welche englischen Ausdrücke haben deutsche Äquivalente? **12.** Geben Sie zehn Beispiele! **13.** Welche englischen Verben haben deutsche Äquivalente? **14.** Geben Sie zehn Beispiele! **15.** Geben Sie fünf Beispiele für Wörter romanischen Ursprungs im Englischen und germanischen Ursprungs im Deutschen. **16.** Geben Sie fünf Beispiele für deutsche Wörter, die zwei englische Äquivalente haben! **17.** Was ist das deutsche Wort für „zehn Jahre"? **18.** Was ist das deutsche Wort für „hundert Jahre"? **19.** Was ist das deutsche Wort für „tausend Jahre"? **20.** Was ist das deutsche Wort für ein Buch mit tausenden von Wörtern und ihren Definitionen? **21.** Wie heißt auf deutsch eine Schule für ganz kleine Kinder? **22.** Warum gibt es in der deutschen Sprache lange Wörter? **23.** Was sagte Mark Twain über die langen Wörter? **24.** Geben Sie drei Beispiele für Wörter, die man mit „Sommer" zusammenschreibt! **25.** Geben Sie drei Beispiele für Wörter, die man mit „Sonne(n)" zusammenschreibt! **26.** Geben Sie drei Beispiele für Wörter, die man mit „Kinder" zusammenschreibt! **27.** Geben Sie drei Beispiele für Wörter, die man mit „Liebes-" zusammenschreibt! **28.** Wo steht oft das Verb in einem deutschen Satz? **29.** Wieviel Deutsch spricht der eine amerikanische Student? **30.** Wo beginnt die Reise? **31.** Ist alles, was der Reiseführer sagt, interessant? **32.** Sagt er „ein bißchen" über den Dom? **33.** Was flüstert der eine Student dem anderen ins Ohr? **34.** Kann man in einer deutschen oder in einer französischen Unterhaltung öfter unterbrechen? **35.** Warum ist die deutsche Unterhaltung oft tiefer als die französische?

## *Zur Diskussion oder Komposition*

*Begin with the simplest linguistic tools, words and forms, at your disposal. A sample of the simple use of linguistic tools in dealing with the topic „Die Sprachen der Welt" follows below. It should serve as model.*

Alle Menschen sprechen. Alle Menschen sprechen eine Sprache. Nicht alle Menschen sprechen aber dieselbe Sprache. Es gibt viele Sprachen; es gibt über dreitausend Sprachen.

Hundert Millionen Menschen oder mehr sprechen Chinesisch oder Englisch oder Deutsch oder Hindi, Japanisch oder Russisch oder Spanisch. Von diesen sieben Sprachen sind fünf verwandt. Englisch, Deutsch, Hindi, Russisch und Spanisch sind verwandt. Diese fünf sind indoeuropäische Sprachen.

Es gibt neun Familien des indoeuropäischen Sprachstammes. Die vier großen Familien des indoeuropäischen Sprachstammes sind Indoiranisch, Slawisch, Romanisch und Germanisch. Deutsch und Englisch sind germanische Sprachen. Es gibt zehn germanische Sprachen.

Romanische Sprachen sind zum Beispiel Spanisch, Französisch und Italienisch. Slawische Sprachen sind zum Beispiel Russisch und Polnisch. Fast alle Sprachen Europas sind indoeuropäische Sprachen.

## Themen zur Diskussion oder Komposition

1. Die Sprachen der Welt
2. Die deutsche Sprache und der deutsche Sprachraum
3. Die englische Sprache und der englische Sprachraum
4. Sprachen verändern sich

## II | Deutschland: Kulturhistorischer Überblick

4 | GERMANEN UND DEUTSCHE

1. Wie wird Deutschland manchmal genannt? 2. Welcher Staat ist der größte des deutschen Sprachraums? 3. Wie heißt im Osten der Teil Deutschlands, der dort liegt? 4. Welche Grenzen Deutschlands sind offen? 5. Was ist die Grenze im Norden? 6. Welche nichteuropäischen Kulturen sind älter als die Kultur des deutschen Sprachraums? 7. Welche europäischen Kulturen sind älter als die Kultur des deutschen Sprachraums? 8. Zu welcher Kultur gehören alle Völker Europas? 9. Welche Teile der Erde gehören zum Abendland? 10. Spielen die germanischen Elemente eine große Rolle in der deutschen Kultur? 11. Welche Namen stammen von den Namen germanischer Götter ab? 12. Wer ist Donar? 13. Wer ist Frija? 14. Wie nennt man Wodan? 15. Welcher europäische Völkername ist der jüngste? 16. Was bedeutet das Wort „deutsch"? 17. Seit wann gebraucht man das Wort „Deutschland"? 18. Welche Länder gehörten ursprünglich zum Deutschen Reich? 19. Was ist die Schriftsprache in der Schweiz? 20. Wann wurde Österreich selbständig? 21. Welche Stadt war Jahrhunderte lang die Hauptstadt des Reiches? 22. Mit wem beginnt die politische Geschichte der Deutschen? 23. Wann starb Karl der Große? 24. Wo starb Karl der Große? 25. Welche Völker nennen Karl den Großen ihren Kaiser? 26. Was war seine

Muttersprache? **27.** Wo war er in den letzten Jahren seines Lebens? **28.** Welchen Preis verleiht die Stadt Aachen? **29.** An wen verleiht die Stadt Aachen den Preis? **30.** Was entstand im zehnten Jahrhundert? **31.** Wann war die Blütezeit des mittelalterlichen Reiches? **32.** Wie heißt eine bekannte Dichtung dieser Zeit? **33.** Welcher amerikanische Präsident kannte diese Dichtung gut? **34.** Wie heißen drei Charaktere des *Nibelungenliedes*? **35.** Wann beginnt die sogenannte mittelhochdeutsche Epoche? **36.** Wie heißt die Sprache *Tristans* und *Parzifals*? **37.** Wer ist der größte unter den lyrischen Dichtern der Zeit? **38.** Welche Ideale finden wir in den Werken der mittelhochdeutschen Literatur? **39.** Welcher Orden entstand im Jahr 1190? **40.** Wann wurde Rudolf von Habsburg deutscher Kaiser? **41.** Wie lange blieben die Habsburger in Wien? **42.** Wessen Holzschnitte sind Beispiele für den „Totentanz"? **43.** In welcher Dichtung ist der Kampf des Menschen mit dem Tod das Thema? **44.** Was blühte auch zu dieser Zeit in Deutschland? **45.** Wer ist der größte deutsche Mystiker? **46.** Wann entstanden die ersten deutschen Universitäten? **47.** Was war damals die Sprache der deutschen Universität? **48.** Wie viele Einwohner hatte Köln damals? **49.** Wie viele Städte gehörten zur Hanse? **50.** Welche Städte nennen sich noch heute freie Hansestädte?

## 5 | DAS REICH UND DER NATIONALISMUS

**1.** Wann begann die Reformation? **2.** Wie alt war damals die Universität Wittenberg? **3.** Was übersetzte Martin Luther ins Deutsche? **4.** Wann erschien *Das Neue Testament Deutsch*? **5.** Wie nennt man diese Publikation? **6.** Aus welcher Sprache übersetzte Luther das Neue Testament? **7.** Aus welcher Sprache übersetzte er das Alte Testament? **8.** Wofür (*for what*) wurde Luthers Bibelübersetzung die Grundlage? **9.** Wann entstand die Faust-Legende? **10.** Wann kam das erste Faust-Buch heraus? **11.** Womit endet die Geschichte? **12.** Welcher Teil des Reiches blieb hauptsächlich katholisch? **13.** Welcher Teil des Reiches wurde hauptsächlich protestantisch? **14.** Wie hießen die zwei feindlichen Lager am Anfang des siebzehnten Jahrhunderts? **15.** Welche Nationen Europas nahmen am Dreißigjährigen Krieg teil? **16.** Wie heißt der Roman, in dem man über diese Zeit lesen kann? **17.** Wie heißt der Autor des Romans? **18.** Wie viele deutsche Staaten gab es? **19.** Welcher Staat blieb kulturell führend? **20.** Wer war der sogenannte Soldatenkönig? **21.** Was aß und trank Friedrich Wilhelm I.? **22.** Was liebte der Sohn Friedrich Wilhelms? **23.** Wie heißt der Sohn Friedrich Wilhelms in der

Geschichte? **24.** Mit wem begann das große Zeitalter der deutschen Musik? **25.** Wie viele Bachs haben in der Musikgeschichte eine Rolle gespielt? **26.** Wo ist die Thomaskirche? **27.** Wie heißt der zweite große deutsche Barock-Komponist? **28.** Wo verbrachte Händel einen großen Teil seines Lebens? **29.** In welchem Teil des deutschen Sprachraums findet man viele barocke Kirchen und Schlösser? **30.** Wer gründete die Akademie der Wissenschaften in Berlin? **31.** Wie heißt das große Drama religiöser Toleranz von Lessing? **32.** In welcher Stadt spielt das Drama? **33.** Wie viele Stadttheater gibt es in Deutschland? **34.** Welche Kriege begannen kurz nach dem Tod Lessings? **35.** Welche Nationen machten dem Regime Napoleons ein Ende? **36.** Wann machten sie dem Regime Napoleons ein Ende? **37.** Wo fand der Kongreß 1814–1815 statt? **38.** Was wurde die zentrale deutsche Frage? **39.** Gab es in dieser Epoche eine große und starke deutsche Armee? **40.** War es kulturell eine bedeutende Epoche?

## DIE KULTUR UND DIE POLITIK

**1.** Fallen politische Macht und das Blühen der Kultur immer zusammen? **2.** Was war, nach (*according to*) Emerson, Johann Wolfgang von Goethe? **3.** Wie heißt sein größtes Werk? **4.** Was will Goethes Faust? **5.** Wer ist der bedeutendste Dramatiker deutscher Sprache? **6.** Was sind die zwei Hauptthemen seiner Werke? **7.** Was meinen manche Nichtdeutsche über die Musik? **8.** Was war eine Frucht der Romantik? **9.** Wie oft hat man Heine-Gedichte vertont? **10.** Wessen Schüler war Beethoven in Wien? **11.** Von wem ist die Melodie der deutschen Nationalhymne? **12.** Wie alt war Mozart, als er das Klavierspielen lernte? **13.** Wie heißt eine seiner Opern? **14.** Was war das große philosophische Problem für Kant? **15.** An welche Kategorien ist das menschliche Denken gebunden, nach Kant? **16.** Von welcher Terminologie machen die Marxisten Gebrauch? **17.** Wer schuf den dialektischen Materialismus? **18.** Mit welchem Satz beginnt *Das Kommunistische Manifest*? **19.** Was ist das Leben, nach Schopenhauer? **20.** Auf wen war Schopenhauers Einfluß groß? **21.** Was sagte der Verfasser von *Gullivers Reisen* über die Deutschen? **22.** Was schrieb Bulwer-Lytton über die Deutschen? **23.** Was schrieb Victor Hugo über Deutschland? **24.** Was merke man an jeder Straßenecke, meinte George Bancroft? **25.** Was sah man früher vor Symphonien und Dichtungen nicht? **26.** Was sah man später vor Nazi-Bäumen nicht? **27.** Wann eröffnete Justus Liebig sein Laboratorium? **28.** Wie viele deutsche Wissenschaftler erhielten den Nobelpreis in den ersten vierzehn Jahren des Preises? **29.** Was gründeten die deutschen Staaten im Jahr 1834? **30.** In welchem Jahr brach die Revolution aus? **31.** Wo kam das erste deutsche Parlament zusammen? **32.** Worüber sprachen die Redner in Frankfurt? **33.** Was sagte der Dichter Freiligrath über Deutschland? **34.** Wer wurde Kanzler von Preußen? **35.** Welcher Staat blieb außerhalb des Zweiten Reiches im Jahr 1871? **36.** Wollte Bismarck eine imperialistische Rolle spielen? **37.** Was haßte Friedrich Nietzsche? **38.** Was verlangten manche Patrioten in der Zeit Wilhelms II.? **39.** Was sagte Bismarck von Wilhelm II.? **40.** Wie viele amerikanische Schüler lernten 1915 Deutsch? **41.** Welche deutschen Wissenschaftler verbindet man mit a) Röntgenstrahlen, b) dem Bunsenbrenner, c) dem Dieselmotor? **42.** Welche Arbeit Einsteins erschien im ersten Jahrzehnt des zwanzigsten Jahrhunderts? **43.** Was sagte Einstein über die „Grenzen" des Universums? **44.** Wer schrieb Opern über Themen aus der germanischen Mythologie? **45.** Wie heißen drei weitere deutsche Komponisten? **46.** Durch wen hatte eine Bach-Renaissance begonnen? **47.** Wer schrieb die Musik zu Shakespeares *Sommernachtstraum*? **48.** Wie oft veränderte sich die Gestalt Deutschlands im zwanzigsten Jahrhundert? **49.** Wie oft veränderte sich die Gestalt Österreichs im zwanzigsten Jahrhundert? **50.** Wer war der Komponist der neuen Zwölfton-Musik? **51.** Wessen Einfluß spürt man bei den Expressionisten? **52.** Gegen wen oder gegen was sind fast alle Expressionisten? **53.** Was war für . Bertolt Brecht die Funktion der Literatur? **54.** Was soll das Publikum im „epischen Theater" tun? **55.** Welche zwei modernen Dichter stammen aus Prag? **56.** Welche Einheit findet Rilke in seinen Versen? **57.** Wie nannte Hermann Hesse Franz Kafka? **58.** Wer war, neben Hermann Hesse, ein deutscher Nobelpreisträger? **59.** Über welchen Konflikt schrieben Hesse und Thomas Mann? **60.** Was ist das Hauptthema in Hermann Hesses *Steppenwolf*? **61.** Welche Namen deutscher Philosophen verbindet man mit dem Existentialismus? **62.** Welche Architekten erbauten das Bauhaus? **63.** Wie war der Stil des Bauhauses? **64.** Wie ist der deutsche Stil des Buches *Mein Kampf*? **65.** Wie viele Stimmen erhielt die Nationalsozialistische Partei, nachdem Hitler an die Macht kam? **66.** Wann endete die Diktatur? **67.** Was entstand im Jahr 1949 im Westen? **68.** Was entstand im Jahr 1949 im Osten? **69.** Wer war der größte deutsche Staatsmann seit Ende des zweiten Weltkrieges? **70.** Wie viele Menschen flohen in den Jahren nach dem zweiten Weltkrieg von Ost- nach Westdeutschland?

*Themen zur Diskussion oder Komposition*

1. Die deutsche Kultur und die Kultur des Abendlandes
2. Die deutsche Kultur bis zur Reformation
3. Das Reich zur Zeit der Reformation
4. Die Blütezeit der deutschen Kultur
5. Die politische Geschichte Deutschlands von 1815 bis heute
6. Die deutsche Kultur im neunzehnten und im zwanzigsten Jahrhundert

# III | Eine Reise durch Deutschland

VON HAMBURG NACH MÜNCHEN

## Hamburg

1. Was hat der junge Mann gekauft? 2. Was hat der Wagen gekostet? 3. Wieviel kostet das Export-Modell? 4. Wieviel kosten Sportwagen? 5. Wann begann die Geschichte Hamburgs? 6. Wie viele Schiffe kommen im Jahr in Hamburg an? 7. Welche Stadt hat mehr Konsulate als Hamburg? 8. Mit welchen nichteuropäischen Städten gibt es Direktverbindungen vom Hamburger Flughafen aus? 9. Wer hatte schon im achtzehnten Jahrhundert über das Hamburger Theater geschrieben? 10. Welcher Komponist spielt eine Rolle in der Geschichte der Hamburger Oper? 11. Wie viele Studenten studieren an der Universität in Hamburg? 12. Wie viele Einwohner hat Hamburg?

## Bremen

1. Wo war der junge Mann zur Mittagszeit? 2. Ist Bremen jünger oder älter als Hamburg? 3. Wann begann die Geschichte Bremens? 4. Wie nennt sich Bremen? 5. Was oder wer ist das Symbol der Stadtfreiheit? 6. Wann wurde mit dem Bau des Doms in Bremen begonnen? 7. Wie alt sind die Mumien im Bleikeller? 8. An welchen Dichter denkt er im Ratskeller? 9. Wie alt sind manche Weine im Bremer Ratskeller? 10. Wofür interessiert er sich in der Kunst und in der Literatur?

## Münster

1. Wie heißt Arminius auf deutsch? 2. In welchem Wald schlug er die römischen Legionen? 3. Wer war Theodor Heuß? 4. Welche

**207**

Stadt war für Heuß die schönste? **5.** Woher kommt der Name Münster? **6.** Was erregt die Phantasie der Menschen im Dom von Münster? **7.** Was kaufte der junge Mann, bevor er zu seinem Bruder fuhr? **8.** Was gab es zum Abendessen? **9.** Worüber wußte der Amerikaner viel? **10.** Welchen deutschen Schriftsteller zitierte der Amerikaner? **11.** Was nannte der Amerikaner die zwei Weltkriege? **12.** Welche Fragen spielten im siebzehnten Jahrhundert eine große Rolle? **13.** Welche zwei Epochen lassen sich am leichtesten vergleichen? **14.** Wann ging der Amerikaner nach Hause? **15.** Wohin fährt er gegen Ende des Monats?

### Düsseldorf

**1.** Wieviel kostete das Hotelzimmer in Düsseldorf? **2.** Wo ging er spazieren? **3.** Wer erschien vor seinem Tisch? **4.** Wieviel Geld gab er ihnen? **5.** Wie viele Mitglieder hat der Europarat? **6.** Was bedeutet EWG? **7.** Was ist ein anderer Name für die EWG? **8.** Wer war der erste Vorsitzende der EWG-Kommission? **9.** Was bedeutet EAG? **10.** Welches Museum besucht der junge Mann in Düsseldorf? **11.** Wie viele Manuskriptseiten hat das Museum? **12.** Welches Manuskript wollen alle Besucher sehen? **13.** Hatte Heine viele Freunde? **14.** Welche Komponisten setzten Heine-Gedichte in Musik? **15.** Wohin fährt der junge Student am nächsten Tag?

### Köln

**1.** Wie viele Einwohner hatte Köln vor dem letzten Weltkrieg? **2.** Wie viele Einwohner hatte Köln am Ende des letzten Weltkriegs? **3.** Wie lange war der Student auf der Deutzer Brücke? **4.** Wann wurde die Universität Köln das erste Mal gegründet? **5.** Wann wurde die Universität neu gegründet? **6.** Wie heißt der Schrein über dem Hochaltar des Doms? **7.** Wer sind die Stadtpatrone Kölns? **8.** Was ist im Großen Siegel Kölns zu sehen? **9.** Von wem ist die „Anbetung der Könige"? **10.** Welcher Maler schätzte Stephan Lochner sehr?

### Bonn

**1.** Wie nannte man Bonn manchmal in den letzten Jahren? **2.** Wann begann eine neue Epoche für Bonn? **3.** Wie viele diplomatische Missionen sind jetzt in Bonn? **4.** Wo machte der reisende Student einen Spaziergang? **5.** Wo saß er dann den ganzen Nachmittag? **6.** Welcher Komponist wurde in Bonn geboren? **7.** In welcher Episode kommt Beethovens liberaler Geist deutlich ans Licht? **8.** In welchem Jahr komponierte er die *Sinfonia Eroica*? **9.** Wessen Name strich Beethoven durch? **10.** Was steht neben dem Beethoven-Denkmal? **11.** Wann wurde das Theater der Stadt Bonn eröffnet? **12.** Welches Universitäts-Gebäude ist in der Nähe? **13.** Wie hieß die Kunst-Ausstellung in Bonn? **14.** Welche zwei Maler gehörten zu der Gruppe „Der blaue Reiter"? **15.** Wieviel muß man etwa für ein Zimmer im Monat ausgeben? **16.** Wie viele Ausländer studieren an der Universität Bonn? **17.** Aus wie vielen Ländern kommen die ausländischen Studenten? **18.** In welchen Städten hat der reisende Student Freunde und Bekannte?

### Von Bonn nach Mainz

**1.** In welcher Stadt wohnen viele Diplomaten? **2.** Wo blieb er zum Mittagessen? **3.** Wie nannten die Römer die alte Festung hier? **4.** Welche zwei Flüsse fließen hier zusammen? **5.** Wer schrieb schon im vierten Jahrhundert ein „Moselgedicht"? **6.** Wie heißt die Koblenzer Kirche aus dem neunten Jahrhundert? **7.** Welche Stadt ist die älteste Stadt Deutschlands? **8.** Wer wurde dort geboren? **9.** Wie heißt die größte Burgruine am Rhein? **10.** Woher kommt das Wort Lorelei? **11.** Welche Stadt ist das Hauptzentrum der Weinindustrie? **12.** Welche drei Dichter besangen die Romantik des Rheins?

### Mainz

**1.** Wie alt ist die Stadt Mainz? **2.** Wie nannte man Mainz im Mittelalter? **3.** Welche Ausstellung sah der junge Mann in Mainz? **4.** Wie viele Bücher gab es in Europa schon im Jahr 1500? **5.** Mit wem sprach Stefan Zweig auf dem Schiff von Genua nach Neapel? **6.** Was sollte Stefan Zweig mit dem Brief machen? **7.** Warum liest der Italiener den Brief nicht? **8.** Wie heißt ein Mensch, der nicht lesen kann? **9.** Wohin fährt der Student? **10.** Was will er in Frankfurt essen, wenn er Hunger hat?

### Frankfurt

**1.** Wo landen ausländische Besucher meist in Deutschland? **2.** Wie lange gibt es die Frankfurter Messe schon? **3.** Wofür ist Frankfurt seit Jahrhunderten ein Zentrum? **4.** Was aß er im Restaurant in Frankfurt? **5.** Nennen Sie drei bekannte Gebäude in Frankfurt! **6.** Welches Werk begann Goethe in seinem Geburtshaus? **7.** Wie lange ist das Goethehaus immer auf? **8.** Wann fand die letzte Kaiser-Krönung in Frankfurt statt? **9.** Was wollte sich der Student beim Automobil Club holen? **10.** Ist es leicht oder schwer, einen Parkplatz zu finden? **11.** Was kostet in Europa zweimal so viel wie in Amerika? **12.** Was ist auch noch teuer in Europa?

### Heidelberg

**1.** Wo aßen die Studenten? **2.** Wovon erzählte einer der Amerikaner? **3.** Wer war Helmholtz? **4.** Wie hat Helmholtz Heidelberg zuerst kennengelernt? **5.** Welche zwei Formen der Schönheit gibt es nach Helmholtz? **6.** Wie lange lebte Helmholtz in Heidelberg? **7.** Wie oft war Goethe in Heidelberg? **8.** Wie heißt Goethes Autobiographie? **9.** Was wollten die Amerikaner noch einmal sehen? **10.** Wie viele Flaschen faßt das große Faß? **11.** Von welchem Maler sprachen Leute im Schloß? **12.** Was für Menschen waren die dicken Figuren des Malers? **13.** Wie alt wird die Universität Heidelberg bald? **14.** Welche Ausländer sind besonders gerne in Heidelberg? **15.** Wie lange bleibt der reisende Student jetzt in Heidelberg?

### München

**1.** Welche deutsche Stadt will fast jeder Tourist sehen? **2.** Wie viele Ausländer leben in München? **3.** Welche zwei Münchener Feste sind international berühmt? **4.** Unter welchem König wurde München eine bedeutende Kunststadt? **5.** Was für ein Zentrum wurde München nach dem zweiten Weltkrieg? **6.** Wo war der Reisende um elf Uhr? **7.** Was hatten die Fremden in der Hand? **8.** Wie heißt der Fluß, der durch München fließt? **9.** Wo findet man in München enge, mittelalterliche Straßen? **10.** Wie heißt ein berühmtes Kunstmuseum in München? **11.** Ist das Deutsche Museum ein Kunstmuseum? **12.** Was für ein Museum ist das Deutsche Museum? **13.** Wie viele Räume hat das Deutsche Museum? **14.** Wieviel Zeit könnte man im Deutschen Museum verbringen? **15.** Wie viele Kilometer muß man laufen, um alles zu sehen? **16.** Seit wann gibt es ein Brauerei-Museum in München? **17.** Für welche Oper möchte der reisende Student Karten bekommen? **18.** Was ist ihm das Wichtigste?

### 8 | EINE KURZE REISE IN DIE DDR

**1.** Wen wird er in Leipzig besuchen? **2.** Wie nennt man die Menschen der DDR im Westen Deutschlands? **3.** Was aß er im

Speisewagen? **4.** Wie hieß das Buch, das er in der Friedrichstraße bekommen hatte? **5.** Wofür ist DDR die Kurzform? **6.** Was interessiert ihn in Leipzig? **7.** Was interessiert ihn in Dresden? **8.** Was interessiert ihn in Meißen bei Dresden? **9.** Wo stehen die Goethe-Worte, an die er dachte? **10.** Was kaufte er, bevor er zur Tante ging? **11.** Was besuchten die Tante und er am nächsten Tag? **12.** Wie alt ist die Leipziger Messe? **13.** Wo sind die zwei großen Buchmessen in Deutschland? **14.** An welche literarische Figur dachte er in Auerbachs Keller? **15.** Wie heißt die Universität Leipzig heute? **16.** Welche berühmten Männer hatten an der Universität Leipzig studiert? **17.** Wie weit ist es von Leipzig nach Dresden? **18.** Was besuchte er in Dresden? **19.** Was ist der bekannteste Bau in Dresden? **20.** Für welche Form der Architektur ist der Zwinger ein schönes Beispiel? **21.** Seit wann stellt man Porzellan in Meißen her? **22.** Was sah er von der Elbe aus? **23.** Wie lange war er in Meißen? **24.** Wann war er wieder in München? **25.** Wie oft haben Verwandte in Ost und West Gelegenheit zusammenzukommen?

## *Themen zur Diskussion oder Komposition*

1. Das internationale Hamburg
2. Symbole und bekannte Gebäude Bremens
3. Die Epochen 1618–1648, die Zeit Napoleons und Deutschland in der ersten Hälfte des zwanzigsten Jahrhunderts
4. Heine und das Düsseldorfer Museum
5. Köln und der Dom
6. Bonn und die moderne deutsche Geschichte
7. Der Rhein von Bonn bis Mainz
8. Gutenberg und Analphabeten
9. Frankfurt als Zentrum
10. Die Landschaft in und um Heidelberg
11. Die Museen Münchens
12. Was den Studenten in der DDR interessiert

## IV | Berlin und die Freie Universität

### ALTE UND NEUE UNIVERSITÄT

**1.** Wann beginnt diese Geschichte? **2.** Wie viele Studenten saßen in dem Auditorium? **3.** Warum hatten alle Mäntel an? **4.** Was hielt sich ein Student vor die Nase? **5.** Wer saß neben ihm? **6.** Was hatte er für Lessings Werke bekommen? **7.** Wie heißt ein Werk von Lessing? **8.** Wie heißt der Professor der Soziologie? **9.** Was macht die Studentin während der Professor spricht? **10.** Wie heißt der Student? **11.** Wie heißt die Studentin? **12.** Interessiert sich Walther von Nordheim für die Politik? **13.** Wo verdiente er sich sein Studiengeld? **14.** Wo ist die Sektorengrenze? **15.** Wo nahmen die zwei Studenten Platz? **16.** Aus welchem Werk zitierte Hildegard Grüningen? **17.** Wann begann der politische Kampf um die Universität? **18.** Wann wurde die Universität Berlin gegründet? **19.** Bis wann war sie ein Zentrum der Forschung? **20.** Wann wurde die Universität nach Ende des Krieges wieder eröffnet?

**21.** Welche Dichter interpretierte man als „Vorläufer des Kommunismus"? **22.** Was versuchte die „Studentische Arbeitsgemeinschaft"? **23.** Was war für Hildegard Grüningen das Wichtigste? **24.** Was sagte Walther von Nordheim über die Freiheit? **25.** Welche Worte zitierte sie aus Lessings *Nathan*? **26.** Wer hat die Deutschen das Volk der Politiker und Staatsmänner genannt? **27.** Wer schrieb über das Ideal des Unpolitisch-Seins? **28.** Wofür interessiert sich Walther von Nordheim? **29.** Was will er werden? **30.** Wie war der Kaffee in dem Café? **31.** Was bedeutet *Colloquium*? **32.** Wovon sprachen die Studenten? **33.** Wann soll die Protestversammlung stattfinden? **34.** Was will man in Berlin ins Leben rufen? **35.** Sagte Walther von Nordheim ‚ja' oder ‚nein', als man ihn fragte, ob· er mithelfen will? **36.** War der Saal vor Beginn der Versammlung schon voll? **37.** Was, meinte der Redner, brauchte man im Westen Berlins? **38.** Was braucht man aber, um eine Universität zu gründen? **39.** Was brachten diese Wochen für Hildegard? **40.** Wie lange schlief sie meist in der Nacht?

**41.** Was begann im Juni 1948? **42.** Was dachte Walther von Nordheim, als er davon las? **43.** Wohin ging er, nachdem er die Zeitung gelesen hatte? **44.** Was wurde kurz nach Beginn der Blockade ins Leben gerufen? **45.** Wie hieß der Oberbürgermeister Berlins? **46.** Wo kamen die Studenten zusammen? **47.** Wer war der erste am Funkturm? **48.** Wer unterstützte die Studenten voll und ganz? **49.** Wie lange saßen die Studenten auf der Bank? **50.** Was war ihre Parole? **51.** Was stellten die Amerikaner zur Verfügung? **52.** Wann begann man, in die neuen Gebäude einzuziehen? **53.** Wie viele Menschen telefonierten am ersten Tag? **54.** Wie viele Besucher kamen am ersten Tag? **55.** Was hatte die Studentin in ihrem Rucksack? **56.**

Wie hieß ein Studentenwort damals? **57.** Wie viele Namen sollte man General Clay nennen? **58.** Wie oft arbeitete Nordheim in Dahlem? **59.** Wann war es soweit? **60.** Wo saßen Hildegard Grüningen und Nordheim?

**61.** Mit welchen Worten endete Ernst Reuters Rede? **62.** Von welchen deutschen Universitäten waren Repräsentanten gekommen? **63.** Was waren die weiteren Probleme? **64.** Wie viele Fakultäten gab es im Dezember 1948? **65.** Wie viele Fakultäten hatte man sechs Jahre später? **66.** Wer wurde der zehnte Ehrenbürger der Freien Universität? **67.** Wie viele Studenten studierten zu der Zeit an der Freien Universität? **68.** Welche Stiftung hat viel mitgeholfen? **69.** Welche Studenten hatte man früher vernachlässigt? **70.** Was entstand an der Freien Universität im zweiten Semester? **71.** Sind Studienhelfer jüngere oder ältere Studenten? **72.** Was vernachlässigte man auch an deutschen Universitäten? **73.** Was wurde an der Freien Universität ein Lehrfach wie, zum Beispiel, Philosophie und Literatur? **74.** In welchem Jahr endete die Blockade? **75.** In welchem Monat endete die Blockade? **76.** Wie beginnt das Lied, das man sang? **77.** Welche anderen Städte werden in dem Lied genannt? **78.** Was goß man in Croydon, England? **79.** Welche andere Glocke wurde in derselben Stadt gegossen? **80.** Wann hörten die Berliner die neue Glocke zum ersten Mal läuten?

## 0 | JAHRZEHNTE SPÄTER

**1.** Wie viele Berliner gingen bis 1961 täglich über die Grenze von Ost nach West und von West nach Ost? **2.** Wie viele Menschen aus dem Osten besuchten jährlich die Theater, Kinos usw. West-Berlins? **3.** Was nahmen Menschen oft aus West-Berlin mit? **4.** Wie vielen Menschen gelang monatlich die Flucht? **5.** Wie viele waren es im Juli 1961? **6.** Wann war der schwarze Sonntag der Berliner Geschichte? **7.** Um welche Zeit marschierten Soldaten an die Sektorengrenze? **8.** Wann begann man mit dem Bau der Mauer? **9.** Was war der stolzeste Satz, den man vor zweitausend Jahren sagen konnte? **10.** Was ist nach Präsident John F. Kennedy die moderne Form des Satzes? **11.** Was hatte Bismarck hundert Jahre zuvor gesagt? **12.** Wie heißt ein Platz West-Berlins? **13.** Zu welchem Staat gehört West-Berlin? **14.** Wovon ist Berlin umgeben? **15.** Was kommt aus Bonn nach West-Berlin? **16.** Was ist für West-Berlin ein großes Problem? **17.** Was ist das beliebteste Verkehrsmittel? **18.** Was war der Landeplatz des Flughafens einst? **19.** Wie viele Menschen kommen jährlich aus den Vereinigten Staaten von Amerika nach Berlin? **20.** Aus welchen europäischen Ländern kommen viele Menschen nach Berlin? **21.** Wie viele neue Wohnungen wurden in den ersten zwanzig Jahren nach dem Krieg gebaut? **22.** Welcher Bauhaus-Architekt hat nach dem Krieg auch in Berlin gebaut? **23.** Etwa wie viele Studenten studieren in West-Berlin? **24.** Seit wann sind keine Studenten aus den Ostgebieten in West-Berlin? **25.** Welche zwei Gebäude erinnern die Menschen an Amerika? **26.** Wer ist der Architekt der Neuen Nationalgalerie in West-Berlin? **27.** Welche Ausländer sind bei den Berlinern sehr beliebt? **28.** Gibt es in West-Berlin mehr Menschen, die zuwandern, als Menschen, die abwandern? **29.** Was, meinen manche, soll Berlin werden? **30.** Was ist nach Theodor Fontane für die Berliner das elfte Gebot?

## *Themen zur Diskussion oder Komposition*

1. Die alte Universität Berlin gleich nach dem zweiten Weltkrieg
2. Die „Studentische Arbeitsgemeinschaft" und das *Colloquium*
3. Hildegard Grüningen, Walther von Nordheim und der politische Mensch
4. Die Berlin-Blockade 1948–1949
5. Die Protestversammlung
6. Die ersten Anfänge
7. Die Gründung und wie es weiter ging
8. Die Mauer
9. Das Berlin von heute

# V | Studenten gegen Hitler

### 11 | DAS IDEAL UND DIE WIRKLICHKEIT

**1.** Wie alt waren Hans und Sophie, als sie nach Ulm zogen? **2.** Was fand im Januar 1933 statt? **3.** Wovon redete man sehr viel in den nächsten Wochen? **4.** In welche Organisation traten Bruder und Schwester ein? **5.** Was hielt der Vater davon? **6.** Warum durfte Hans Scholl seine Volkslieder nicht singen? **7.** Was hatte Hans in Nürnberg gesehen? **8.** Was machten die Nazis mit der „Jungenschaft" im Jahre 1938? **9.** Wer steckte Hans ins Gefängnis? **10.** Hatte Hans Beziehungen zur politischen Opposition? **11.** Welche Dramen von Schiller las er? **12.** Was gewann aktuelle Bedeutung? **13.** Über welchen Staat im alten Griechenland schrieb Schiller? **14.** Wo studierte Hans? **15.** Was geschah im Herbst 1939?

**16.** Mußte Hans sofort die Uniform anziehen? **17.** Welchen Feldzug mußte er später mitmachen? **18.** Wann machte die Geheime Staatspolizei ihre „Besuche"? **19.** Mit wem schloß Hans Freundschaft? **20.** Wann kam die Schwester Sophie nach München? **21.** Wer hatte den Vater „besucht"? **22.** Was feierte man am ersten Abend? **23.** Wovon sprach man später am Abend? **24.** Wen lernte Sophie in den nächsten Tagen kennen?

## 2 | WIDERSTAND

**1.** Was stand in den Flugblättern? **2.** Wohin ging Sophie, nachdem sie die Flugblätter gelesen hatte? **3.** Was fand sie auf Hans' Schreibtisch? **4.** Wie oft erschienen weitere Flugblätter? **5.** Wie viele Menschen nahmen an der Arbeit teil? **6.** Trugen sie die Blätter nur in München aus? **7.** Aus welchem Grunde trat eine längere Pause in der Arbeit der Studenten ein? **8.** Wie lange war die Studentenkompagnie in Rußland? **9.** Warum gab Sophie das Studium auf? **10.** Wovon erzählten die Briefe aus Rußland? **11.** Kamen die Studenten vor oder nach der Schlacht von Stalingrad nach Hause zurück? **12.** Wo kamen sie zusammen, als sie nach Deutschland zurückkamen? **13.** Was konnte man in der Münchener Ludwigstraße lesen? **14.** In welchen Städten erschienen zu gleicher Zeit Flugblätter? **15.** Was schrieben Professor Huber und Hans Scholl über Stalingrad? **16.** Was schrieben sie über die innerdeutsche Politik? **17.** Was machten Hans und Sophie am 18. Februar? **18.** Wer hatte die Gestapo alarmiert? **19.** Wohin brachte man die Geschwister Scholl? **20.** Kamen sie in dieselbe Zelle? **21.** Wie lange mußte Sophie warten, bis der Beamte kam?

**22.** Gesteht Hans alles ein? **23.** Wer bringt den Scholls etwas zu essen? **24.** Was bekommen sie zu essen? **25.** Wer ist noch Gefangener? **26.** Gesteht Sophie das zweite Mal alles ein? **27.** Wie spricht der Gestapo-Beamte mit Sophie? **28.** Was antwortet Sophie? **29.** Nennt Sophie Namen? **30.** Was will der Beamte von Hans wissen? **31.** Wie viele Tage muß Hans zum Verhör? **32.** Was geschieht im

Prozeß? **33.** Was sind Hans' letzte Worte? **34.** Was sind Sophies letzte Worte? **35.** Was fand einige Wochen später statt? **36.** Was schrieb Franz Kafka über ruhiges Stillhalten?

## *Themen zur Diskussion oder Komposition*

**1.** Die Familie Scholl in den ersten Jahren nach 1933
**2.** Hans Scholl und Schiller
**3.** Der Anfang des Widerstandes
**4.** Nach der Schlacht von Stalingrad
**5.** Der 18. Februar 1943
**6.** Hans und Sophie Scholl als Gefangene
**7.** Die letzten Tage

# VI | Wien von Gestern und Heute

### 13 | WIEN IN DER GESCHICHTE
#### Der Aufstieg zur internationalen Metropole

**1.** Wie viele Luftangriffe hatte man im April 1945 in Wien schon hinter sich? **2.** Warum konnte man im April 1945 nicht fliehen? **3.** Warum sahen die Wiener dem Anmarsch vom Osten mit gemischten Gefühlen entgegen? **4.** Was war das Wiener Motto? **5.** Was ißt man gerne in Wien? **6.** Was kann man beim Heurigen hören? **7.** Was könnte man über das Musik- und Theaterleben der Zeit sagen? **8.** Was schrieb der Lokalpoet Bäuerle über Wien? **9.** Wann endete der Kampf um Wien? **10.** In wie viele Sektoren teilte man Wien auf? **11.** Wie lange lag Wien hinter dem sogenannten Eisernen Vorhang? **12.** Wie weit reicht die Geschichte Wiens zurück? **13.** Wo sieht man das alte Wort „Vindobona" heute noch? **14.** Was bedeutet das Wort „Vindobona" vielleicht? **15.** Welche Völker überrannten Wien im ersten Jahrtausend? **16.** Welche Nibelungen-Episode findet in Wien statt? **17.** Wann begann der eigentliche Aufstieg Österreichs und seiner Hauptstadt? **18.** Durch welche historischen Ereignisse gewann Wien weiter an Bedeutung? **19.** Wer war der berühmteste Dichter von Minneliedern? **20.** Wie hieß der Gründer des Hauses Habsburg?

**21.** Was könnten die Buchstaben A E I O U bedeuten? **22.** Wie erklärt man die Bedeutung des Spruches? **23.** Wann wurde die Universität Wien gegründet? **24.** Warum sprach man Latein, nicht Deutsch, an der Universität Wien? **25.** Wann wurde Deutsch die Sprache der deutschen Universitäten? **26.** In welcher Beziehung wurde Wien eine Weltstadt? **27.** Wurde in Wien während des Dreißig-jährigen Krieges gekämpft? **28.** In welcher Beziehung könnte man Wien und New York vergleichen?

## Die Wiener und das Wienerische

**1.** Wie heißt der große Park Wiens? **2.** Woher kommt der Name des Parks? **3.** Was könnte man über das Wiener Deutsch sagen? **4.** Wieso war Montesquieu ein schlechter Prophet? **5.** Was sagte er über das Sterben in Wien? **6.** Wie spricht man die Menschen in Wien am besten an? **7.** Was sagt man über „leben und leben lassen" in Wien? **8.** In welcher Weise ist der Dichter Grillparzer typisch wienerisch? **9.** Wieso war der Absolutismus in Österreich nicht so absolutistisch wie in anderen europäischen Ländern? **10.** Was ist das bekannteste Wahrzeichen Wiens? **11.** Was sagen manche Kunsthistoriker über den Stil des Stephansdoms? **12.** In welcher Weise wurde der Dom im zweiten Weltkrieg beschädigt? **13.** Was steht ein paar hundert Meter vom Stephansdom? **14.** Was hatte der liebe Augustin mit der Pest zu tun? **15.** Welche drei Bauten sind historisch und kulturell besonders bedeutend? **16.** Was ist die Bedeutung der Karlskirche? **17.** Woher kommt der Name des Schlosses Schönbrunn? **18.** Was fand am Anfang des neunzehnten Jahrhunderts in Schönbrunn statt? **19.** Was feierte man hier im Jahr 1955? **20.** Welche Mozart-Kompositionen spielte man, als Kennedy und Chrustschow 1961 in Schönbrunn waren? **21.** Was für Operetten-Lieder spielte man auch? **22.** Wie beginnt das sentimentale Lied, das die Gäste gerne hörten? **23.** Wessen Residenz war das Schloß Belvedere? **24.** Was für ein Mensch war Prinz Eugen?

## Die musikalische Welt

**1.** Wann wurde Wien ein Musikzentrum? **2.** Wie heißen einige Nationalhelden Österreichs? **3.** Wie alt ist das heutige Wiener Opern-haus? **4.** Was schrieb Beethoven dem König von Westfalen? **5.** Warum nennt man Gluck den Reformator der Oper? **6.** Welche Rolle spielt Haydn in der Geschichte der Musik? **7.** Was sagte Goethe über Mozart? **8.** Wieso könnte man Mozart den Shakespeare der Musik nennen? **9.** Wogegen hatte Mozart in Wien schwer zu kämpfen? **10.** Welche Ideale besingt Mozart in der *Zauberflöte*? **11.** Welcher Komponist ist am bekanntesten als Liederkomponist? **12.** Warum sprach Schubert recht melancholisch von sich selbst? **13.** Wovon lebte Schubert? **14.** Wie lange gibt es schon Wiener Sängerknaben? **15.** Wie hießen die Sängerknaben früher? **16.** Was ist das einzige Krite-rium für die Aufnahme der Knaben im Chor? **17.** Wie viele Chöre gibt es? **18.** Was kann man in den Wiener Kaffeehäusern machen? **19.** Was schrieb Alfred Polgar über die Idee des Kaffeehauses? **20.** Wie kam es, daß das erste Wiener Kaffeehaus gegründet wurde? **21.** Was bekommt man in Wiener Cafés und Restaurants — und sonst in Europa nicht? **22.** Was meinte Stefan Zweig, als er von der Wiener „Theatromanie" sprach?

## 14 | WIEN — DIE ÖSTERREICHISCHE HAUPTSTADT

**1.** Wann wurde Wien die „österreichische" Hauptstadt? **2.** Wie nennt man den Krieg zwischen Österreich und Preußen im Jahr 1866? **3.** Auf welchen Gebieten leistete man Großes an der Wiener Universität? **4.** Welches Gebiet interessierte die Welt des zwanzigsten Jahrhunderts besonders? **5.** Wie viele Analysen machte Sigmund Freud täglich? **6.** Was machte Freud Mittwoch abends? **7.** Was machte er Samstag abends? **8.** Wie hieß sein erstes Werk? **9.** Wie hieß sein zweites Werk? **10.** Was sind die drei Mächte, von denen Freud schrieb? **11.** Was ist das „Es"? **12.** Was ist die Funktion des „Ich"? **13.** Wie entsteht das „Über-Ich"? **14.** Was wurde 1918 aus Österreich? **15.** Was geschah im März 1938? **16.** Was konnte man 1945 in Wien sehen? **17.** Welche Mächte besetzten Wien? **18.** Was sagte der Pessimist 1945, als der Optimist vom Betteln sprach? **19.** Wie lange blieben die vier Mächte in Wien? **20.** Wann wurde Österreich wieder ein souveräner Staat? **21.** Was mußte als Preis für Unabhängigkeit und Freiheit geliefert werden? **22.** Wer kam, als die fremden Legionen gingen? **23.** Welche internationale Organisation hat seit 1957 ihren Sitz in Wien? **24.** Was feierte man, zum Beispiel, in den letzten Jahren in Wien? **25.** Wieso sagt auch mancher Wiener von heute: „Herrgott, ich möcht' so leben können, wie ich leb'?" **26.** Was sagt man immer noch von den Wiener Mädchen?

## *Themen zur Diskussion oder Komposition*

**1.** Wien bis zur Gründung des Hauses Habsburg
**2.** Wien von der Gründung des Hauses Habsburg bis zum Anfang des neunzehnten Jahrhunderts
**3.** Wien als Musikzentrum
**4.** Wien im neunzehnten und im zwanzigsten Jahrhundert bis zum Anfang des ersten Weltkrieges
**5.** Die Wiener Kaffeehäuser
**6.** Sigmund Freud und die Psychoanalyse
**7.** Wien im zwanzigsten Jahrhundert

# Vocabulary

Articles, numerals, personal pronouns, possessive adjectives and pronouns, days of the week, months of the year, the most obvious proper names and cognates, the pronunciation of which offers no difficulties, are not listed. For the rest, the vocabulary is complete. Indication of accentuation and of principal parts will aid in answering the questions.

A dash (–) indicates repetition of the noun. The genitive singular and nominative plural of masculine and neuter nouns are indicated, but only the nominative plural of feminine nouns. If masculines or neuters are followed by only one form, no plural exists, or the plural form is uncommon. If feminine nouns are followed by no form, no plural exists, or the plural form is uncommon.

The principal parts of irregular and strong verbs are given in full; no principal parts are given for weak verbs. Separable prefixes are hyphenated.

The adverbial meaning of an adjective is not given unless it differs from the adjectival meaning.

## Abbreviations

| | | | |
|------|-------------|-------|-------------|
| adj. | *adjective* | lit. | *literally* |
| adv. | *adverb* | pl. | *plural* |
| conj. | *conjunction* | prep. | *preposition* |
| Lat. | *Latin* | subj. | *subjunctive* |

# A

a Viennese for: **ein, eine**

**Aachen** Aachen, Aix-la-Chapelle (*city in Northwestern Germany*)

der **Abend, –s, –e** evening; **abends** in the evening

das **Abendessen, –s, –** supper

das **Abendland, –(e)s** Occident, West

**aber** but, however

der **Abgeordnete, –n, –n** deputy, representative

**abhängig** dependent

**ab-holzen** cut down trees

das **Abitur, –s** higher school certificate; **das Abitur machen** get the higher school certificate

**ab-nehmen, nahm ab, abgenommen, nimmt ab** take off

das **Abnorme, –n** abnormal

**ab-reisen von** leave

der **Absatz, –es, ̈e** paragraph

der **Abschied, –(e)s, –e** leave, departure

**ab-setzen** depose

die **Absicht, –en** intention

**absichtlich** intentional

der **Absolutismus, –** absolutism

**absolutistisch** absolutistic

**ab-stammen** be derived from

**ab-stellen** put down

**abstrakt** abstract

**ach** ah, oh

die **Achse, –n** axis

**achtzehnjährig** eighteen-year old

der **Ackermann, –(e)s** plowman

**Adenauer, Konrad** (*1876–1967*) German chancellor (*1949–1963*)

**administrativ** administrative

das **Adreßbuch, –es, ̈er** address book

der **Affe, –n, –n** ape, monkey

das **Afrika, –s** Africa

der **Agitator, –s, Agitatoren** agitator

das **Ägypten, –s** Egypt

**ähnlich** similar

die **Akademie, –n** academy

der **Akademiker, –s, –** scholar, academician

**akademisch** academic

der **Akt, –es, –e** act

**aktuell** up-to-the-minute, timely

der **Akzent, –(e)s, –e** accent

**akzeptieren** accept

**alarmieren** alarm, alert

**albanisch** Albanian

der **Alkoholiker, –s, –** alcoholic

**all** all, everything; **alles** everything, all; **vor allem** above all

**allegorisch** allegorical

**allein** alone

**allerdings** of course, to be sure

**allgemein** general, common

**alliiert** allied

**allmächtig** almighty

**allwissend** omniscient, all-knowing

**allzu** too, all too

die **Alpen** (*pl.*) Alps

der **Alpenschnee, –s** Alpine snow

**als** when, as, than; **als ob** as though; **nichts anderes als** nothing but

**also** so, therefore, then, thus

**alt** old; **die Älteren** the older people

der **Altar, –s, ̈e** altar

das **Alter, –s,** age; **hohes Alter** great age; **altern** grow old

das **Altertum, –s, ̈er** antiquity, relic

die **Altstadt** Old Town

**am = an dem** on the

die **Ambition, –en** ambition

das **Amerika, –s** America; der **Amerikaner, –s, –** American; **amerikanisch** American

**amüsant** amusing

**an** on, up, to, at

der **Analphabet, –en, –en** illiterate

die **Analyse, –n** analysis

**analysieren** analyze

die **Anatomie** anatomy

die **Anbetung** adoration

**an-bieten, bot an, angeboten** offer

**an-brechen, brach an, angebrochen, bricht an** begin

**an-bringen, brachte an, angebracht** put up

das **Andenken (an), –s, –** memory *or* reminder (*of*)

**ander** other

sich **ändern** change

**Andernach** small town south of Bonn

**andererseits** on the other hand

**ander(e)s** different, otherwise; **nichts anderes wie** nothing but

**anderswo** elsewhere

**anderwärts** elsewhere

aneinander-fügen join
die Anekdote, –n anecdote
der Anfang, –(e)s, ⸚e beginning; an-
fangs in the beginning
an-fangen, fing an, angefangen,
fängt an begin, do
angebracht installed
an-gehen, ging an, angegangen
concern; einen etwas angehen
be of concern to one
an-gehören belong to
die Angeln (pl.) Angles
die Angelsachsen (pl.) Anglo-Saxons
angelsächsisch Anglo-Saxon
angenehm pleasant, agreeable
anglonormannisch Anglo-Norman
an-greifen, griff an, angegriffen
attack
die Angst, ⸚e fear
an-haben, hatte an, angehabt have
on
an-halten, hielt an, angehalten, hält
an hold, stop
der Anmarsch, –es, ⸚e advance (of
troops)
an-nehmen, nahm an, angenommen, nimmt an accept, assume,
take on
anonym anonymous
an-regen excite, stimulate
ans = an das at the, to the
die Anschauung, –en view, attitude
der Anschlag, –(e)s, ⸚e placard, poster
sich an-schließen, schloß an, ange-
schlossen unite with
anschließend adjoining
der Anschluß, –sses union (of Austria
and Germany)
(sich) an-sehen, sah an, angesehen, sieht
an look at, regard
das Ansehen, –s respect
an-sprechen, sprach an, angespro-
chen, spricht an address, speak
to
der Anspruch, –(e)s, ⸚e claim, title
die Anstrengung, –en exertion
der Anteil, –s, –e share
die Anthologie, –n anthology
der Anthropologe, –n, –n anthropol-
ogist
anthropozentrisch anthropocentric
antik ancient
die Antwort, –en answer

antworten answer
an-vertrauen confide, entrust to
an-wenden, wandte an, angewandt
apply, use
die Anzahl number
an-ziehen, zog an, angezogen put
on
der Apfel, –s, ⸚ apple
der Apfelbaum, –(e)s, ⸚e apple tree
der Apostel, –s, – apostle
der Apparat, –(e)s, –e telephone, ap-
paratus
das Äquivalent, –s, –e equivalent
arabisch Arabian
die Arbeit, –en work
arbeiten work
der Arbeiter, –s, – worker; Arbeiter-
söhne workers' sons
das Arbeiterparadies, –es workers' par-
adise
der Arbeitsdienst, –(e)s labor service
die Arche, –n ark
architektonisch architectural
die Architektur architecture
der Aristokrat, –en, –en aristocrat
die Aristokratie aristocracy
Aristoteles (384–322 B.C.) Aristotle
die Arktis Arctic
arm poor
der Arm, –(e)s, –e arm
die Armee, –n army
armenisch Armenian
die Armut poverty
die Art, –en kind, sort
der Artikel, –s, – article
die Artillerie artillery
die Artilleriegranate, –n artillery shell
der Arzt, –es, ⸚e doctor, physician
asiatisch Asiatic
das Asien, –s Asia
assimilieren assimilate
der Assistent, –en, –en assistant
die Assoziation, –en association
der Atem, –s breath; außer Atem sein
be out of breath; atemlos breath-
less
atheistisch atheistic
atmen breathe
die Atombombe, –n atom bomb
Attila (406?–453) king of the Huns
(433?–453)
die Attraktion, –en attraction

auch also, too, even, either; **auch wenn** even though

auf on, in, upon, to, for; open

auf-bauen build up

die Auffassung, —en conception

die Aufführung, —en performance

die Aufgabe, —n task, lesson

auf-geben, gab auf, aufgegeben, gibt auf give up

auf-gehen, ging auf, ist aufgegangen open

aufgeschlagen opened

auf-horchen listen attentively

auf-hören stop

auf-klären clarify, clear up

auf-kommen, kam auf, ist aufgekommen come up

die Aufnahme, —n admission

sich auf-regen get excited

aufregend exciting

die Aufregung, —en excitement

der Aufruf, —es, —e appeal

aufs = auf das on the, to the

der Aufschwung, —s upswing, improvement

auf-stehen, stand auf, ist aufgestanden stand up, get up

sich auf-stellen post oneself

der Aufstieg, —(e)s, —e rise

auf-teilen divide

auf-treten, trat auf, ist aufgetreten, tritt auf appear

auf-wachsen, wuchs auf, ist aufgewachsen, wächst auf grow up

das Auge, —s, —n eye; **in die Augen fallen** strike one's eye

der Augenblick, —(e)s, —e moment

aus out, out of, from; made of

die Ausbeutung, —en exploitation

aus-bilden train

die Ausbildung, —en development

aus-brechen, brach aus, ist ausgebrochen, bricht aus break out

aus-brennen, brannte aus, ausgebrannt burn out

sich aus-denken, dachte aus, ausgedacht imagine

der Ausdruck, —(e)s, —̈e expression

aus-drücken express

sich auseinander-setzen come to an understanding

auserwählen select

aus-fragen interrogate, question

der Ausgang, —(e)s, —̈e exit, departure

aus-geben, gab aus, ausgegeben, gibt aus spend *(money)*

ausgehend late

ausgeschlafen sober, refreshed

aus-kommen, kam aus, ist ausgekommen manage

das Ausland, —(e)s foreign countries

der Ausländer, —s, — foreigner, alien

ausländisch foreign

aus-legen distribute

die Ausnahme, —n exception

aus-sagen express, say

aus-sehen, sah aus, ausgesehen, sieht aus look, appear

die Außenwelt external world

außer outside of, out of

außerhalb outside of

die Aussicht, —en view

aus-sprechen, sprach aus, ausgesprochen, spricht aus express, utter

das Aussteigen, —s getting off, getting out

die Ausstellung, —en exhibition, show

aus-tauschen exchange

aus-tragen, trug aus, ausgetragen, trägt aus carry away, distribute

das Australien, —s Australia

ausverkauft sold out

aus-wandern emigrate

auswendig können know by heart

das Auto, —s, —s automobile, car

die Autobahn, —en highway, freeway

die Autokarte, —n road map

automatisch automatic

der Automatismus, — automatic thing

das Automobil, —s, —e automobile

die Autorität, —en authority

die Autostraße, —n highway


# B

Babenberg family holding margraviate *(976–1156)* and duchy *(1156–1246)* of Austria

Bach, Johann Sebastian *(1685–1750)* composer and organist

der Backenbart, —(e)s, —̈e whiskers

das Bad, —(e)s, —̈e bath

Bad Godesberg town south of Bonn

die Bahn, —en railway, railroad

der Bahnhof, –(e)s, ⸚e station
die Bakteriologie bacteriology
bald soon
baltisch Baltic
der Band, –(e)s, ⸚e volume
die Bank, ⸚e bench
die Bank, –en bank
das Banner, –s, – banner
der Bär, –en, –en bear
der Barbar, –en, –en barbarian
barbarisch barbarian
die Barkasse, –n harbor boat
barock baroque
der Bart, –(e)s, ⸚e beard
bärtig bearded
die Baskenmütze, –n beret
der Bau, –(e)s, Bauten construction, building
bauen build; sich bauen be built up
der Bauer, –s or –n, –n farmer, peasant; Bauernsöhne farmers' sons
Bäuerle, Adolf, (1784–1859) Viennese writer
die Baukunst architecture
der Baum, –(e)s, ⸚e tree
der Baumeister, –s, – architect
die Bauten (pl.) buildings
das Bauwerk, –(e)s, –e buildings, edifice
bayerisch Bavarian; das Bayern, –s Bavaria
beachtlich notable
der Beamte, –n, –n official
beantworten answer
der Becher, –s, – beaker, cup, goblet
bedeuten mean, signify; bedeutend significant, outstanding, important
die Bedeutung, –en meaning, significance
die Bedingung, –en condition
bedürfen, bedurfte, bedurft, bedarf require
beeinflussen influence
beenden finish, bring to a conclusion
Beethoven, Ludwig van (1770–1827) composer
das Beethovenhaus, –es Beethoven House
der Befehl, –s, –e order, command; der Befehl zum Abtransport orders to leave

sich befinden, befand, befunden be, be located
der Befreiungskrieg, –(e)s, –e war of liberation
befreundet sein mit be the friend of
begabt gifted
die Begebenheit, –en event
begegnen meet
begehren desire; seiner so begehren desire it so much
begeistert enthusiastic
die Begeisterung, –en enthusiasm
der Beginn, –s beginning
beginnen, begann, begonnen begin
begleiten accompany
der Begriff, –(e)s, –e concept, idea
der Begründer, –s, – founder
begrüßen welcome, greet
behandeln treat
bei by, at, on, with, at the house of, during, in the case of
beide both, two
der Beifall, –s applause; Beifall klatschen clap, applaud
beim = bei dem at the, with the
das Bein, –(e)s, –e leg
beinahe almost
das Beispiel, –(e)s, –e example; zum Beispiel for example
beißen, biß, gebissen bite; beißend biting, caustic
bei-wohnen attend
bekannt known, well-known, acquainted
der Bekannte, –n, –n acquaintance
bekommen, bekam, bekommen get, receive
belagern lay siege to; die Belagerung, –en siege
belesen well-read
das Belgien, –s Belgium
beliebt popular
Belvedere castle of Prince Eugene in Vienna
bemerken notice
benennen name
benutzen use
das Benzin, –s gasoline
beraten, beriet, beraten, berät advise, counsel
berauscht intoxicated; wie berauscht as though intoxicated
bereit ready

der **Berg,** —(e)s, —e mountain
**Berg, Alban** *(1885–1935)* composer
der **Bericht,** —(e)s, —e report
**berichten** report, tell
der **Berliner,** —s, — inhabitant of Berlin
**beruhen auf** be founded on
**berühmt** famous
**besagen** mean, say
die **Besatzungsbehörde,** —n occupation
authority
die **Besatzungsmacht,** —e occupation
power
**beschädigen** damage
sich **beschäftigen** occupy oneself
**bescheiden** modest
**beschließen, beschloß, beschlossen**
conclude, close, decide
**beschreiben, beschrieb, beschrie-
ben** describe
der **Beschützer,** —s, — protector
**besetzen** occupy
die **Besetzung,** —en occupation
**besingen, besang, besungen** sing
about
**besonder** especial, special; **besonders** especially
die **Besorgnis,** —se anxiety, apprehen-
sion
**besprechen, besprach, besprochen,
bespricht** discuss
**besser** better
sich **bessern** improve
**best** best
**besteigen, bestieg, bestiegen** climb
**bestellen** order, ask to come
**bestimmt** definite
der **Besuch,** —(e)s, —e visit, company,
visitors
**besuchen** visit, attend; **die Besuchten** those visited
der **Besucher,** —s, — visitor
**betonen** emphasize
**betrachten** regard
**betreiben, betrieb, betrieben** carry
on, pursue
**betreten, betrat, betreten, betritt**
enter
**betrügen, betrog, betrogen** deceive,
cheat
**betrunken** drunk
das **Bett,** —es, —en bed
**betteln** beg
die **Bevölkerung,** —en population

**bevor** before
**bevor-stehen, stand bevor, bevor-
gestanden** be imminent, be ahead
*(of one);* **bevorstehend** imminent
sich **bewegen** move
die **Bewegung,** —en movement, motion
der **Beweis,** —es, —e proof
**beweisen, bewies, bewiesen** prove
der **Bewohner,** —s, — inhabitant
**bewundern** admire
die **Bezeichnung,** —en designation
die **Beziehung,** —en connection, relation, respect
der **Bezirk,** —(e)s, —e district
die **Bibel,** —n Bible
die **Bibliothek,** —en library
**biegen, bog, gebogen** bend
die **Bierstube,** —n taproom
das **Bild,** —(e)s, —er picture, image
**bilden** form, constitute; **sich bilden**
form
das **Bildnis,** —ses, —se picture, image
die **Bildung** education, culture
**binden, band, gebunden** tie, restrict
**Bingen** small town on the left bank
of the Rhine
**bis** up to, until, as far as, to; **bis
zu** to
der **Bischof,** —s, —e bishop
**Bismarck, Fürst Otto von** *(1815–
1898)* first chancellor of German
Empire
**bißchen** bit, *(a)* little
**bitten, bat, gebeten** ask; **bitten um**
ask for, plead for
**bitter** bitter
die **Bitterkeit** bitterness
**bittersüß** bittersweet
das **Blatt,** —(e)s, —er handbill, paper,
leaf
**blättern (durch)** thumb *(through)*
**blau** blue
**blauäugig** blue-eyed
**bleiben, blieb, ist geblieben** stay,
remain; **Berlin bleibt doch Berlin**
Berlin will always be Berlin
der **Bleikeller,** —s lead cellar
der **Bleistift,** —(e)s, —e pencil
**blenden** blind
der **Blick,** —(e)s, —e glance, look, view
**blicken (auf)** look *(at)*
der **Blitzkrieg,** —(e)s, —e lightning war
**blockieren** blockade

das **Blut,** —(e)s blood  
**blond** blond  
**blühen** flourish, bloom  
die **Blüte,** —n blossom, flower  
die **Blütezeit,** —en Golden Age  
**blutig** bloody; **sich blutig verbren-**  
**nen an** be seared for life  
das **Bollwerk,** —(e)s, —e bulwark  
die **Bolschewisierung** Bolshevization  
die **Boltzmannstraße** Boltzmann Street  
der **Bolzen,** —s, — bolt  
die **Bombe,** —n bomb  
das **Boot,** —(e)s, —e boat  
**böse** bad, evil, angry  
**Brahms, Johannes** *(1833–1897)*  
composer  
das **Brandenburger Tor** Brandenburg  
Gate  
der **Brauch,** —(e)s, ⁼e custom  
**brauchen** use, need  
der **Brauer,** —s, — brewer  
die **Brauerei,** —en brewery  
**braun** brown  
die **Braut,** ⁼e bride  
**brechen, brach, gebrochen, bricht**  
break  
die **Brechung,** —en breaking  
**breit** broad, wide, drawling  
**brennen, brannte, gebrannt** burn  
**Breuer, Josef** *(1842–1925)* physi-  
cian and author  
der **Brief,** —(e)s, —e letter  
die **Briefmarke,** —n postage stamp  
**bringen, brachte, gebracht** bring,  
take, print  
**Britannien,** —s Britain  
das **Brot,** —(e)s, —e bread  
die **Brücke,** —n bridge; **alle Brücken**  
**hinter sich abbrechen** burn one's  
bridges behind one  
**Bruckner, Anton** *(1824–1896)* com-  
poser  
der **Bruder,** —s, ⁼ brother  
der **Bruderkrieg,** —(e)s war between  
Austria and Prussia *(1866)*  
die **Brüderlichkeit** brotherliness, frater-  
nity  
der **Brunnen,** —s, — fountain  
die **Brust,** ⁼e chest  
die **Brut,** —en brood  
**brüten** brood, hatch  
das **Buch,** —(e)s, ⁼er book  
die **Buchdruckerkunst** art of printing  

die **Buchhandlung,** —en bookstore  
der **Buchstabe,** —n, —n letter  
das **Bukett,** —s bouquet, aroma  
der **Bund,** —(e)s, ⁼e confederation  
das **Bundeshauptdorf,** —(e)s capital vil-  
lage  
das **Bundeshaus,** —es House of Repre-  
sentatives  
die **Bundesrepublik** Federal Republic  
**Bunsen, Robert Wilhelm** *(1811–*  
*1899)* chemist  
der **Bunsenbrenner,** —s, — Bunsen  
burner  
die **Burg,** —en castle  
der **Bürger,** —s, — citizen  
**bürgerlich** bourgeois  
**Burg Rheinfels** castle ruin above St.  
Goar on the Rhine  
das **Büro** —s, —s office  
der **Bursch(e),** —en, —en fellow  
der **Busch,** —es, ⁼e bush  
die **Butterblume,** —n buttercup, mari-  
gold  

## C

das **Café,** —s, —s café  
**CDU** = **Christlich Demokratische**  
**Union** Christian Democratic  
Union  
der **Charakter,** —s, **Charaktere,** char-  
acter, person  
**charakteristisch** characteristic  
die **Charlottenburger Chaussee** Char-  
lottenburg Boulevard  
der **Chauffeur,** —s, —e chauffeur, driver  
**chauvinistisch** chauvinistic  
der **Chef,** —s, —s boss, head  
die **Chemie** chemistry  
der **Chemiker,** —s, — chemist  
der **Chor,** —(e)s, ⁼e choir  
der **Chorknabe,** —n, —n choir boy  
der **Christ,** —en, —en Christian  
die **Christenheit** Christendom  
**christlich** Christian  
der **Christus** Christ; **Christi** of Christ  
**Clay, Lucius D.** *(1897–     )* Amer-  
ican army officer  
der **Club,** —s, —s club  
**Colloquium** a magazine published  
by students at the University of  
Berlin  
**Confluentes** Roman name for Ko-  
blenz

Cranach, Lucas *(1472–1553)*
painter

## D

da *(adv.)* there, then; *(conj.)* since
dabei at the same time; **dabei helfen** help with; **dabei sein** take part
dadurch through that, because of that; **dadurch, daß** because of the fact that
dafür for it, for that, instead
dagegen against it
daher therefore, hence, consequently, for that reason
dahin to that place, to that state
Dahlem section of West Berlin
damals at that time
die Dame, **–n** lady
damit with it; so that; thereby
dämonisch demoniac, overpowering
dämpfen dampen, deaden
der Dampfer, **–s, –** steamer
danach after that, later
dänisch Danish
dankbar grateful
danken thank
dann then; **dann und wann** now and then
Dante Alighieri *(1265–1321)* Italian poet
daran of it, at it, to it, about it, on it
darauf on it; later, thereupon
daraus out of it, out of that
darüber about it
darunter below; under it, among them
daß that
die Dauerhaftigkeit permanence
dauern last
der Daumen, **–s, –** thumb
davon of it, of that, from it, about it
dazu besides
dazu-kommen, kam dazu, ist dazugekommen happen; **dazu kam** there was added; **dazu kam, daß** added to this was the fact that
dazwischen in between
definitiv definite
der Deich, **–(e)s, –e** dike
die Demitasse, **–n** demitasse
der Demokrat, **–en, –en** democrat

die Demokratie, **–n** democracy
demokratisch democratic
die Demokratisierung democratization
demonstrieren demonstrate
denkbar conceivable
denken, dachte, gedacht think; **sich denken** imagine; **es gibt zu denken** it makes one think
der Denker, **–s, –** thinker, philosopher
die Denkhilfe help in thinking
das Denkmal, **–(e)s, ⁻er** monument; **ein Denkmal setzen** put up a monument
denn for, because, since
derjenige, diejenige, dasjenige he, she, it, that, such
dermaßen so much
derselbe, dieselbe, dasselbe the same
deshalb therefore
deutlich distinct, clear
deutsch German; **auf deutsch** in German
das Deutschland, **–s** Germany
der Deutschösterreicher, **–s, –** German-Austrian; **deutschösterreichisch** German-Austrian
deutschsprachig German-speaking
deutschsprechend German-speaking
die Deutzer Brücke bridge over the Rhine at Cologne
dezentralisiert decentralized
der Dialekt, **–s, –e** dialect
dialektisch dialectical
der Dialog, **–s, –e** dialogue
der Dichter, **–s, –** poet, writer
die Dichtung, **–en** literature, literary work
dick thick, stout
der Dieb, **–(e)s, –e** thief
dienen serve
Diesel, Rudolf *(1858–1913)* engineer
der Dieselmotor, **–s, –en** Diesel motor
diesmal this time
der Diktator, **–s, Diktatoren** dictator
diktatorisch dictatorial
die Diktatur, **–en** dictatorship
diktieren dictate

der Dilettant, –en, –en dilettante
das Ding, –(e)s, –e thing
der Diplomat, –en, –en diplomat
der Direktor, –s, Direktoren director
die Diskussion, –en discussion
der Diskussionsabend, –(e)s, –e evening devoted to discussion
das Diskussionsorgan, –s, –e voice *(for discussion)*
die Distel, –n thistle
die D-Mark = Deutsche Mark mark
doch however, but, yet, anyway, after all
das Dokument, –(e)s, –e document
dokumentieren prove *(by documentation),* show
der Dom, –(e)s, –e cathedral
die Domstadt, ̈e cathedral city
Donar Germanic god
die Donau Danube
„Don Juan" opera by Mozart
der Donner, –s thunder
donnern thunder, roar
die Doppelmonarchie Dual Monarchy
die Doppelsonne dual sun
das Dorf, –(e)s, ̈er village
der Dorn, –(e)s, –en thorn
dort, dorthin there
das Drama, –s, Dramen drama
der Dramatiker, –s, – dramatist
draußen outside, in the outside world
sich drehen turn
das Drehrestaurant, –s, –s revolving restaurant
die Dreißiger Jahre the thirties; dreißigjährig thirty-year-old
der Dreißigjährige Krieg, –(e)s Thirty Years' War *(1618–1648)*
Dresden city in East Germany
drittens third
drohen threaten
Droste-Hülshoff, Annette von *(1797–1848)* poetess
drucken print
die Druckerpresse, –n printing press
der Dschungel, –s, – jungle
dumm stupid, silly
dunkel dark
das Dunkel, –s darkness
dünn thin
durch through

durch-fahren, fuhr durch, ist durchgefahren, fährt durch drive through
durch-fallen, fiel durch, ist durchgefallen, fällt durch fail
der Durchgang, –(e)s, ̈e passing through, way through, gate
durchs = durch das through the
durchschnittlich on an average
durch-setzen succeed in
durch-streichen, strich durch, durchgestrichen cross out
durchsuchen search
sich durch-wursteln Austrian for: muddle one's way through
Dürer, Albrecht *(1471–1528)* painter
dürfen, durfte, gedurft, darf may, can, be permitted, be allowed
der Durst, –es thirst; Durst haben nach be thirsty for
die Düssel small river in the Ruhr area; Düsseldorf major city in the Ruhr area
das Dutzend, –s, –e dozen

## E

ebenso just as, just so, equally; ebenso wie just as
das Echo, –s, –s echo
die Ecke, –n corner
Eckehard, Meister *(1260?–1327?)* mystic
ehe before
ehelich marital
die Ehre honor; Ehre machen reflect honor upon; machen Sie sich eine Ehre daraus regard it as a matter of honor
Ehrenbreitstein fortress on the right bank of the Rhine
Ehrlich, Paul *(1854–1915)* bacteriologist
das Ei, –(e)s, –er egg
die Eiche, –n oak
Eichendorff, Joseph von *(1788–1857)* poet
eigen own; das eigene Volk, one's own country
eigentlich actual, real
eilen hasten, hurry
einander one another

ein-bringen, brachte ein, einge-
 bracht bring in *(money)*
der Eindruck, −(e)s, ̈e impression
 eindrucksvoll impressive
 einfach simple
die Einfachheit simplicity
 ein-fahren, fuhr ein, ist eingefahren,
 fährt ein arrive
 ein-fallen, fiel ein, ist eingefallen,
 fällt ein (in) invade
der Einfluß, −sses, ̈sse influence
der Eingang, −(e)s, ̈e entrance, enter-
 ing
die Eingangshalle, −n entrance hall
 ein-gestehen, gestand ein, einge-
 standen confess
die Einheit, −en unit, unity, oneness,
 unification
 einige several, some
 einigen unite
die Einigung, −en unification
 ein-kaufen shop; einkaufen gehen
 go shopping
 ein-laden, lud ein, eingeladen, lädt
 ein invite
 einmal once, sometime; auf einmal
 suddenly; nicht einmal not even;
 noch einmal once more, again
 einsam lonely, lonesome
 ein-schlafen, schlief ein, ist einge-
 schlafen, schläft ein fall asleep
der Einspänner, −s, − black coffee with
 whipped cream
 einst once, at one time
 ein-treten, trat ein, ist eingetreten,
 tritt ein enter, set in; eintreten in
 join
sich einverstanden erklären declare oneself satisfied, agree
 ein-wandern immigrate
der Einwohner, −s, − inhabitant
sich ein-zeichnen sign one's name
 einzeln single, individual
der Einzelne, −n, −n individual
 ein-ziehen, zog ein, ist eingezogen
 move in
 einzig single, only, sole
 eisblau icy blue
die Eisenbahn, −en railway, railroad,
 train
 eisern iron
 eisig icy
das Eiswasser, −s icy water

die Elbe Elbe *(river)*
der Elch, −(e)s, −e elk, moose
 elegant elegant, smart
 elektrisch electric
das Element, −s, −e element
 elend miserable, wretched
die Elite, −n elite
der Ell(en)bogen, −s, − elbow
die Eltern *(pl.)* parents
 emeritieren retire *(from a university)*
 empfangen, empfing, empfangen,
 empfängt receive
 empfinden, empfand, empfunden
 feel
das Ende, −s, −n end; ein Ende machen
 put an end *(to)*; zu Ende gehen
 come to an end; zu Ende sein
 be over
 enden end
 endlich finally
 endlos endless
das Endresultat, −s, −e final result
 eng narrow
das Engagement, −s, −s engagement,
 position
der Engel, −s, − angel
das England, −s England; der Engländer Englishman
 englisch English
 entdecken discover
 entflammen kindle
 entgegen-arbeiten work against
 entgegen-gehen, ging entgegen, ist
 entgegengegangen move toward
 entgegen-sehen, sah entgegen,
 entgegengesehen, sieht entgegen
 await, look forward to
 entlang along
sich entscheiden, entschied, entschie-
 den decide
 entscheidend decisive, critical,
 crucial
sich entschließen, entschloß, entschlossen decide
 entschlossen resolute
der Entschluß, −sses, ̈sse making up
 of one's mind, decision; zu einem
 Entschluß kommen reach a decision
 entsprechen, entsprach, entspro-
 chen, entspricht correspond to

entstehen, entstand, entstanden
originate, come into being, arise
die Entstehung rise, arising
die Enzyklopädie, —n encyclopedia
die Episode, —n episode
die Epoche, —n epoch
epochemachend epoch-making
das Epos, —, Epen the epic
erbauen build
erblicken see
die Erde earth, ground, floor, soil,
world
das Erdreich, —(e)s world
das Ereignis, —ses, —se event
erfahren, erfuhr, erfahren, erfährt
find out, learn, experience
die Erfahrung, —en experience
der Erfinder, —s, — inventor
die Erfindung, —en inventiveness, invention
der Erfolg, —(e)s, —e success
erfüllen fill, fulfill, accomplish, realize
die Ergebenheit devotion
erhaben noble, lofty
erhalten, erhielt, erhalten, erhält
preserve, receive
erheben, erhob, erhoben raise
erhöhen raise
sich erholen recover
erinnern remind
sich erinnern an remember
die Erinnerung, —en reminiscence; in
Erinnerung an in memory of
erklären explain, declare
die Erklärung, —en explanation, decla-
ration; eine Erklärung abgeben
furnish an explanation
erlauben allow, permit
die Erlaubnis, —se permission
erleben experience, witness
das Erlebnis, —ses, —se experience
erleichtern facilitate
ernähren feed
die Erneuerung renewal, strengthening
erneut new, fresh
ernst serious, earnest
der Ernst, —(e)s seriousness
erobern conquer
die Eroberung, —en conquest
eröffnen open
die Eröffnung, —en opening

die Eröffnungsfeier, —n opening ceremonies
die Eröffnungsrede, —n opening speech
erregen excite; sich erregen become
excited
erreichen achieve, attain, reach
erretten save
errichten put up
der Ersatz, —es substitute
erscheinen, erschien, ist erschienen
appear
die Erscheinung, —en phenomenon, appearance
erschlagen, erschlug, erschlagen,
erschlägt slay
erschrocken startled, taken aback
erschüttern shake
erschweren make harder
ersehen, ersah, ersehen, ersieht see,
observe
ersetzen replace
erspart bleiben be spared from
erst first, only, not until; zum erstenmal for the first time
das Erstaunen, —s astonishment
erstaunlich astonishing
die Erstausgabe, —n first edition
erstens firstly, in the first place
erstklassig first class, excellent
ertragen, ertrug, ertragen, erträgt
bear
eruptiv eruptive
erwachen awaken, wake up
erwähnen mention
erwarten expect, await
erweitern expand
erzählen tell; die Erzählung, —en
tale
der Erzbischof, —(e)s, ⁀e archbishop
die Erziehung education
erzwingen, erzwang, erzwungen
bring about by force
der (das) Essay, —s, —s essay
essen, aß, gegessen, ißt eat
das Essen, —s food, meal
die Ethik ethics
die Ethnographie ethnography
etwa perhaps, approximately
etwas some, something, somewhat,
anything; etwas anderes something else
Eugen (1663–1736) Eugene, Prince
of Savoy

der Eunuch, –en, –en eunuch
das Europa, –s Europe; der **Europäer,** –s, European; **europäisch** European
der **Europarat,** –es Council of Europe
**evangelisch** Evangelical, Protestant
**ewig** eternal, everlasting
das Exil –s, –e exile
die Existenz, –en existence, life
**existieren** exist
das Experiment, –(e)s, –e experiment
**Explosiv-** explosive
die Exstirpation extirpation, extermination

## F

die Fabrik, –en factory
die Fabrikation, –en manufacture
die Fackel, –n torch
**fahren, fuhr, (ist) gefahren, fährt** ride, drive, travel
die Fahrt, –en trip, ride
das Fahrtenbuch, –(e)s, ⸚er travel book, travel record
die Fakultät, –en school, faculty
der Fall, –(e)s, ⸚e case; **auf jeden Fall** in any case
**fallen, fiel, ist gefallen, fällt** fall
**falsch** wrong, false
**falten** fold
die Familie, –n family
die Farbe, –n color
das Faß, –sses, ⸚sser barrel, vat, tun
**fassen** hold
**fast** almost
die Feder, –n feather, pen
**fehlen** be missing, be lacking
die Fehlleistung, –en *(subconsciously motivated)* error
die Feier, –n ceremony, celebration
**feiern** celebrate
**fein** fine
der Feind, –(e)s, –e enemy; **sich zum Feind machen** make an enemy of
**feindlich** hostile
der Feinschmecker, –s, – gourmet
das Feld, –(e)s, –er field
der Feldzug, –(e)s, ⸚e campaign
der Fels, –en, –en; **Felsen,** –s, – rock, cliff
das Fenster, –s, – window

die Ferne distance; **in der Ferne** a long way off
der Fernsehsender, –s, – television channel
**fertig** finished, ready
**fest** firm
das Fest, –(e)s, –e festival, holiday
die Festung, –en fortress
der Fetzen, –s, – scrap
das Feuer, –s, – fire
**fieberhaft** feverish
„Figaro" *The Marriage of Figaro (opera by Mozart)*
der Film, –s, –e film, moving picture
der Filz, –es, –e felt
der Filzhut, –(e)s, ⸚e felt hat
**finanziell** financial
das Finanzwesen, –s banking and finance
**finden, fand, gefunden** find; **sich finden** be found
der Finger, –s, – finger
der Fisch, –es, –e fish
**Fischer von Erlach, Johann Bernhard** *(1656–1723)* architect
**flach,** flat, low
das Flachland, –(e)s, ⸚er plain, low country
**flämisch** Flemish
die Flasche, –n bottle
**flattern** flutter
die Fledermaus, ⸚e bat
das Fleisch, –es meat, flesh
**fliegen, flog, ist geflogen,** fly
der Fliegeralarm, –s, –e air raid alarm
**fliehen, floh, ist geflohen** flee
das (der) Floß, –es, ⸚e float
der Fluch, –(e)s, ⸚e curse
die Flucht, –en flight, escape
**flüchtig** hasty
der Flüchtling, –(e)s, –e refugee
der Flug, –(e)s, ⸚e flight; **wie im Fluge** like a flash
das Flugblatt, –(e)s, ⸚er handbill
der Flughafen, –s, ⸚ airport
das Flugzeug, –(e)s, –e airplane
der Fluß, –sses, ⸚sse river
**flüstern** whisper
die Flut, –en flood
**folgen** follow
**fordern** demand
**fördern** further, promote
die Forderung, –en demand

die **Form, –en** form, shape
**formulieren** formulate, express
das **Forschungsinstitut, –s, –e** research institute
die **Forschungsreise, –n** research and exploration trip
**fort** away, gone
die **Fracht** freight, cargo
die **Frage, –n** question
**fragen** ask, question
der **Fragesatz, –es, ˮe** interrogative sentence
das **Fragewort, –(e)s, ˮer** interrogative
**fraglos** unquestionable
der **Franke, –n, –n** Frank
das **Frankreich, –(e)s** France
**Franz II.** *(1768–1835)* Francis II, last Holy Roman emperor *(1792–1806)*, Francis I, emperor of Austria *(1804–1835)*
**Franz Joseph** *(1830–1916)* Francis Joseph I, emperor of Austria *(1848–1916)*
der **Franzose, –n, –n** Frenchman; **die Französin, –nen** Frenchwoman; **französisch** French
die **Frau, –en** woman, wife
das **Frauenherz, –ens, –en** woman's heart
die **Frauenkirche** famous church in Munich
**frei** free, unoccupied; **im Freien** in the open
der **Freibrief, –s, –e** charter
**freigebig** openhanded, liberal, generous
die **Freiheit, –en** freedom
das **Freiheitsdrama, –s, Freiheitsdramen** drama of freedom
der **Freiheitskampf ,–es, ˮe** struggle for freedom
der **Freiheitskämpfer, –s, –** fighter for freedom
die **Freistunde, –n** leisure hour
**freiwillig** voluntary, spontaneous
**fremd** foreign, strange
der **Fremde, –n, –n** foreigner, tourist
das **Fremdwort, –(e)s, ˮer** foreign word
**Freud, Sigmund** *(1856–1939)* neurologist
die **Freude, –n** joy, pleasure
sich **freuen** be glad

der **Freund, –(e)s, –e** friend; **die Freundin, –nen** (woman) friend
**freundlich** friendly
die **Freundschaft, –en** friendship
der **Friede(n), –ns** peace
**Friedrich I. von Hohenstaufen** *(1123?–1190)* Frederick Barbarossa, Holy Roman emperor *(1152–1190)*
**Friedrich III.** *(1415–1493)* Frederick III, Holy Roman emperor *(1440–1493)*
**Friedrich der Große** *(1712–1786)* Frederick the Great, king of Prussia *(1740–1786)*
**Friedrich Wilhelm I.** *(1688–1740)* Frederick William I, king of Prussia *(1713–1740)*
**Friedrich Wilhelm II.** *(1744–1797)* Frederick William II, king of Prussia *(1786–1797)*
die **Friedrichstraße** Frederick Street in Berlin
**frieren, fror, gefroren** freeze, suffer cold
**friesisch** Frisian
**Frija** Germanic goddess
**frisch** fresh
die **Frische** freshness
der **Friseur, –s, –e** barber, hairdresser
**froh** glad
die **Front, –en** front
die **Frucht, ˮe** fruit
**früh** early, in the morning; **in der Frühe** early in the morning; **früher** formerly
der **Frühling, –s, –e** spring
sich **fühlen** feel, have
**führen** lead, wage, have
der **Führer, –s, –** guide, leader; Hitler
die **Führung** leadership
die **Fülle** fullness, abundance
**füllen** fill
der **Fund, –(e)s, –e** finding
das **Fundament, –(e)s, –e** foundation
die **Funktion, –en** function
der **Funktionär, –s, –e** functionary
der **Funkturm, –s, ˮe** radio tower, well-known landmark in Berlin
**für** for
**fürchten** fear
der **Fürst, –en, –en** prince, ruler
der **Fuß, –es, ˮe** foot; **mit Füßen treten**

trample under foot
der **Fußball,** –(e)s soccer
das **Futter,** –s fodder, feed

# G

die **Gabe,** –n offering, gift
**gaffen** gape, stare
**galant** gallant
der **Gang,** –(e)s, ⸚e corridor, hall, course; **in Gang kommen** start
**ganz** quite, very, complete, entire; **ein ganzer Mann** a real man; **im ganzen** altogether
**gar** at all; quite, very
die **Garantie,** –n guarantee
die **Garnison,** –en garrison
der **Garten,** –s, ⸚ garden
der **Gärtner,** –s, – gardener
der **Gast,** –(e)s, ⸚e guest
das **Gebäude,** –s, – building
**geben, gab, gegeben, gibt** give; **es gibt** there is, there are, there exists, there exist
das **Gebiet,** –(e)s, –e area, field, subject, region
**gebildet** educated, cultured
**geboren** born
der **Gebrauch,** –(e)s, ⸚e use
**gebrauchen** use
die **Geburt,** –en birth
**gebürtig** born, native
das **Geburtshaus,** –es, ⸚er birth house
der **Geburtstag,** –(e)s, –e birthday
der **Geburtstagskuchen,** –s, birthday cake
die **Gedächtniskirche,** –en memorial church
der **Gedanke,** –ns, –n thought, idea
die **Gedankenfreiheit** freedom of thought
**gedeckt** set
das **Gedicht,** –es, –e poem
**geeinigt** united, unified
die **Gefahr,** –en danger
**gefallen, gefiel, gefallen, gefällt** please; **sich alles gefallen lassen** put up with anything
die **Gefangene,** –n *(woman)* prisoner
der **Gefangenenwärter,** –s, – prison guard
das **Gefängnis,** –ses, –se prison

der **Gefängniswärter,** –s, – prison guard
das **Geflügel,** –s fowl
das **Gefühl,** –s, –e feeling
der **Gefühlsausbruch,** –(e)s, ⸚e emotional outburst
**gegen** against, toward, around
die **Gegend,** –en region, area, section
die **Gegenreformation** counter-reformation
der **Gegenstand,** –(e)s, ⸚e subject
das **Gegenstück,** –(e)s, –e counterpart, opposite
das **Gegenteil,** –s, –e opposite
sich **gegenüber-stehen, stand gegenüber, gegenübergestanden** face one another
der **Gegner,** –s, – opponent
die **Geheime Staatspolizei** secret *(state)* police
**gehen, ging, ist gegangen** go; **wie es ihm gehe** how he was
das **Gehirn,** –s, –e mind, brain
**gehören** belong
der **Geist,** –es, –er spirit, intellect, mind
**geistig** intellectual, spiritual
**geistreich** clever, witty
**gelb** yellow; **gelbgrau** yellowish-gray; **gelblich** yellowish
das **Geld,** –(e)s money
die **Gelegenheit,** –en opportunity, occasion
**gelingen, gelang, ist gelungen** succeed
das **Gemälde,** –s, – painting
**gemein** in common
**gemeinsam** common, joint, in common
das **Gemüse,** –s, – vegetable
**gemütlich** congenial, easygoing
die **Gemütlichkeit** easygoing disposition, complacent amiability
**genährt von** fed by
**genau** exact
der **General,** –s, –e general
der **Generalstreik,** –s, –s general strike
die **Generation,** –en generation
das **Genie,** –s, –s genius
**genießen, genoß, genossen** enjoy
**Genua** Genoa
**genug** enough
**genügend** sufficient

geographisch geographic(al)

**Georg III.** *(1738–1820)* George III, king of Great Britain and Ireland *(1760–1820)*

das **Gepäck**, –s baggage, luggage

gerade just; straight

die **Gerechtigkeit** justice

gering slight

germanisch Germanic

gern gladly, like to

das **Geschäft**, –(e)s, –e shop, business

das **Geschäftshaus**, –es, ⸚er office building, business building

die **Geschäftsstraße**, –n business street

geschehen, geschah, ist geschehen, geschieht happen; give

die **Geschichte**, –n history, story

die **Geschichtsphilosophie** philosophy of history

das **Geschöpf**, –es, –e creature

die **Geschwister** *(pl.)* brother and sister

das **Gesicht**, –(e)s, –er face, appearance

gespannt eager, tense

das **Gespenst**, –es, –er ghost

das **Gespräch**, –(e)s, –e conversation

die **Gestalt**, –en form, shape

die **Gestapo** = **Geheime Staatspolizei** secret *(state)* police

gestern yesterday; **gestern abend** last night

die **Gestikulation**, –en gesticulation

gewährleisten guarantee

die **Gewalt** force, violence; **Gewalt anwenden** use force

gewinnen (an), gewann, gewonnen win, gain, gain in stature

gewiß certain

das **Gewissen**, –s conscience

sich **gewöhnen an** get used to

gewöhnlich usual, customary, ordinary

gießen, goß, gegossen cast, pour

der **Gipfel**, –s, – summit

die **Gitarre**, –n guitar

glänzend brilliant, glittering

glanzvoll brilliant

das **Glas**, –es, ⸚er glass

der **Glaube** belief, faith

glauben believe

gleich like, equal, the same; immediately; **zu gleicher Zeit** at the same time

gleichen, glich, geglichen resemble

**Gleichgesinnte** *(pl.)* kindred spirits

gleiten, glitt, ist geglitten glide

global global

die **Glocke**, –n bell

das **Glockenspiel**, –(e)s, –e chime(s)

**Gluck, Christoph Willibald** *(1714–1787)* composer

das **Glück**, –(e)s luck, good fortune, happines

glücklich happy

**Goethe, Johann Wolfgang von** *(1749–1832)* poet

das **Goethehaus**, –es Goethe House

golden golden

die „**Golden Legende**" *The Golden Legend,* work by Longfellow

der **Goldfischteich**, –(e)s, –e goldfish pond

der **Gote**, –n, –n Goth

die **Gotik** Gothic

gotisch Gothic

der **Gott**, –(e)s, ⸚er God; **Gott sei Dank** thank God

die **Gottesgeißel**, –n scourge of God

die **Göttin**, –nen goddess

grammatisch grammatical

das **Gras**, –es, ⸚er grass

gratulieren congratulate

grau gray

grauhaarig gray-haired

die **Grenze**, –n boundary, border

der **Grieche** Greek

das **Griechenland**, –s Greece

griechisch Greek

**Grillparzer, Franz** *(1791–1872)* playwright and poet

**Grimm, Jakob** *(1785–1863)* and **Grimm, Wilhelm,** *(1786–1859)* philologists and mythologists

groß big, great, large; **im großen und ganzen** by and large

großartig magnificent

das **Großbauprojekt**, –(e)s, –e large building project

das **Großdeutschland**, –s Greater Germany

die **Großmutter**, ⸚ grandmother

der **Großsprecher**, –s, – boaster, braggart

der **Großvater**, –s, ⸚ grandfather

grün green

der **Grund,** –(e)s, ⁼e reason; **aus die-sem Grund(e)** for this reason
**gründen** found, establish
der **Gründer,** –s, – founder
die **Grundlage,** –n basis, foundation
die **Gründung,** –en founding
**Grünewald, Matthias** *(?–1530)* painter
**grunzen** grunt
die **Gruppe,** –n group
**grüßen** greet
**gut** good
das **Gut,** –(e)s, ⁼er possession(s), goods
**Gutenberg, Johann** *(1400?–1468?)* inventor of printing
die **Gynäkologie** gynecology

## H

das **Haar,** –(e)s, –e hair
**haben, hatte, gehabt, hat** have
der **Habicht,** –(e)s, –e hawk
der **Hafen,** –s, ⁼ harbor
die **Hafenrundfahrt,** –en trip around the harbor
**Hagen** enemy of Siegfried in the *Song of the Nibelungs*
das **Hakenkreuz,** –es, –e swastika
**halb** half
die **Hälfte,** –n half
**halten, hielt, gehalten, hält** stop, hold; **sich halten** hold on, continue to exist; **halten für** consider (to be); **halten von** think of
die **Haltung,** –en attitude, principles, morale
der **Hammer,** –s, ⁼ hammer
**hämmern** hammer
der **Hammerschlag,** –(e)s, ⁼e hammerlike blow
die **Hand,** ⁼e hand, **alle Hände voll zu tun haben** have one's hands full
das **Handbuch,** –(e)s, ⁼er handbook
der **Handel,** –s trade, commerce
**Händel, Georg Friedrich** *(1685–1759)* composer
die **Handgranate,** –n hand grenade
die **Handlung,** –en plot, action
**hängen, hing, gehangen (an)** be attached to, be fond of
die **Hanse** Hanseatic League
das **Hanse-Schiff,** –(e)s, –e ship of the Hanseatic League

die **Hansestadt,** ⁼e Hanseatic city
die **Harfe,** –n harp
die **Harmonie** harmony
**harmonisch** harmonious
**hart** hard
der **Hase,** –n, –n hare, rabbit
der **Haß,** –sses hate, hatred
**hassen** hate
das **Haupt,** –(e)s, ⁼er head
**Hauptmann, Gerhart** *(1862–1946)* writer
die **Hauptquelle,** –n main source
**hauptsächlich** chief, main
die **Hauptstadt,** ⁼e capitol
das **Hauptzentrum,** –s, –zentren main center
das **Haus,** –es, ⁼er house; **nach Hause gehen** go home; **zu Hause** at home
das **Häuschen,** –s, – little house
die **Hausfrau,** –en housewife
der **Hausmeister,** –s, – janitor
der **Hausmusiklehrer,** –s, – private music teacher
der **Hausspruch,** –(e)s, ⁼e saying, motto
**Haydn, Franz Joseph** *(1732–1809)* composer
**Hebbel, Friedrich** *(1813–1863)* playwright and poet
**Hegel, Georg Wilhelm** *(1770–1831)* philosopher
**heilen** cure, heal
**heilig** holy, sacred
der **Heilige,** –n, –n holy man, saint
die **Heimat,** –en home, native country
die **Heimatliebe** love of one's homeland, patriotism
der **Heimatvertriebene,** –n, –n expellee
**heim-fahren, fuhr heim, ist heimgefahren, fährt heim** go home
**heim-kommen, kam heim, ist heimgekommen** come home
das **Heimweh,** –s homesickness; **Heimweh haben** be homesick
**Heine, Heinrich** *(1797–1856)* poet
**heiraten** marry
**heiß** hot
**heißen, hieß, geheißen** be, be called, be said; **es heiße** *(subj.)* so it was called that; **wie heißt** what is the name of
**heizen** heat

helfen, half, geholfen, hilft help

der Helfer, –s, – helper

her here; from; ago

heraus-bringen, brachte heraus, herausgebracht get out *(of)*

heraus-geben, gab heraus, hat herausgegeben, gibt heraus publish

heraus-steigen, stieg heraus, ist herausgestiegen climb out

der Herbst, –(e)s, –e fall, autumn

her-geben, gab her, hergegeben, gibt her give up

her-kommen, kam her, ist hergekommen come from

Hermann der Cherusker Arminius the Cheruscan

die Hermannsschlacht, battle of Arminius

hernieder-reißen, riß hernieder, herniedergerissen tear down

der Herr, –n, –en man, gentleman, Mr., master; aus aller Herren Ländern from all countries

herrlich magnificent

die Herrschaft rule, domination

herrschen rule, reign

der Herrscher, –s, – ruler

das Herrscherhaus, –es, –̈er ruling house

die Herrscherin, –nen (woman) ruler

her-stellen produce, manufacture

herum-stehen, stand herum, herumgestanden stand around

herunter-kommen, kam herunter, ist heruntergekommen come down

hervor-heben, hob hervor, hervorgehoben emphasize

das Herz, –ens, –en heart; am Herzen liegen have at heart

herzlich hearty, from the heart, cordial

Hesse, Hermann *(1877–1962)* writer

der Heurige, –n, –n new wine, tavern serving new wine

heute today

heutig present-day

hier here

hierher here

hierin herein, in this

Hildebrandt, Johann Lukas von *(1668–1745)* architect

die Hilfe, –n help; zur Hilfe bereit ready to help

der Himmel, –s, – sky, heaven

die Himmelskönigin Queen of Heaven

hinab-leeren drop down

hinauf-gehen, ging hinauf, ist hinaufgegangen go up

hinauf-sehen, sah hinauf, hinaufgesehen, sieht hinauf look up

hinaus out

hinaus-führen take out

hinaus-gehen, ging hinaus, ist hinausgegangen go out, go beyond

sich hinein-denken, dachte hinein, hineingedacht (in einen Menschen) put oneself in a person's shoes

hingegen on the other hand

sich hin-legen lie down

die Hinrichtung, –en execution

hinter behind

hintereinander one behind the other

hinterlassen, hinterließ, hinterlassen, hinterläßt leave behind

hinüber over

Hiob Job

der Historiker, –s, – historian

historisch historical

Hitler, Adolf *(1889–1945)* dictator of Germany *(1933–1945)*

die Hitlerjugend Hitler Youth

der Hitlerjugendführer, –s, – Hitler Youth leader

die Hitze heat

hoch high

die Hochbahn, –en elevated train

das Hochdeutsch, –en High German

der Hochdruck, –(e)s high pressure

hochindustrialisiert highly industrialized

hochinteressant highly interesting

das Hochland, –(e)s highland

die Hochschule, –n university; die Technische Hochschule School of Engineering

höchst; es ist höchste Zeit there is little time left

höchstens at most

die Hochzeit, –en wedding

der Hof, –(e)s, –̈e court, courtyard

die Hofburg imperial palace *(in Vienna)*

hoffen hope; hoffen auf hope for

die **Hoffnung, —en** hope

der **Hofrat, —(e)s, ⁓e** councilor to the court

die **Hofsängerknaben** *(pl.)* boys' choir at the court

die **Höhe, —n** height, altitude, elevation

**Hohenberg von Hetzendorf, Joseph Ferdinand** *(1732–1790)* architect

der **Höhepunkt, —es, —e** climax, high point

**Holbein, Hans der Jüngere** *(1497?–1543)* Hans Holbein the Younger, painter

**holen** get, fetch

**holländisch** Dutch

die **Hölle** hell

der **Holzschnitt, —(e)s, —e** woodcut

**hören** hear

der **Hörsaal, —(e)s, Hörsäle** lecture room

das **Hörspiel, —(e)s, —e** radio drama

das **Hotel, —s, —s** hotel

die **Hüfte, —n** hip

**Hugo, Victor Marie** *(1802–1885)* French writer

**human** humane

der **Humor, —s,** humor, sense of humor

**humorvoll** humorous, full of humor

zu **Hunderten** by the hundreds

der **Hunne, —n, —n** Hun

der **Hunnenkönig, —(e)s, —e** king of the Huns

**hüpfen** hop

die **Hygiene** hygiene

**hypnotisiert** hypnotized

die **Hysterie** hysteria

**hysterisch** hysterical

# I

das **Ideal, —(e)s, —e** ideal; **der Idealismus** idealism

die **Idee, —n** idea

**illusorisch** illusory

die **Illustration, —en** illustration

**im = in dem** in the

**immer** always; **immer mehr** more and more; **immer noch** still; **immer noch nicht** not yet, not even now; **immer wieder** again and again

der **Immigrant, —en, —en** immigrant

der **Importagent —en, —en** import agent

**in** in, into

**indem** while, as, in that

**indes** meanwhile

der **Indianer, —s, —** Indian

das **Indien, —s** India

**individualistisch** individualistic

**individuell** individual

**indoeuropäisch** Indo-European

das **Indonesien, —s** Indonesia

die **Industrie, —n** industry

das **Industriegebiet, —(e)s, —e** industrial area

**inne-haben, hatte inne, innegehabt, hat inne** hold

**inner** inner

**innerdeutsch** German domestic

**innerhalb (von)** within

**innerlich** inward, mental

**innerst** innermost

**ins = in das** into the

die **Inschrift, —en** inscription

das **Insekt, —s, —en** insect

das **Instrument, —(e)s, —e** instrument

der **Instrumentalkomponist, —en, —en** instrumental composer

die **Instrumentalmusik** instrumental music

die **Instrumentierung, —en** instrumentation

die **Integration** integration

der **Intellektuelle, —n, —n** intellectual

**intelligent** intelligent

die **Intensität** intensity

**interessant** interesting

das **Interesse, —s, —n** interest

**interessieren** to interest; **sich interessieren für** be interested in

**international** international

**interpretieren** to interpret

**intim** intimate, close

die **Intrige, —n** intrigue

**intrigieren** plot

**inzwischen** meanwhile

**irgendein** any, some; **irgendein anderer** anyone else

**irgendwie** somehow

**irgendwo** anywhere, somewhere

**Irland, —s** Ireland

**ironisch** ironical

**irre-führen** mislead

die **Isar** tributary of the Danube in Bavaria

isländisch Icelandic
das Italien, –s Italy; der Italiener, –s, – Italian; italienisch Italian

# J

ja yes, indeed, of course
das Jahr, –(e)s, –e year; jahrelang for years
das Jahrhundert, –s, –e century
jährlich annual
das Jahrtausend, –s, –e millennium
das Jahrzehnt, –(e)s, –e decade
Jasomirgott, Heinrich (1114–1177) margrave and duke of Austria
je each, apiece; ever
jedenfalls at any rate
jeder every, each
jemand someone
jetzo = jetzt now
jetzt now
das Joch, –(e)s, –e yoke
der Journalist, –en, –en journalist
Joyce, James (1882–1941) Irish writer
jubilieren jubilate, shout with joy
der Jude, –n, –n Jew
die Jugend youth
jugendlich youthful
das Jugoslawien, –s Yugoslavia
jung young; die Jüngeren the younger people
der Junge, –n, –n boy
die Jungenschaft, –en Boys' Club
der Jurastudent, –en, –en law student
der Justizsaal, –(e)s, Justizsäle courtroom

# K

der Kabinenroller, –s, – motor scooter
der Kaffee, –s coffee
das Kaffeehaus, –es, "er coffee house, café
die Kaffeeterrasse sidewalk café
Kafka, Franz (1883–1924) writer
der Kaiser, –s, – emperor; die Kaiserproklamation proclamation of the emperor
kaiserlich imperial
das Kaiserreich, –(e)s, –e empire
die Kaiserstadt, "e imperial city
das Kalb, –(e)s, "er calf
das Kalbfleisch, –es veal
kalt cold

die Kälte cold
der Kamerad, –en, –en friend, comrade; die Kameradin (woman) comrade, friend
die Kameradschaft comradeship, fellowship
die Kammermusik chamber music
der Kampf, –(e)s, "e fight, struggle
kämpfen fight
der Kampfplatz, –es, "e field of battle
die Kanarischen Inseln Canary Islands
die Känguruhschwanzsuppe kangaroo tail soup
die Kantate, –n cantata
der Kantor, –s, Kantoren cantor, leader of church choir
der Kanzler, –s, – chancellor
der Kapellmeister, –s, – conductor
der Kapitalist, –en, –en capitalist
kapitalistisch capitalistic
kapitulieren capitulate
der Kapuziner, –s, – small cup of black coffee
der Kardinal, –s, Kardinäle cardinal
Karl der Große (768–814) Charlemagne
die Karlskirche Charles Church in Vienna
die Karte, –n card, ticket
die Kastor – Kirche old church in Koblenz
katastrophal catastrophic
die Kategorie, –n category
der kategorische Imperativ categorical imperative
das Katheder, –s, – lecturing desk
katholisch Catholic
die Katze, –n cat
kaufen buy; nicht zu kaufen sein be not available (to purchase)
kaum hardly, scarcely
die Kausalität causality
der Kavalier, –s, –e cavalier, courtier
kein none, no, not any
keineswegs by no means
der Keller, –s, – cellar
der Kellner, –s, – waiter
der Kelte, –n, –n Celt
kennen, kannte, gekannt know
kennen-lernen become acquainted with, meet
die Kenntnis, –se knowledge

das (der) **Kilometer, –s, –** kilometer
das **Kind, –(e)s, –er** child
das **Kinderfräulein, –s, –** nurse, governess
die **Kindergärtnerin, –nen** kindergarten teacher
die **Kinderjahre** *(pl.)* years of childhood
**kinderleicht** very easy
die **Kinderreime** *(pl.)* nursery rhymes
das **Kinderspiel, –(e)s, –e** child's play
der **Kinderwagen, –s, –** baby carriage
der **Kinderzahn, –(e)s, ⸚e** milk tooth
**kindlich** filial, of a child
das **Kinn, –(e)s, –e** chin
das **Kino, –s, –s** moving picture theatre, movies
das **Kipfel, –s, –** crescent roll
die **Kirche, –n** church
**Kirchhoff, Gustav Robert** *(1824–1887)* physicist
**klagen** complain
**klar** clear
die **Klarheit** clarity, clearness
sich **klar-machen** make clear to oneself, visualize
die **Klasse, –n** class
das **Klassenzimmer, –s, –** classroom
der **Klassiker, –s –** classical author
**klassisch** classical
**klatschen** clap
das **Klavier, –s, –e** piano
**klein** small, little
die **Kleinkinderschule, –n** nursery school, school for infants
die **Kleinstadt, ⸚e** small town
der **Kleinwagen, –s,** small car
**Kleist, Heinrich von** *(1777–1811)* dramatist, poet and novelist
**klimpern** play badly
**klingeln** ring
**klingen, klang, geklungen** sound
**Klopstock, Friedrich Gottlieb** *(1724–1803)* poet
der **Klub, –s, –s** club
der **Knabe, –n, –n** boy
der **Knebel, –s, –** gag
der **Knöchel, –s, –** knuckle
die **Koalition, –en** coalition
**Koch, Robert** *(1843–1910)* physician and bacteriologist
**kochen** cook
der **Koffer, –s, –** suitcase
die **Kohle, –n** coal

das **Kolleg, –s, –ien** lecture course
**kollektivistisch** collectivistic
**Köln** Cologne; der **Kölner Dom** Cathedral of Cologne
die **Kolonne, –n** column
**komisch** comical, strange, funny
**kommen, kam, ist gekommen** come, go; es **kam anders** it turned out differently
der **Kommunismus, –** Communism
der **Kommunist, –en, –en** Communist
**kommunistisch** Communistic
die **Komödie, –n** comedy
die **Kompagnie, –n** company
das **Kompliment, –(e)s, –e** compliment, compliments
**komponieren** compose
der **Komponist, –en, –en** composer
die **Komposition, –en** composition
der **Kompromiß, –sses, –sse** compromise
der **Konflikt, –(e)s, –e** conflict
der **König, –s, –e** king
die **Königsallee** King's Boulevard
**können, konnte, gekonnt, kann** be able, can
der **Konsonant, –en, –en** consonant
die **Konstellation, –en** constellation
der **Konsul, –s, –n** consul
das **Konsulat, –(e)s, –e** consulate
der **Kontakt, –(e)s, –e** contact
der **Kontinent, –s, –e** continent
die **Kontrolle, –n** control
**kontrollieren** check, control
das **Konzentrationslager, –s, –** concentration camp
das **Konzert, –s, –e** concert
die **Konzertreise, –n** concert tour
der **Kopf, –(e)s, ⸚e** head
die **Kopfschmerzen** *(pl.)* headache
der **Körper, –s, –** body
**körperlich** physical
**korrespondieren** correspond
**kosmopolitisch** cosmopolitan
**kostbar** costly, precious
**kosten** cost; taste
die **Kraft, ⸚e** strength, power, energy, vigor; die **Mutter verliert die Kräfte** the mother's strength fails her
der **Krampf, –es, ⸚e** cramp
der **Kran, –(e)s, ⸚e** crane

krank sick
der Krebs, —es, —e crayfish
der Kreis, —es, —e circle
der Kreuzzug, —(e)s, ⁼e crusade
der Krieg, —(e)s, —e war
das Kriegsende, —s war's end
der Kriegshilfsdienst, —(e)s auxiliary
   war service
die Kriegsmaschine, —n war machine
der Kriegsschauplatz, —es, ⁼e theatre of
   operations
   Kriemhild wife of Siegfried in the
   *Song of the Nibelungs*
die Kriminalpolizei detective force
das Kriterium, —s, Kriterien criterion
der Kritiker, —s, — critic
   kritisch critical
der Kroate, —n, —n Croat
die Krone, —n crown
   krönen crown
die Krönung, —en coronation
die Küche, —n kitchen, cooking
der Kuchen, —s, — cake
die Kuh, ⁼e cow
   kühl cool
die Kultur, —en civilization, culture
   kulturell cultural
das Kulturgemisch, —es mixture of cul-
   tures
der Kulturmittelpunkt, —es, —e cultural
   center
die Kulturnation, —en cultural nation
die Kunst, ⁼e art
der Kunsthistoriker, —s, — art historian
das Kunsthistorische Institut Institute
   for the History of Art
die Kunstsammlung, —en art collection
das Kunstwerk, —(e)s, —e work of art;
   zum Kunstwerk erheben refine
   artistically
das Kupfer, —s copper
der Kurfürstendamm, —s famous street
   in Berlin
   kurieren cure
   kurz short, brief; in short; vor kur-
   zem recently
   küssen kiss

## L

das Labor, —s laboratory, "lab"
   lächeln smile
das Lächeln, —s smile

   lachen laugh
   lächerlich ridiculous
der Laden, —s, ⁼ shop, store
das Ladenmädchen, —s, — shopgirl
die Lage, —n location, situation
das Lager, —s, — camp
der Laie, —n, —n layman
das Land, —(e)s, ⁼er land, country;
   state
das Landesmuseum, —s, —museen state
   museum
die Landschaft, —en landscape, scenery
die Landstraße country road, main
   highway in the eastern part of
   Vienna
   lang(e) long; längere Zeit for some
   time; schon lange for some time
   langsam slow
die Laryngologie laryngology
   lassen, ließ, gelassen, läßt let, allow,
   permit; was sich machen läßt
   what can be done; es läßt sich
   gut leben one lives well
das Latein, —s Latin; lateinisch Latin
der Lauf, —(e)s, ⁼e course
   laufen, lief, ist gelaufen, läuft run,
   walk
   laut loud
der Laut, —(e)s, —e sound
   lauten be, read, sound
   läuten ring
   lautlos without a sound, noiseless
der Lautsprecher, —s, — loudspeaker
   leben live; es lebe long live
das Leben, —s, — life; am Leben sein be
   alive; ins Leben rufen call into
   existence, establish; ums Leben
   kommen die
   lebendig alive, living
die Lebensgeschichte, —n biography
das Lebensjahr, —(e)s, —e year of life
die Lebensmittel *(pl.)* food, provisions
   lebhaft lively, animated
die Lebzeit, —en lifetime
   lecken lick
das Leder, —s leather
   leer empty
sich legen lie down
die Legion, —en legion
   Lehar, Franz *(1870–1948)* composer
der Lehrbeauftragte, —n, —n temporary
   appointee *(to teach)*

die **Lehre, −n** teaching, doctrine
**lehren** teach
der **Lehrer, −s, −** teacher
das **Lehrfach, −(e)s, ⁼er** field of study
der **Leib, −(e)s, −er** body
**Leibniz, Gottfried Wilhelm** *(1646–1716)* philosopher
die **Leiche, −n** corpse
**leicht** light, easy
die **Leichtigkeit** ease, facility
der **Leichtsinn** flightiness
**leiden, litt, gelitten** suffer
**leider** unfortunately
**Leipzig** city in East Germany
**leise** soft, gentle
**leisten** do, accomplish
die **Leistung, −en** accomplishment
der **Leiter, −s, −** leader, head
**Leopold I.** *(1640–1705)* Holy Roman emperor *(1658–1705)*
die **Lerche, −n** lark
**lernen** learn
das **Lernen, −s** learning, study
**lesen, las, gelesen, liest** read, lecture *(at a university)*
**Lessing, Gotthold Ephraim** *(1729–1781)* poet, critic and dramatist
**letzt** last, latest; **die letzten Dinge** the ultimate questions of life
die **Leute** *(pl.)* people
**liberal** liberal
„**Libussa**" play by Grillparzer
das **Licht, −(e)s, −er** light
**lieb** dear, sweet
die **Liebe** love
**lieben** love
**lieber** *(adv.)* rather
die **Lieblichkeit** charm, loveliness
das **Lied, −(e)s, −er** song
der **Liederkomponist, −en, −en** composer of songs
die **Liedermelodie, −n** song melody
**liefern** deliver
**liegen, lag, gelegen** lie, be located, be situated
der **Liegestuhl, −(e)s, ⁼e** deck chair, garden chair
die **Liga, −s** league
die **Limonade, −n** lemonade, soft drink
die **Linden: Unter den Linden** famous street of Berlin
die **Linden-Universität** the old university of Berlin located at Unter den Linden
**Linie: in erster Linie** first of all
**links** left, to the left
**Linz** city in Austria
die **Lippe, −n** lip
die **Liste, −n** list
der **(das) Liter, −s, −** liter
die **Literatur, −en** literature
das **Literaturwerk, −(e)s, −e** work of literature
die **Lizenz, −en** license
**loben** praise
**Lochner, Stephan** *(?–1451)* painter
**lokal** local
der **Lokalpatriotismus, −** local patriotism
der **Lokalpoet, −en, −en** local poet
der **Lokomotivenbau, −s** locomotive construction
**Londoner** of London
**los: was ist los?** what is the matter? what is going on?
das **Los, −es, −e** prize
**Ludwig I. von Bayern** *(1786–1868)* Louis I of Bavaria, king of Bavaria *(1825–1848)*
**Ludwig XVI.** *(1754–1793)* Louis XVI, king of France *(1774–1792)*
die **Ludwigstraße** Ludwig Street
die **Luft** air
der **Luftangriff, −(e)s, −e** air raid
die **Luftbrücke, −n** air bridge, air lift
die **Lüge, −n** lie
die **Lust** desire; **Lust haben** feel like
**Luther, Martin** *(1483–1546)* religious reformer
das **Luxushotel, −s, −s** luxury hotel
die **Lyrik** lyric poetry
der **Lyriker, −s, −** lyric poet
**lyrisch** lyrical

## M

**machen** make, do
die **Macht, ⁼e** power, might
**mächtig** powerful, mighty
das **Mädchen, −s, −** girl
die **Madonna** madonna
die **Magie** magic
der **Magistrat, −(e)s, −e** magistrate, municipal council
**Mahler, Gustav** *(1860–1911)* composer

die **Mahlzeit, –en** meal
**Mainz** Mainz, Mayence
die **Majorität, –en** majority
das **Mal, –(e)s, –e** time
**malen** paint
der **Maler, –s, –** painter
**malerisch** picturesque
das **Malz, –es, –e** malt
**man** one
**mancher** some, many a
**manchmal** sometimes
der **Mann, –(e)s, ⁼er** man, husband
**Mann, Thomas** *(1875–1955)* writer
die **Männerliebe** man's love
**männlich** masculine
die **Mannschaft, –en** crew
der **Mantel, –s, ⁼** coat
das **Manuskript, –(e)s, –e** manuscript
die **Marc Aurelstraße** Marcus Aurelius Street
das **Märchen, –s, –** fairy tale
**Marcus Aurelius** *(121–180)* Roman emperor and philosopher
**Maria Carolina** *(1752–1814)* queen of Naples *(1768–1806)*
**Maria Theresia** *(1717–1780)* Maria Theresa, archduchess of Austria, wife of the Holy Roman emperor Francis I, queen of Hungary and Bohemia
**Marie Antoinette** *(1755–1793)* queen of France *(1774–1792)*
der **Marienplatz, –es** square in Munich
der **Markt, –(e)s, ⁼e** market
der **Marktplatz, –es, ⁼e** market place
**marschieren** march
**Marx, Karl,** *(1818–1883)* economic-political philosopher
der **Marxismus, –** Marxism
**marxistisch** Marxist, Marxian
die **Maschine, –n** machine
das **Maß, –es, –e** measure; **in gewissem Maße** to a certain extent
die **Massenbasis** basis with the masses
**massenhaft** wholesale
der **Materialismus, –** materialism
**materiell** material
der **Mathematiker, –s, –** mathematician
die **Mauer, –n** wall
**Maximilian I.** *(1459–1519)* Holy Roman emperor *(1493–1519)*
**mechanisch** mechanical

der **Mechanismus, –, Mechanismen** mechanism
die **Meditation, –en** meditation
die **Medizin** medicine
der **Mediziner, –s, –** medical student, man in medicine
**medizinisch** medical
der **Medizinstudent, –en, –en** student of medicine
das **Meer, –(e)s, –e** sea
**mehr** more; **nicht mehr** no longer, not any more
**mehrere** several
die **Mehrheit, –en** majority
**meinen** mean, think, say; **die Meinung, –en** opinion
**meist** most, usually; **meistens** mostly, usually
der **Meister, –s, –** master
das **Meisterwerk, –(e)s, –e** masterpiece
**melancholisch** melancholy
die **Melange, –n** coffee with cream
**melodisch** melodious
**Mendelssohn, Felix** *(1809–1847)* composer
die **Menge** quantity, crowd, mass
die **Mensa, Mensen** mensa, students' restaurant, student union
der **Mensch, –en, –en** man, person, individual, human being
das **Menschenleben, –s, –** human life
die **Menschenrechte** *(pl.)* human rights
die **Menschheit** humanity
**menschlich** human, humane
die **Menschlichkeit** humaneness
die **Messe, –n** fair
die **Metallwaren** *(pl.)* hardware, metal products
das **(der) Meter, –s, –** meter
die **Methode, –n** method
die **Metropole, –n** metropolis
**Metternich, Fürst Klemens von** *(1773–1859)* Austrian statesman
die **Milch** milk
**mildern** mitigate, tone down
**militärisch** military
der **Militarismus, –** militarism
der **Militarist, –en, –en** militarist
**militaristisch** militaristic
die **Millionenstadt, ⁼e** city with more than a million people

das **Minnelied, –(e)s, – er** *(medieval)* love song

die **Minorität, –en** minority

die **Minute, –n** minute; **minutenlang** for minutes

**mischen** mix; **sich mischen** mingle, combine

der **Mischmasch, –es** hodgepodge

die **Mischung, –en** mixture

der **Mißbrauch, –(e)s, ⁼e** abuse; **Mißbräuche verbannen** eliminate abuses

die **Mission, –en** mission

**mißverstanden** misunderstood

**mit** with

der **Mitarbeiter, –s, –** co-worker

**mit-bringen, brachte mit, mitgebracht** bring along

**miteinander** with one another, to one another

**mit-fühlen** feel for *(others)*

das **Mitglied, –(e)s, –er** member

**mit-helfen, half mit, mitgeholfen, hilft mit** help with, assist

**mit-kommen, kam mit, ist mitgekommen** come along

**mit-machen** take part in

**mit-nehmen, nahm mit, mitgenommen, nimmt mit** take along

die **Mittagszeit, –en** noontime

die **Mitte, –n** middle

das **Mittel, –s, –** means

das **Mittelalter, –s** Middle Ages

**mittelalterlich** medieval

das **Mitteldeutschland, –s** central Germany

der **Mittelpunkt, –(e)s, –e** center, focus

die **Mitternacht, ⁼e** midnight

der **Mittler, –s, –** mediator, third party

der **Mittlere Westen** Middle West

**mit-wirken** contribute towards

das **Modell, –s, –e** model

**modern** modern

**modernisiert** modernized

**mögen, mochte, gemocht, mag** like, may

**möglich** possible

die **Monarchie, –n** monarchy

der **Monarchist, –en, –en** monarchist

der **Monat, –s, –e** month

der **Mönch, –(e)s, –e** monk

der **Mondschein, –s** moonlight

der **Monolog, –(e)s, –e** monologue

das **Monopol, –s, –e** monopoly

**Montesquieu, Charles de** *(1689–1755)* French writer and philosopher

**montieren** set up

das **Monument, –(e)s, –e** monument

**monumental** monumental

der **Mörder, –s, –** murderer

**morgen** tomorrow

der **Morgen, –s, –** morning; **morgens** in the morning

das **Morgenlicht, –(e)s** light of morning

die **Mosel** river in West Germany

**Motley, John Lothrop** *(1814–1877)* American historian

das **Motto, –s, –s** motto

**Mozart, Wolfgang Amadeus** *(1756–1791)* composer

**müde** tired

die **Müdigkeit** tiredness

die **Mumie, –n** mummy

**München** Munich

der **Mund, –(e)s, –e, Münde** or **Münder** mouth; **den Mund halten** keep one's mouth closed; **nicht auf den Mund gefallen sein** always have a ready comeback

die **Munition** ammunition

das **Münster, –s, –** cathedral

**Münster** city in Westphalia

die **Münze, –n** coin

das **Museum, –s, Museen** museum

die **Musik** music

**musikalisch** musical

das **Musikdrama, –s, –dramen** music drama, opera

der **Musiker, –s, –** musician, composer

die **Musikgeschichte** history of music

der **Musikkritiker, –s, –** music critic

der **Musiklehrer, –s, –** music teacher

das **Musikzentrum, –s, –zentren** center of music

**müssen, mußte, gemußt, muß** have to, must; **kein Mensch muß müssen** no one really has to do anything

**Mussolini, Benito** *(1883–1945)* dictator of Italy *(1922–1943)*

die **Mutter, ⁼** mother

das **Mutterland, –(e)s** mother country

die **Mutterliebe** motherly love

die **Muttersprache, –n** mother tongue

die **Mystik** mysticism
der **Mystiker, –s, –** mystic
    **mystisch** mystic, mystical
die **Mythologie** mythology

# N

    **na** also well then
    **nach** after, to, toward, according to
der **Nachbar, –s & –n, –n** neighbor
    **nachdem** after
    **nach-denken, dachte nach, nachgedacht** think, reflect, ponder
die **Nachkriegsjahre** *(pl.)* postwar years
der **Nachmittag, –(e)s, –e** afternoon; **nachmittags** in the afternoon
die **Nachricht, –en** report, news
    **nach-schlagen, schlug nach, nachgeschlagen, schlägt nach** look up
das **Nachspiel, –(e)s, –e** epilogue, afterpiece, sequel
    **nächst** next, nearest, closest; **für die nächste Zeit** for the immediate future
die **Nacht, "e** night
    **nah(e)** near, close
der **Name, –ns, –n** name; **dem Namen nach** in name; **namens** by the name of, named
    **namhaft** noted
    **nämlich** namely, you see
    **Napoleon Buonaparte** *(1769–1821)* emperor of France *(1805–1814)*; **napoleonisch** Napoleonic
    **Napoleon III.** *(1808–1873)* emperor of France *(1852–1871)*
    **nasal** nasal
die **Nase, –n** nose
    **„Nathan der Weise"** drama of religious tolerance by Lessing
die **Nation, –en** nation
    **national** national
der **Nationalheld, –en, –en** national hero
der **Nationalismus, –** nationalism
    **nationalistisch** nationalistic
der **Nationalsozialismus, –** National Socialism; der **Nationalsozialist** National Socialist; **nationalsozialistisch** National Socialist
    **natürlich** naturally
der **Nazi, –s, –s** Nazi
der **Neanderthal-Mensch, –en** Neanderthal man

    **Neapel** Naples
    **neben** next to, beside
    **nebeneinander** next to one another
die **Neckarbrücke** bridge across the Neckar *(river)*
    **nehmen, nahm, genommen, nimmt** take
    **nein** no
    **nennen, nannte, genannt** call, name
der **Nerv, –(e)s, –en** nerve
    **nervös** nervous
    **neu** new, more
der **Neurologe, –n, –n** neurologist; die **Neurologie** neurology
    **Neuseeland** New Zealand
die **Neuzeit** modern times; **neuzeitlich** modern
das **Netz, –es, –e** net, network
das **„Nibelungenlied", –(e)s** *Song of the Nibelungs*
    **nicht** not
der **Nichtarier, –s, –** Non-Aryan *(Nazi term for Jew or anyone with Jewish blood)*
    **nichtdeutsch** non-German
    **nichtgermanisch** non-Germanic
    **nichts** nothing, not anything; **nichts als** nothing but
    **nicken** nod
ein **Nickerchen machen** take a little nap
    **nie** never, at no time
    **nieder** down
die **Niederlage, –n** defeat
die **Niederlande** *(pl.)* Netherlands
    **niemals** never
    **niemand** no one; **niemand anders** no one else
    **Nietzsche, Friedrich** *(1844–1900)* philosopher
der **Nihilismus, –** nihilism
    **nimmer** never
    **nirgends** nowhere; **nirgend anders** nowhere else
der **Nobelpreisträger, –s, –** Nobel Prize winner
    **noch** still, yet; **immer noch** still; **noch ein** one more, another; **noch einmal** once more; **noch mehr** more, even more; **noch nicht** not yet; **noch nie** never, never before; **wer noch** who else
    **nord** north; der **Norden, –s** North

die   norddeutsch North German; das
      Norddeutschland, –s North Ger-
      many
      nordfranzösisch Northern French
      nördlich north
die   Norm, –en work norm, output
      normal normal
die   Normannen (pl.) Normans
das   Norwegen, –s Norway; norwegisch
      Norwegian
das   Notenblatt, –(e)s, ⸚er sheet of
      music
die   Notiz, –en note
      Novalis: Friedrich von Hardenberg
      (1772–1801) poet
die   Novelle, –n short story
die   Nummer, –n number, issue
      nun now
      nur only
      Nürnberg Nuremberg
die   Nuß, ⸚sse nut

## O

      ob if, whether; als ob as though
      oben above, at the top
      ober upper
der   Oberbürgermeister, –s, – lord
      mayor
      obgleich although
das   Objekt, –s, –e object
das   Obst, –es, fruit
      obwohl although
die   Ode, –n ode
      oder or
      offen open
      öffentlich public
      offiziell official
der   Offizier, –s, –e officer
      öffnen open
      oft often
      ohne without
das   Ohr, –(e)s, –en ear
das   Öl, –s, –e oil
das   Olympia-Stadion, –s Olympic
      Stadium
der   Omnibus, –ses, –se bus
der   Onkel, –s, – uncle
die   Oper, –n opera
die   Operette, –n operetta
das   Opernhaus, –es, ⸚er opera house
der   Opernkomponist, –en, –en com-
      poser of operas

das   Opfer, –s, – sacrifice; zum Opfer
      bringen sacrifice for
der   Optimismus, – optimism; optimi-
      stisch optimistic
      optisch optical
das   Oratorium, –s, Oratorien oratorio
das   Orchester, –s, – orchestra
der   Orden, –s, – order
      ordentlich regular, ordinary
das   Organ, –s, –e voice, mouthpiece
die   Organisation, –en organization
der   Orient, –s Orient
sich  orientieren survey, locate
der   Originaltext, –es, –e original text,
      original language
      ornamental ornamental
      „Orpheus und Eurydike" opera by
      Gluck
der   Ort, –(e)s, –e & ⸚er place, locality
die   Orthographie orthography
das   Ostdeutschland, –(e)s East Ger-
      many
der   Osten, –s East
das   Österreich, –s Austria; der Öster-
      reicher, –s, – Austrian; öster-
      reichisch Austrian
      östlich eastern, east
die   Ostpresse Eastern press
der   Ostsektor, –s East sector
die   Ostzone, –n East zone

## P

      paar (a) few, couple, pair
      Pacassi, Johann Baptist von (1758–
      1818) architect
das   Päckchen, –s, – little pack
      packen pack
der   Paladin, –s, –e paladin, guard of
      honor
der   Palast, –(e)s, ⸚e palace
das   Panorama, –s, –s panorama
der   Panzer, –s, – tank
das   Papier, –s paper
das   Pappschild, –(e)s, –er pasteboard
      sign
der   Papst, –es, ⸚e pope
die   Parade, –n parade
der   Paragraph, –en, –en paragraph
      parallel parallel
der   Park, –(e)s, –s park
der   Parkarbeiter, –s, – park worker
      parken park

der Parkplatz, –es, ⸚e place to park
das Parlament, –s, –e parliament
der Parlamentarismus, – parliamentarianism
die Parole, –n watchword, motto
die Partei, –en party (political)
die Parteiinstitution, –en party institution
die Parteischule, –n party school
der Parteitag, –(e)s, –e party day, party convention
die Pathologie pathology
das Pathos, – pathos
der Patriot, –en, –en patriot; patriotisch patriotic; der Patriotismus patriotism
die Paulskirche St. Paul's Church
die Pause, –n pause, stoppage
die Pedanterie pedantry; in Pedanterie ertrunken drowning in pedantry
die Periode, –n period
permanent permanent
persönlich personal
der Pessimismus, – pessimism
die Pest plague, pestilence
das Pestdenkmal, –(e)s monument of the plague
das Pestjahr, –(e)s, –e year of the plague
die Pestleiche, –n body of one who died of the plague
die Peterskirche Church of St. Peter
Petrus St. Peter
der Pfad, –(e)s, –e path
die Pfanne, –n pan
der Pfeffer, –s pepper
die Pfeife, –n pipe
der Pfennig, –s, –e penny, pfennig
die Pflanze, –n plant
pflanzen plant
das Pflaster, –s, – plaster, pavement
die Pflaume, –n plum
pflegen be in the habit of
die Pflichtvorlesung, –en lecture with compulsory attendance
pflücken pluck, pick
pflügen plough
der Pfosten, –s, – post, pole
der Pfuhl, –(e)s, –e pool, puddle
das Pfund, –(e)s, –e pound
das Phänomen, –s, –e phenomenon

die Phantasie imagination; phantasy
der Phantast, –en, –en visionary
die Philologie philology
der Philosophenweg, –(e)s Philosopher's Path in Heidelberg
der Philosoph, –en, –en philosopher; die Philosophie philosophy; philosophieren philosophize
die Philosophische Fakultät School of Letters, Arts and Sciences
photographieren photograph
photographisch photographic
der Physiker, –s, – physicist
die Physiologie physiology
das Pianostück, –(e)s, –e piano piece
Piccolomini, Enea Silvio de (1405–1464) Pope Pius II (1458–1464)
der Plan, –s, ⸚e plan
Plattdeutsch Low German
die Plattform, –en platform
der Platz, –es, ⸚e place, room; square; Platz machen give way (to); Platz nehmen sit down
plötzlich suddenly
die Poesie poetry
das Polen, –s Poland
die Politik politics, policy; der Politiker, –s, – politician, statesman; politisch political
die Polizei police
die Post mail
die Postkarte, –n postcard
der Potsdamer Platz Potsdam Square in Berlin
die Pracht splendor
Prag Prague
praktisch practical
der Prater well-known park in Vienna
predigen preach
der Preis, –es, –e price, prize
pressen press
das Preußen, –s Prussia; preußisch Prussian
der Prinz, –en, –en prince
das Problem, –s, –e problem
problematisch problematic
der Professor, –s, Professoren professor
das Programm, –(e)s, –e program
progressiv progressive

die **Propaganda** propaganda
der **Propagandaanschlag,** **–(e)s,** **¨e**
  propaganda placard
der **Prophet,** **–en,** **–en** prophet
die **Protektion** sponsorship, patronage
der **Protest,** **–es,** **–e** protest
  **protestantisch** Protestant; der **Protestantismus** Protestantism
  **protestieren** protest
die **Protestversammlung,** **–en** protest
  meeting
der **Proviant,** **–s** supplies
das **Prozent,** **–s,** **–e** per cent
der **Prozeß,** **–sses,** **–sse** trial
  **psychisch** psychic
die **Psychoanalyse,** **–n** psychoanalysis
der **Psychologe,** **–n,** **–n** psychologist;
    die **Psychologie** psychology; **psychologisch** psychological
die **„Pummerin"** the "boomer," bell in
    tower of St. Stephen's in Vienna
der **Pumpernickel,** **–s** pumpernickel
der **Punkt,** **–(e)s,** **–e** point, spot
  **pünktlich** punctual

## Q

das **Quartett,** **–(e)s,** **–e** quartet
die **Quelle,** **–n** spring, source

## R

  **radikal** radical
der **Radikalinski,** **–s,** **–s** radical, hooligan
  **radioaktiv** radioactive
der **Radiohörer,** **–s,** **–** radio listener
der **Rahmen,** **–s,** **–** framework
  **rasseln** rattle
das **Rassenkonglomerat,** **–(e)s,** **–e** racial conglomerate
die **Rassenmischung,** **–en** mixing of
    races
  **rassisch** racial
das **Rathaus,** **–es,** **¨er** town hall
der **Rationalist,** **–en,** **–en** rationalist
der **Ratskeller,** **–s,** **–** town hall cellar
    restaurant
die **Ratte,** **–n** rat
der **Rattenfänger von Hameln** the Pied
    Piper of Hamelin
  **rauchen** smoke

der **Raum,** **–(e)s,** **¨e** room, space
  **raunzen** *Austrian for*: gripe
der **Realismus,** **–** realism; der **Realist,**
    **–en,** **–en** realist; **realistisch** realistic
  **rechnen** figure; **rechnen auf** count
    on
  **recht** right, real, quite, very; **recht
    haben** be right
das **Recht,** **–(e)s,** **–e** right; **mit Recht**
    justifiably
  **rechtsradikal** right-wing radical
die **Rechtswissenschaftliche Fakultät**
    School of Law
die **Redefreiheit** freedom of speech
  **reden** speak, talk
der **Redner,** **–s,** **–** speaker
  **Redslob, Edwin** *(1884–     )* Berlin
    professor
der **Regen,** **–s** rain
  **regieren** rule, govern
die **Regierung,** **–en** government; **an die
    Regierung kommen** come to
    power
das **Regierungsgebäude,** **–s,** **–** government building
das **Regime,** **–s,** **–s** regime
  **regnen** rain
der **Reibelaut,** **–(e)s,** **–e** fricative
  **reich** rich
das **Reich,** **–(e)s,** **–e** realm, empire
  **reichen** reach; **die Hand reichen**
    shake hands
die **Reichen** *(pl.)* the rich, wealthy
der **Reichsführer,** **–s,** **–** German (Nazi)
    head
der **Reichtum,** **–s,** **¨er** riches, wealth
  **reif** ripe, mature
die **Reihe,** **–n** rank, row; **eine Reihe
    von** a number of
  **rein** pure, clean
die **Reise,** **–n** trip, journey; **auf Reisen
    sein** be traveling, **eine Reise machen** take a trip
der **Reiseführer,** **–s,** **–** travel guide
  **reisen** travel
  **reißen, riß, gerissen** tear, rip
  **reiten, ritt, geritten** ride
die **Reizbarkeit** irritability
der **Rektor,** **–s,** **Rektoren** head of a German university
  **relativ** relative

das **Relief,** –s, –s relief
**religiös** religious
die **Renaissance** renaissance
**rennen, rannte, gerannt** run
das **Repertoire,** –s, –s repertoire
der **Repräsentant,** –en, –en representative
**repräsentieren** represent
die **Republik,** –en republic
**republikanisch** republican
das **Requiem,** –s, –s requiem
die **Residenz,** –en residence, seat of the court
das **Residenzschloß,** –schlosses, –schlösser royal castle
**resigniert** resigned
der **Rest,** –(e)s, –e rest, remains, vestige
das **Restaurant,** –s, –s restaurant
das **Resultat,** –s, –e result
**Reuter, Ernst** (1889–1953) lord mayor of West Berlin (1948–1953)
die **Revolution,** –en revolution
**revolutionär** revolutionary
der **Revolver,** –s, – revolver
der **Rhein,** –s Rhine
der **Rheindampfer,** –s, – Rhine steamer
die **Rheinfahrt,** –en Rhine journey
das „**Rheingold**" opera by Richard Wagner
**Rheinisch-Westfälisch** Rhenish-Westphalian
das **Rheinland,** –(e)s Rhineland
die **Rheinlandschaft** Rhine landscape, Rhine scenery
**Rhein-Main** international airport on the outskirts of Frankfurt
die „**Rheinpilger**" *The Pilgrims of the Rhine* (work by Bulwer-Lytton)
die **Rheinprovinz,** –en Rhine province
das **Rheinufer,** –s, – bank of the Rhine
der **Rheinwein,** –s, –e Rhine wine
der **Richter,** –s, – judge
**richtig** right, correct, real
die **Richtung,** –en direction, in the direction of
**Rilke, Rainer Maria** (1875–1926) poet
**riskieren** risk, dare
der **Ritter,** –s, – knight
**ritterlich** knightly

die **Robe,** –n robe
das **Rode-Land** land made arable
**Roland der Riese** Roland the giant
**Rolandseck** a castle on the left bank of the Rhine
die **Rolle,** –n role, part
das **Rollen,** –s rumble
**Rom** Rome
der **Roman,** –s, –e novel
**romanisch** Romance, romanesque
der **Romantiker,** –s, – Romantic, Romanticist
**romantisch** Romantic
der **Römer,** –s town hall in Frankfurt
der **Römer,** –s, – Roman; **römisch** Roman
**römisch** Roman
**Röntgen, Wilhelm Konrad** (1845–1923) physicist
die **Rose,** –n rose
der **Rosenbusch,** –es, ⸚e rose bush
**rot** red
der **Rucksack,** –(e)s, ⸚e knapsack
**rückwärts** backward(s)
**Rüdesheim** small town, center of Rhine wine industry
**Rudolf von Habsburg** (1218–1291) Holy Roman emperor (1273–1291)
der **Ruf,** –(e)s, –e reputation
**rufen, rief, gerufen** call; **ins Leben rufen** call into existence, establish
die **Ruhe** rest, peace, calm
**ruhen** rest
**ruhig** quiet, calm, peaceful
**rühmen** praise
das **Ruhrgebiet,** –(e)s Ruhr territory
die **Ruine,** –n ruin
der **Rumäne,** –n, –n Romanian
der **Rumpf,** –(e)s, ⸚e rump
**rund** round
die **Runde** rounds; **die Runde machen durch** make the rounds of
die **Rundfahrt,** –en tour
der **Russe,** –n, –n Russian; **russisch** Russian; **Rußland** Russia

## S

die **SS** = **Schutzstaffel** *literally*: protective echelon (*the SS were used originally for the protection of National Socialist speakers*)

der **Saal,** –(e)s, **Säle** lecture room
das **Saarland,** –(e)s Saar
die **Sache,** –n affair, matter, thing, cause
die **Sachertorte** a famous cake made originally at the Hotel Sacher in Vienna
die **Sachsen** *(pl.)* Saxons
die **Sage,** –n legend
**sagen** say, tell
die **Sahne** cream
**Salzburg** city in Austria
**sammeln** collect
die **Sammlung,** –en collection
der **Sand,** –(e)s sand
**sanft** gentle, easy
der **Sänger,** –s, – singer
die **Sängerknaben** *(pl.)* boys' choir
der **Sanitäter,** –s, – member of the ambulance corps
die **Satire,** –n satire
der **Sattel,** –s, – saddle
der **Satz,** –es, ⁼e sentence, thesis
die **Säule,** –n column, pillar
die **Säure** tartness
der **Schädel,** –s, – skull
der **Schaden,** –s, ⁼ damage
**schaffen, schuf, geschaffen** create
**scharf** sharp
**schärfen** sharpen
der **Schatten,** –s, – shadow, shade
**schätzen** value, esteem
der **Schauplatz,** –es, ⁼e setting, scene
das **Schauspiel,** –(e)s, –e play, drama, spectacle
der **Schauspieler,** –s, – actor
das **Schauspielhaus,** –es, ⁼er playhouse, theatre
**scheinen, schien, geschienen** appear, seem
**schicken** send
das **Schicksal,** –s, –e fate, destiny
**schießen, schoß, geschossen** shoot
das **Schiff,** –(e)s, –e ship
der **Schiffbruch,** –(e)s, ⁼e shipwreck
der **Schiffsverkehr,** –s shipping traffic
**Schiller, Friedrich von** *(1759–1805)* poet
**schimpfen (auf)** grumble *(about)*
der **Schinken,** –s, – ham
die **Schlacht,** –en battle
**schlafen, schlief, geschlafen, schläft** sleep

**schlaflos** sleepless
**schlagen, schlug, geschlagen, schlägt** defeat, hit, strike, nail
der **Schlager,** –s, – popular hit
das **Schlagobers,** –, – *Austrian for:* whipped cream
die **Schlagsahne** whipped cream
die **Schlamperei** indifferent carelessness, slackness
**schlank** slender
**schlecht** bad, poor
**schließen, schloß, geschlossen** close, conclude; **Freundschaft schließen** make friends
der **Schlitten,** –s, – sled, sleigh
der **Schlittenpreis,** –es, –e price of a sled
das **Schloß,** –sses, ⁼sser castle
die **Schloßruine,** –n castle ruin
**schlüpfen** slip, slide
**schlüpfrig** slippery, obscene
die **Schlüsselstellung,** –en key position
**schmecken** taste
**schmelzen, schmolz, ist geschmolzen, schmilzt** smelt, melt
der **Schmelztiegel,** –s, – melting pot
der **Schmerz,** –es, –en pain
der **Schnaps,** –es, ⁼e any strong alcoholic beverage
die **Schnauze,** –n snout, mouth
der **Schnee,** –s snow
**schnell** quick, rapid, fast
das **Schnitzel,** –s, – veal cutlet
**schon** already, all right; **schon lange** for a long time
**schön** beautiful, nice, fine
**Schönberg, Arnold** *(1874–1951)* composer
**Schönbrunn** castle in Vienna
**Schöneberg** section of Berlin
die **Schönheit,** –en beauty
**Schopenhauer, Arthur** *(1788–1860)* philosopher
der **Schöpfer,** –s, – creator, originator
der **Schrecken,** –s, – horror
**schreiben, schrieb, geschrieben** write
das **Schreiben,** –s, – writing
die **Schreibmaschine,** –n typewriter
das **Schreibmaterial,** –s, **Schreibmaterialien** stationery, pencil and paper

das **Schreibpapier,** **–s** writing paper, stationery
der **Schreibtisch,** **–es,** **–e** desk
die **Schrift,** **–en** writing, work
die **Schriftsprache** written language
der **Schriftsteller,** **–s,** **–** writer
der **Schritt,** **–(e)s,** **–e** step; **auf Schritt und Tritt** at every step
**Schubert, Franz** *(1797–1828)* composer
die **Schuld** guilt
die **Schule,** **–n** school
der **Schüler,** **–s,** **–** student, pupil
die **Schulklasse,** **–n** school class
die **Schulter,** **–n** shoulder
**Schumann, Robert** *(1810–1856)* composer
**Schuschnigg, Kurt von** *(1897–    )* statesman and professor
der **Schuß,** **–sses,** **¨sse** shot
der **Schusterjunge,** **–n,** **–n** shoemaker's apprentice
**schütteln** shake
der **Schutz,** **–es** protection
der **Schutzpatron,** **–s,** **–e** patron saint
**schwarz** black
das **Schweden,** **–s** Sweden; **schwedisch** Swedish
**schweigen, schwieg, geschwiegen** be silent
**schweigsam** reserved, silent
das **Schwein,** **–(e)s,** **–e** swine, pig, hog
das **Schweinefleisch,** **–es** pork
der **Schweiß,** **–es** sweat, perspiration
die **Schweiz** Switzerland; der **Schweizer,** **–s,** **–** Swiss
**schwer** hard, difficult, heavy
das **Schwert,** **–es,** **–er** sword
die **Schwester,** **–n** sister
**schwierig,** difficult, hard
die **Schwierigkeit,** **–en** difficulty
**schwimmen, schwamm, geschwommen** swim
der **Schwimmer,** **–s,** **–** swimmer
**schwitzen** sweat, perspire
die **sechziger Jahre** the sixties
der **Seehafen,** **–s,** **¨** seaport
die **Seele,** **–n** soul, psyche, mind
**sehen, sah, gesehen, sieht** see; **sehen auf** look at, watch
**sehr** very, much, very much
die **Seife,** **–n** soap
**sein** be

**seit** since; for
die **Seite,** **–n** page, side
der **Sekretär,** **–s,** **–e** secretary
das **Sekretariat,** **–s,** **–e** registrar's office
der **Sektionschef,** **–s,** **–s** department head
der **Sektor,** **–s,** **–en** sector
die **Sektorengrenze,** **–n** sector boundary
die **Sekunde,** **–n** second
**selber** self
**selbst** self; even
die **Selbstbehauptung** self-assertion
das **Selbstbildnis,** **–ses,** **–se** self-portrait
**selbständig** independent
**selbstlos** selfless, unselfish
**selbstverständlich** self-evident, obvious
**selten** rare, seldom
**seltsam** strange
das **Semester,** **–s,** **–** semester
das **Seminar,** **–s,** **–e** seminar
der **Senat,** **–(e)s,** **–e** Senate
der **Senator,** **–s,** **Senatoren** senator
die **Sendung,** **–en** program
die **Sensation,** **–en** sensation
**sensationell** sensational
**sentimental** sentimental
der **Sepp'l,** **–s** a student inn in Heidelberg
der **Serbe,** **–n,** **–n** Serb; das **Serbien,** **–s** Serbia
die **Serumtherapie** serum therapy
sich **setzen** to sit down
**sexuell** sexual
**sibirisch** Siberian
die **Sichel,** **–n** sickle
**sicher** sure, certain
**sichtbar** visible
**siedeln** settle
**sieden** seethe, boil
der **Siedler,** **–s,** **–** settler
der **Sieg,** **–(e)s,** **–e** victory
das **Siegel** **–s,** **–** seal
**Siegfried** hero of the *Song of the Nibelungs*
**siegreich** victorious
**Siemens, Werner von** *(1816–1892)* engineer
die **Siemenswerke** Siemens Works *(factory in Berlin)*
„**Sinfonia Eroica**" third symphony by Beethoven

singen, sang, gesungen sing

sinken, sank, ist gesunken sink, fall

der Sinn, −(e)s, −e sense, meaning, mind; **in den Sinn kommen** come to mind

die Situation, −en situation

die Sitzarbeit sedentary work

sitzen, saß, gesessen sit; spend *(time)*

der Sitzkrieg, −(e)s sit-down war *(term used in 1939–1940)*

der Sitzplatz, −es, ‑e seat

skeptisch skeptical

der Sklave, −n, −n slave

die Sklaverei slavery

der Slawe, −n, −n Slav; **slawisch** Slavic

der Slowake, −n, −n Slovak

so so, then; **so ein** such a

sobald as soon as

so daß so that

soeben just

sofort immediately

sogar even, as a matter of fact

sogenannt so-called

der Sohn, −(e)s, ‑e son

sokratisch Socratic

solange as long as

solch such

der Soldat, −en, −en soldier

der „Soldatenkönig", −(e)s "soldier king" *(Frederick William I of Prussia)*

sollen, sollte, gesollt, soll be to, be supposed to, shall, should, ought; **was sollen wir hier?** what are we doing here?

der Sommer, −s, − summer

der Sommertag, −(e)s, −e summer day

die Sonate, −n sonata

sondern but, rather

die Sondernummer, −n special issue

die Sonne, −n sun

der Sonnenschein, −s sunshine

die Sonnenuhr, −en sundial

die Sonnenwende, −n solstice

der Sonntagnachmittag, −(e)s, −e Sunday afternoon

sonst otherwise, for the rest

die Sorge, −n worry

sorgen für see to it

sich sorgen (um) worry *(about)*

die Sorte, −n kind

souverän sovereign

soweit so far; **es war soweit** the time had come

sowieso anyway

sowjetisch Soviet

das Sowjetrußland, −s Soviet Russia

sozialdemokratisch Social Democrat

die Sozialisierung socialization

der Sozialismus, − socialism

der Soziologe, −n, −n sociologist

die Soziologie sociology

die Spaltung, −en split, schism, division

das Spanien, −s Spain; **der Spanier, −s, −** Spaniard; **spanisch** Spanish

spartanisch Spartan

spät late

der Spaten, −s, − spade

der Speer, −s, −e spear

die Speiche, −n spoke

die Speisekarte, −n menu

der Speisewagen, −s, − dining car

die Spektroanalyse spectroanalysis

**Spender, Stephen** *(1909–    )* writer

die Spezialität, −en specialty

der Spielball, −(e)s, ‑e plaything, toy

spielen play

die Spitzhacke, −n pickax

der Sport, −(e)s sport, athletics

der Sportklub, −s, −s athletic club

der Sportwagen, −s, − sport car

spotten jeer at, ridicule

die Sprache, −n language

die Sprachfamilie, −n language family

die Sprachgeschichte, −n history of language

sprachlich linguistic

die Sprachmischung, −en mixing of languages

der Sprachraum, −(e)s, ‑e language area

die Sprachwissenschaft philology, linguistics

sprechen, sprach, gesprochen, spricht speak, talk

der Spruch, −s, ‑e saying

spuken (durch) haunt; **in den Köpfen spuken** haunt the heads of

spüren feel, sense

der Staat, −(e)s, −en state, nation

der Staatenbund, −(e)s, ‑e federation of states

die Staatsoper State Opera
der Stachus, – square in Munich
die Stadt, ⁻e city
die Stadtbahn, –en city railway
die Stadtfreiheit freedom of the city
der Stahl, –(e)s steel
Stalin, Joseph *(1879–1953)* dictator of Russia *(1924–1953)*
der Stamm, –(e)s, ⁻e race, family
stammen come *(from)*, be derived
stampfen stamp
der Stand, –(e)s, ⁻e stand; **vom Stande** of position; **der tiefste Stand** the lowest point
stark strong, heavy
die Statistik, –en statistics
die Stätte, –n place, locale
statt-finden, fand statt, stattgefunden take place
staunen be amazed; **in die Höhe staunen** stare aloft with amazement
stecken stick, put
der „Alte Steffl" St. Stephen's Cathedral in Vienna
stehen, stand, gestanden stand, be, be written; **wie steht es mit?** how about?
stehen-bleiben stop
der Stein, –(e)s, –e stone
steinalt very old
steinern of stone
die Stelle, –n place, position
stellen place, put; **Fragen stellen** ask questions
die Stellung, –en position
der Stephansdom, –(e)s St. Stephen's Cathedral
die Stephanskirche St. Stephen's Cathedral
das Sterbebett, –(e)s, –en deathbed
sterben, starb, ist gestorben, stirbt die
der Stern, –(e)s, –e star
stets (for)ever
St. Germain *(Treaty of)* St. Germain *(1919)*
St. Goar small town on the right bank of the Rhine
die Stiftskirche collegiate church
die Stiftung, –en foundation
der Stil, –(e)s, –e style
still quiet, still

das Stillhalten, –s holding still
der Stillstand, –(e)s standstill
die Stimme, –n voice
stimmen vote
die Stimmung, –en mood, atmosphere
der Stimmwechsel, –s, – change of voice
das Stipendium, –s, Stipendien stipend, grant, fellowship
der Stock, –(e)s, ⁻e floor
–stöckig -story
stoisch Stoic
stolz proud
der Stolz, –es pride
der Storch, –(e)s, ⁻e stork
der Strahl, –(e)s, –en ray
der Strand, –(e)s, –e beach, seashore
die Straße, –n street
die Straßenbahn, –en streetcar
der Straßenkampf, ⁻e street fighting
Strauß, Johann *(1825–1899)* composer
Strauß, Richard *(1864–1949)* composer
der Streit, –(e)s, –e dispute; **der Streit um** dispute about
der Strom, –(e)s, ⁻e current, electricity, stream; **in Strömen regnen** pour; **strömend** pouring, streaming
die Struktur, –en structure
das Stück, –(e)s, –e piece, part, play
der Student, –en, –en student; **die Studentin, –nen** *(woman)* student
das Studentenheim, –s, –e student home
das Studenteninformationsbüro, –s, –s student information office
das Studentenleben, –s student life
das Studentenlokal, –s, –e student inn
die Studentenschaft student body
die Studentenversammlung, –en student meeting
studentisch of students
der Studienanfänger, –s, – beginning student, freshman
die Studiengebühr, –en student fee
das Studiengeld, –(e)s, –er tuition, money to study
der Studienhelfer –s, – *(academic)* tutor and advisor
das Studienhelfer-System, –s, –e tutorial and advisory system
studieren study

das **Studium, –s, Studien** study, studies
die **Stufe, –n** step
der **Stuhl, –(e)s, ⁼e** chair
**stumm** mute, dumb
die **Stunde, –n** hour, class; **stundenlang** for hours
der **Sturm, –(e)s, ⁼e** storm
der **Sturmgott, –(e)s,** storm god
**stürmisch** stormy, violent
die **Sturmtruppen** (*pl.*) Storm Troops
**suchen** seek, look for
**süddeutsch** South German
der **Süden, –s** South
**südlich** south
der **Südturm, –s, ⁼e** South tower
die **Suppe, –n** soup
das **Symbol, –s, –e** symbol
**symbolisch** symbolic
**symbolisieren** symbolize
die **Symphonie, –n** symphony
das **System, –s, –e** system
**systematisch** systematic

## T

die **Tafel, –n** tablet, slab
der **Tag, –(e)s, –e** day; **alle Tage** every day; **tagaus tagein** day in, day out
das **Tagebuch, –(e)s, ⁼er** diary
das **Tageslicht, –(e)s** daylight
**täglich** daily
**Taine, Hippolyte** (*1828–1893*) French philosopher and critic
das **Talent, –(e)s, –e** talent
die **Tante, –n** aunt
**tanzen** to dance
die **Tasche, –n** pocket
die **Tasse, –n** cup
die **Tat, –en** action, deed; **in der Tat** indeed
**tätig** active
die **Tätigkeit, –en** activity
das **Tauwetter, –s** thaw
die **Technik** technology
**technisch** technical; **Technische Hochschule** School of Engineering
die **Teeschale, –n** teacup
die **Teetasse, –n** teacup
der **Teich, –(e)s, –e** pond
der **Teil, –(e)s, –e** part; **zum Teil** in part; **zum großen Teil** in large part
**teil-nehmen, nahm teil, teilgenommen, nimmt teil** participate, take part
der **Teilnehmer, –s, –** participant
**teils** partly
**teilweise** partly
das **Telefon –s, –e** telephone; **telefonieren** telephone, call up; **telefonisch** by telephone
der **Telefonruf, –(e)s, –e** telephone call
das **Temperament, –(e)s, –e** temperament
der **Terrorist, –en, –en** terrorist
**teuer** expensive
der **Teufel, –s, –** devil
der **Teutoburger Wald** Teutoburg Forest
der **Text, –(e)s, –e** text, literary document
das **Theater, –s, –** theatre
die **Theatromanie** theatre mania
das **Thema, –s, Themen** subject, theme; **zum Thema machen** choose as a subject
die **Theorie, –n** theory
**theozentrisch** theocentric
die **These, –n** thesis
die **Thomaskirche** church of St. Thomas
**Thor** Germanic god
der **Thron, –(e)s, –e** throne
**thronen** be enthroned
das **Thüringen, –s** Thuringia
**tief** deep, low
**tiefgehend** profound
das **Tier, –(e)s, –e** animal
der **Tiergarten, –s** famous park in Berlin
**Tirol** Tyrol
der **Tisch, –es, –e** table
der **Titania-Palast, –(e)s** a moving picture theatre in Berlin
der **Titel, –s, –** title
das **Titelblatt, –(e)s, ⁼er** title page
**Tius** Germanic god
die **Tochter, ⁼** daughter
der **Tod, –(e)s** death; **den Tod finden** meet one's death
das **Todesurteil, –(e)s, –e** death sentence

tolerant tolerant; die **Toleranz** tolerance

die **Tomate, —n** tomato

der **Ton, —(e)s, ⸚e** tone

die **Tonne, —n** ton

das **Tor, —(e)s, —e** gate

**tot** dead

**total** total

die **Totengrube, —n** mass grave

der **Totentanz, —es, ⸚e** dance of death

der **Tourist, —en, —en** tourist

die **Tradition, —en** tradition

**tragen, trug, getragen, trägt** carry, wear, bear

**tragisch** tragic

die **Tragödie, —n** tragedy

die **Träne, —n** tear

**trauen** trust; **seinen Augen nicht trauen** not believe one's eyes

der **Traum, —(e)s, ⸚e** dream

**träumen** dream

**traurig** sad, depressing

(sich) **treffen, traf, getroffen, trifft** meet, hit

**treiben, trieb, getrieben** drive; carry on

sich **trennen von** divorce oneself from

die **Trennung, —en** separation

die **Treppe, —n** stair, staircase

**treten, trat, ist getreten, tritt** step, enter, come

**treu** loyal, true, faithful

die **Treue** loyalty

der **Trieb, —(e)s, —e** impulse, bent

**Trier** Trier, Treves

**trinken, trank, getrunken** drink

der **Trinker, —s, —** drinker

der **Trinkkultus,** cult of drinking

der **Triumph, —(e)s, —e** triumph

**trocken** dry

der **Tropfen, —s, —** drop

**trotz** in spite of

**trotzdem** even though

**trübe** gloomy

die **Truppe, —n** troupe, troop

der **Tscheche, —n, —n** Czech; die **Tschechoslowakei** Czechoslovakia

der **Tuberkelbazillus, —, —bazillen** tubercle bacillus

**Tübingen** university town in Southwestern Germany

**tüchtig** efficient

die **Tüchtigkeit** efficiency

die **Tugend, —en** virtue

**tun, tat, getan** do; **so tun** act as if, seem so; **einen Schritt tun** take a step

die **Tür, —en** door

der **Türke, —n, —n** Turk; **türkisch** Turkish

der **Turm, —(e)s, ⸚e** tower

**typisch** typical

der **Tyrann, —en, —en** tyrant

## U

**über** over, about, concerning

**überall** everywhere

der **Überblick, —(e)s, —e** survey

**überfüllt** very crowded, jammed

der **Übergang, —(e)s, ⸚e** crossing, transition

**überhaupt** at all, altogether, in general

**über-laufen, lief über, ist übergelaufen, läuft über** run over

sich **überlegen** think about, ponder

**übernachten** stay over night

**übernehmen, übernahm, übernommen, übernimmt** take over, undertake

**überrennen, überrannte, überrannt** overrun

der **Überrest, —es, —e** relics, rest

die **Überschrift, —en** headline

**übersetzen** translate

die **Übersetzung, —en** translation

**überwinden, überwand, überwunden** overcome, surmount

**übrig** remaining, other; **das übrige Leben** the rest of life

**übrigens** incidentally, by the way

das **Ufer, —s, —** bank, shore

**Uhland, Johann Ludwig** *(1787–1862)* poet

die **Uhr, —en** watch, clock; o'clock

**Ulm** city in Southwestern Germany

das **Ultimatum, —s, Ultimaten** ultimatum

**um** around, at, about; **um...willen** for the sake of; **um...zu** in order to

die **Umerziehung** re-education

die **Umgangssprache, —n** colloquial language

**umgeben, umgab, umgeben, um-**

gibt surround
die Umgebung surrounding(s)
die Umgegend, —en environment, neighborhood
umgekehrt the other way around, opposite
umliegend surrounding
der Umweg, —(e)s, —e detour
unabhängig independent
die Unabhängigkeit independence
unbedeutend insignificant
unbestimmbar indefinable
und and; und so weiter and so forth
unendlich unending
die Unfreiheit lack of freedom, tyranny
der Ungar, —n, —n Hungarian; ungarisch Hungarian; das Ungarn, —s Hungary
ungeheizt unheated
ungeheuer enormous
ungeistig unintellectual, not spiritual
das Unglück, —(e)s unhappiness
unglücklich unhappy
unharmonisch unharmonious
die Uniform, —en uniform
uniformiert uniformed, in uniform
uninteressant uninteresting
die Union, —en union
das Universalepos, —, Universalepen universal epic, all-embracing epic
die Universität, —en university
die Universitätsklinik, —en university clinic
der Universitätsraum, —(e)s, —e university room
unklar not clear
unmöglich impossible
unpolitisch unpolitical; Unpolitisch-Sein being unpolitical
unsicher uncertain
der Unsinn, —s nonsense
unsterblich immortal
unten below; ganz unten at the bottom
unter (prep.) under, among; (adj.) lower
unterbrechen, unterbrach, unterbrochen, unterbricht interrupt
die Unterbrechung, —en interruption
der Untergang, —(e)s, —e going down, decline, settling

untergehen, ging unter, ist untergegangen perish, set
die Untergrundbahn, —en subway (train)
der Untergrundbahnhof, —(e)s, —e subway station
die Unterhaltung, —en conversation
unterirdisch underground
das Untermenschentum, —s subhuman regime
unterminieren undermine
unternehmen, unternahm, unternommen, unternimmt undertake, do
unternehmungslustig adventurous, enterprising
der Unterschied, —s, —e difference
die Unterschrift, —en inscription
unterstehen, unterstand, unterstanden be under the control of
unterstützen support
untertan subject to
unverständlich incomprehensible
unverwundet not wounded, unharmed
unwichtig unimportant
unwissenschaftlich unscientific
ur- original
die Ursprache, —n original language
der Ursprung, —(e)s, —e origin
ursprünglich original
usw. = und so weiter and so forth

V

vage vague
der Vandale, —n, —n Vandal
der Vater, —s, — father
das Vaterland, —(e)s, —er fatherland, native land
vaterländisch patriotic
väterlich fatherly, paternal
das Veilchen, —s, — violet
der Venusberg, —(e)s Venus Mountain
sich verabschieden take leave, say good-bye
(sich) verändern change, modify
die Veränderung, —en change, modification
veranstalten arrange
verantwortlich responsible
das Verb(um), —s, Verben verb
verbannen eliminate, banish

verbieten, verbot, verboten forbid
verbinden, verband, verbunden bind, connect, join, associate
das Verbot, −(e)s, −e prohibition
verbrauchen use, consume
das Verbrechen, −s, − crime
der Verbrecher, −s, − criminal
sich verbreiten spread
sich verbrennen, verbrannte, verbrannt burn oneself
verbringen, verbrachte, verbracht spend (time)
verdeutschen translate into German, Germanize
verdienen earn, deserve, make money
der Verein, −s, −e club, union
(sich) vereinigen unify, unite
die Vereinigung, −en union, unification
der Verfasser, −s, − author
die Verfassung, −en constitution
die Verfeinerung, −en refinement
verfliegen, verflog, ist verflogen vanish
zur Verfügung stellen place (at someone's) disposal
die Vergangenheit past
vergehen, verging, ist vergangen go by, pass
vergessen, vergaß, vergessen, vergißt forget
vergeßlich forgetful
das Vergißmeinnicht, −(e)s, forget-me-not
der Vergleich, −(e)s, −e comparison
vergleichen, verglich, verglichen compare
verhaßt hated, odious
verheiratet married
verhindern prevent
das Verhör, −s, −e interrogation, hearing
Veritas, Justitia, Libertas Latin for: truth, justice, freedom
verkaufen sell
der Verkehr, −s traffic, communication
sich verkleinern become smaller
verkürzen shorten, abridge
verlangen demand; verlangen nach desire, long for
verlängern prolong
verlassen, verließ, verlassen, verläßt leave

verleihen, verlieh, verliehen grant, confer
sich verlieben in fall in love with
verlieren, verlor, verloren lose
sich vermischen mix, interbreed
die Vermischung mixing, intermingling
vernachlässigen neglect
Versailles suburb of Paris
versammeln gather, assemble
die Versammlung, −en meeting
der Versammlungstag, −(e)s, −e day of the meeting
verschieden different
verschmelzen, verschmolz, verschmolzen, verschmilzt fuse, blend
verschwinden, verschwand, ist verschwunden disappear, vanish
versetzen place (change the place of)
verständlich understandable, comprehensible
verstaubt antiquated
verstehen, verstand, verstanden understand
verstummen become silent
der Versuch, −(e)s, −e attempt, trial
versuchen try
verteilen distribute, divide up
vertiefen deepen, increase
vertonen set to music
der Vertrag, −(e)s, ⁺e treaty
vertreiben, vertrieb, vertrieben expel
die Vertreibung, −en expulsion
verurteilen sentence, condemn
der Verurteilte, −n, −n condemned person
vervielfältigen mimeograph, reproduce
die Vervielfältigung mimeographing
der Vervielfältigungs-Apparat, −(e)s, −e mimeograph machine, manifold writer
verwachsen, verwuchs, ist verwachsen, verwächst become intertwined
verwalten administer; die Verwaltung administration
die Verwandlung, −en change, transformation
der Verwandte, −n, −n relative; die

nächsten **Verwandten** the closest relatives

**verwirklichen** realize

die **Verwirklichung** realization

**viel** much; **viele** many

**vielleicht** perhaps

**vielsprachig** polylingual

das **Viertel,** —s, — section

**vierzehnjährig** fourteen-year-old

**Vindobona** old name for Vienna

die **Violine,** —n violin

das **Violinquartett,** —(e)s, —e violin quartet

der **Virtuosengesang,** —(e)s, ⸚e singing by virtuosos

die **Visitenkarte,** —n calling card

**vital** vital, alive

die **Vitalität** vitality

der **Vokal,** —(e)s, —e sound, vowel

das **Volk,** —(e)s, ⸚er people, nation

das **Völkergemisch,** —es mixture of peoples

die **Volksabstimmung,** —en plebiscite

die **Volksarmee,** —n people's army

das **Volkslied,** —(e)s, —er folk song

**voll(er)** full, full of; **voll und ganz** completely

**vollenden** finish, complete, perfect

**völlig** complete, full

**vom = von dem** from the, of the

**von** of, from, in, by

**vor** before, in front of, ago; **vor allem** above all

**vorbei-fahren, fuhr vorbei, ist vorbeigefahren, fährt vorbei** go by, ride by

**vorbei-kommen, kam vorbei, ist vorbeigekommen (an)** pass

der **Vordergrund,** —(e)s, ⸚e foreground

**vor-finden, fand vor, vorgefunden** find

**vorgeschichtlich** prehistorical

der **Vorhang,** —(e)s, ⸚e curtain

**vor-kommen, kam vor, ist vorgekommen** seem to

der **Vorläufer,** —s, — forerunner

**vor-lesen, las vor, vorgelesen, liest vor** read *(aloud)*

die **Vorlesung,** —en (university) lecture

**Vorliebe haben für** have a special liking for

der **Vormittag,** —(e)s, —e morning

**vorsichtig** cautious, careful

der **Vorsitzende,** —n, —n chairman, president

das **Vorspiel,** —(e)s, —e prelude, introductory piece

die **Vorstadt,** ⸚e suburb

**vor-stellen** introduce

sich **vor-stellen** picture

die **Vorstellung,** —en performance; idea

der **Vortrag,** —(e)s, ⸚e lecture; **einen Vortrag halten** give a lecture

**vor-trompeten** trumpet forth

**vorüber** past, over with

der **Vorübergehende,** —n, —n passer-by

**vorwärts** forward

**vorwärts-kommen, kam vorwärts, ist vorwärtsgekommen** advance

**vor-werfen, warf vor, vorgeworfen, wirft vor** reproach

# W

**wachen** be awake

**wachsen, wuchs, ist gewachsen, wächst** grow

die **Waffe,** —n weapon

**wagen** dare

der **Wagen,** —s, — car, wagon

**Wagner, Richard** *(1813–1883)* composer

**wählen** choose

**wahr** true

**währen** last

**während** *(prep.)* during; *(conj.)* while

die **Wahrheitsliebe** love of truth

**wahrscheinlich** probably

das **Wahrzeichen,** —s, — landmark

der **Wald,** —(e)s, ⸚er woods, forest

**Walther von der Vogelweide** *(1170?–1230)* poet

der **Walzer,** —s, — waltz

die **Wand,** ⸚e wall

der **Wandel,** —s change, changing course; **sich wandeln** change

**wandern** wander, walk

die **Wanderung,** —en hike, excursion, wandering

die **Wandlung,** —en change

die **Wange,** —n cheek

**wann** when

das **Wappen,** —s, — coat of arms

die **Ware,** —n ware, merchandise

**warm** warm

warnen warn
die Warnung, –en warning
warten wait; warten auf wait for
der Wärter, –s, – guard
warum why; warum wohl I wonder why
die Warze, –n wart, nipple, teat
was what; was für (ein) what kind of
das Wasser, –s water
waten to wade
wechseln change
Wedemeyer, Albert C. (1897–    ) American army officer
weder . . . noch neither . . . nor
weg gone, away
der Weg, –(e)s, –e way, path, road; auf dem besten Weg dahin sein be well along the way
weg-bringen, brachte weg, weggebracht remove
wegen because of, on account of
weg-legen put away
sich wehren put up resistance
die Wehrmacht German army
weiblich feminine
weich soft, mellow
die Weihnacht or das Weihnachten, –s Christmas
weil because
die Weile while, time
der Wein, –s, –e wine
der Weinberg, –(e)s, –e vineyard
das Weinfaß, –sses, ¨sser wine keg
die Weinkarte, –n wine list
der Weinkeller, –s, wine cellar
der Weinreisende, –n, –n wine salesman
die Weise, –n manner, way
die Weisheit wisdom
weiß white
weit far, wide, long; so weit kommen come to such a point
weiter further, farther, on; additional, another; und so weiter and so forth
weiter-fahren, fuhr weiter, ist weitergefahren, fährt weiter travel on
weiter-fliegen, flog weiter, ist weitergeflogen fly on
weiter-gehen, ging weiter, ist weitergegangen continue, proceed, go further

das Weiterlaufen, –s prolongation; das Weiterlaufen der Kriegsmaschine prolongation of the war
weiter-lesen, las weiter, weitergelesen, liest weiter read on
weiter-schreiben, schrieb weiter, weitergeschrieben write on, continue to write
weiter-sprechen, sprach weiter, weitergesprochen, spricht weiter speak on, continue to speak
weiter-studieren study on, continue to study
weiter-verhören interrogate further
das Weizenfeld, –(e)s, –er wheat field
welch which, what
die Welt, –en the world
die Weltanschauung, –en philosophy of life
das Weltbürgertum, –(e)s world citizenship
der Weltflughafen, –s, ¨ international airport
der Weltkongreß –sses, –sse international convention
der Weltkrieg, –(e)s, –e World War
weltlich worldly, secular, profane
die Weltliteratur world literature
die Weltmacht, ¨e world power
weltmännisch well-bred, cosmopolitan
das Weltreich, –(e)s, –e world empire
die Weltstadt, ¨e metropolis
wenden, wandte, gewandt turn; keinen Blick wenden von keep one's eyes steadily on
die Wendung, –en form of expression
wenig little; wenige few; weniger less
wenn when, if, whenever
wer who, whoever
werden, wurde, ist geworden, wird become, turn out, be
das Werden, –s growth, becoming
werfen, warf, geworfen, wirft throw, cast
die Werft, –en wharf
das Werk, –(e)s, –e work
der Werkstudent, –en, –en student working on the side
der Werktätige, –n, –n worker
wert worth, worth it
das Westdeutschland, –s West Ger-

many

das **Westeuropa, –s** Western Europe; **westeuropäisch** Western European

das **Westfalen, –s** Westphalia; **westfälisch** Westphalian; der **Westfälische Frieden** Peace of Westphalia *(1648)*

**westgermanisch** West Germanic

**westlich** western, west

die **Westmächte** *(pl.)* Western Powers

das **Wetter, –s** weather

**wichtig** important, necessary

der **Widerstand, –(e)s, ⸚e** resistance

die **Widerstandsbewegung, –en** resistance movement

**wie** how, as, like, as though; **wie immer auch** however

**wieder** again

**wieder-her-stellen** restore, repair

die **Wiederherstellung, –en** restoration

**wiederholen** repeat

**wieder-kommen, kam wieder, ist wiedergekommen** come back

das **Wiedersehen, –s, –** reunion

**wiegen, wog, gewogen** weigh

**Wien** Vienna; **Wiener** Viennese; der **Wiener Kongreß** Congress of Vienna *(1814–1815)*; **wienerisch** Viennese

die **Wiese, –n** meadow

**wieso** how, why

**wild** wild

**Wilhelm II.** *(1859–1941)* emperor of Germany *(1888–1918)*

der **Wille(n), –ns** will

**willen; um...willen** for the sake of

**willens** willing

der **Wind, –(e)s, –e** wind

der **Winter, –s, –** winter

**wirklich** real

die **Wirklichkeit, –en** reality

**wirtschaftlich** economic

**wischen** wipe

**wissen, wußte, gewußt, weiß** know

die **Wissenschaft, –en** science, scholarship

der **Wissenschaftler, –s, –** scientist

**wissenschaftlich** scientific

das **Wittelsbacher Palais** Wittelsbach Palace in Munich

die **Witwe, –n** widow

**witzig** witty, funny

**wo** where

die **Woche, –n** week

das **Wochenbett, –(e)s, –en** childbed

das **Wochenende, –s, –n** weekend

der **Wochentag, –(e)s, –e** week day

**Wodan** Germanic god

**wodurch** through what, because of what

**wofür** for which, for what

**wogegen** against which

**woher** from where

**wohl** probably, well, good, indeed

der **Wohlstand, –(e)s** prosperity

das **Wohnhochhaus, –es, ⸚er** tall apartment house

der **Wohnort, –(e)s, –e** place of residence

die **Wohnung, –en** apartment, dwelling, lodging

**Wolf, Hugo** *(1860–1903)* composer

**wollen, wollte, gewollt, will** want, wish, intend to

**worauf** on which, for what

das **Wort, –(e)s, ⸚er & –e** word; **viele Worte über etwas machen** talk very much about something

das **Wörterbuch, –(e)s, ⸚er** dictionary

**wortreich** wordy, verbose, fluent

der **Wortschatz, –es** vocabulary

das **Wortspiel, –(e)s, –e** play upon words, pun

**worüber** about which, about what

**wovon** of what, about what

**wozu** for what reason, why

das **Wunder, –s, –** wonder, miracle

**wunderbar** wonderful

das **Wunderkind, –(e)s, –er** young prodigy

der **Wunsch, –es, ⸚e** wish, desire

**wünschen** wish, like to

**wurzeln** be rooted

die **Wüste, –n** desert

## Z

die **Zahl, –en** number

**zählen** count; have; number

**zahllos** countless, innumerable

**zahlreich** numerous

**zahm** tame

**zähmen** tame

die **Zange, –n** tongs, pliers

der Zauber, —s magic, spell
die „Zauberflöte" *Magic Flute* (opera by Mozart)
die Zeichnung, —en drawing
zeigen show, point
die Zeile, —n line
die Zeit, —en time; zu der Zeit at the time
das Zeitalter, —s, — age, epoch
zeitlich in regard to time
die Zeitschrift, —en magazine, journal
die Zeitung, —en newspaper
die Zelle, —n cell
die Zellentür, —en cell door
zentral central
das Zentrum, —s, Zentren center
zerbombt badly damaged by bombs
zerbrechen, zerbrach, ist zerbrochen, zerbricht break to pieces, be shattered
zerfallen, zerfiel, ist zerfallen, zerfällt fall apart
zerknittert crumpled
zerreißen, zerriß, zerrissen tear into pieces, dismember
zerstören destroy
die Zerstörung, —en destruction
zertrümmern shatter
ziehen, zog, gezogen move, draw, pull
das Ziel, —(e)s, —e aim, goal
die Zigarette, —n cigarette
das Zimmer, —s, — room
das Zinn, —s tin
zitieren cite, quote
die Zivilisation, —en civilization
zivilisiert civilized
der Zivilist, —en, —en civilian
der Zoll, —(e)s, ⸚e toll, customs duty
der Zollverein, —s, —e customs union
die Zone, —n zone
der Zoologe, —n, —n zoologist; die Zoologie zoology; zoologisch zoological
zu to, toward, at, for, in; closed, locked; too
zu-bereiten prepare
das Zuchthaus, —es, ⸚er penitentiary
zuerst at first
der Zufall, —(e)s, ⸚e coincidence
zufrieden satisfied, content
der Zug, —(e)s, ⸚e train, feature

zugunsten for the benefit of
zu-hören listen
die Zuhörer *(pl.)* audience, listeners
die Zukunft future
zu-lassen, ließ zu, zugelassen, läßt zu admit
zum = zu dem to the, for the
zu-machen close
zunächst at first; zunächst einmal for the time being
die Zunge, —n tongue
zur = zu der to the
zurück back
zurück-bringen, brachte zurück, zurückgebracht bring back, take back
zurück-dürfen, durfte zurück, zurückgedurft, darf zurück be allowed *(to go)* back
zurück-führen trace back to, take back, go back
zurück-gehen, ging zurück, ist zurückgegangen go back
zurück-kehren return
zurück-kommen, kam zurück, ist zurückgekommen come back, return
zurück-reichen go back
zu-sagen accept
zusammen together
die Zusammenarbeit cooperation, working together
zusammen-fallen, fiel zusammen, ist zusammengefallen, fällt zusammen coincide
zusammen-führen bring together
zusammen-hängen, hing zusammen, zusammengehangen be connected
zusammen-kommen, kam zusammen, ist zusammengekommen pile up, get together, convene
zusammen-laufen, lief zusammen, ist zusammengelaufen, läuft zusammen come together
sich zusammen-tun, tat zusammen, zusammengetan get together, join ranks
zustande-kommen, kam zustande, ist zustandegekommen come into being, come about
zuvor before
sich zu-wenden, wandte zu, zugewandt

turn to
zuviel too much
zwanzig twenty; **in den zwanziger Jahren** in the twenties
zwar to be sure, indeed, of course
der **Zweck,** –(e)s, –e end, goal, purpose
der **Zweifel,** –s, – doubt
der **Zweig,** –(e)s, –e twig, branch

**Zweig, Stefan** *(1881–1942)* writer
zweigeteilt having two parts, divided in two
zweitens in the second place
das **Zwielicht,** –(e)s, twilight
zwingen, zwang, gezwungen force
zwischen between, among
zwitschern twitter, chirp

## ILLUSTRATION CREDITS

85  Verkehrsamt der Stadt Köln.
86-88  German Information Center.
89  Landesbildstelle Württemberg.
90  Fritz Henle from Monkmeyer.
93  Fritz Henle from Monkmeyer.
97  Fritz Henle from Monkmeyer.
98  German Information Center.
99  Bundesbildstelle, Bonn.
100  German Information Center.
101  Fritz Henle from Monkmeyer.
104-105  From *Michael Wening, Der Bayerische Merian des Barock,* by Gertrud Stetter, published by Süddeutscher Verlag, Munich, 1964.
107  Kunsthalle, Hamburg (Courtesy Smithsonian Institution); Henri Cartier-Bresson, Magnum Photos.
108  Bob Robinson, Manité.
109  The Metropolitan Museum of Art, Gift of Mrs. George B. McClellan, 1941.
110  German Information Center.
111  Bob Robinson, Manité.
112-117  Landesbildstelle Berlin.
125  Philip Gendreau.
127  Wide World Photos.
128  Landesbildstelle Berlin.
131  Dena-Bild Berlin.
132  Landesbildstelle Berlin.
133  Roy Blumenthal International Associates, Inc., Landesbildstelle Berlin.
134  Bob Robinson, Manité.
137  Roy Blumenthal International Associates, Inc. (Landesbildstelle Berlin).
138  Landesbildstelle Berlin.
139  Dr. Wolff & Tritschler OHG, Frankfurt a.M.
140-141  Landesbildstelle Berlin.
145  Monkmeyer Press Photo.
148  Wide World Photos.
150  German Information Center; Photo Siegel, Ulm.
151  Houghton Mifflin.
152  Landesbildstelle Württemberg.
162  Monkmeyer Press Photo.
164  Austrian Information Service (Wiener Presse Bilddienst, Franz Votava); The New York Public Library, Prints Division (Astor, Lenox and Tilden Foundations).
165  Austrian Information Service (Wiener Presse Bilddienst, Franz Votava); The New York Public Library, Picture Collection.
168  Austrian Tourist Department.
173  The New York Public Library, Prints Division.
177  Monkmeyer Press Photo.
179  Austrian Information Service.
180  The New York Public Library, Picture Collection.
180-181  Flatley from Monkmeyer.
182  Landesbildstelle Württemberg.
184  Landesbildstelle Württemberg; Bildarchiv der österreichischen Nationalbibliothek.
185  Bildarchiv der österreichischen Nationalbibliothek.
186  The New York Public Library, Prints Division (Astor, Lenox and Tilden Foundations).
187  Fritz Henle from Monkmeyer.
188  Bildarchiv der österreichischen Nationalbibliothek.
189  Austrian National Tourist Office.
190-192  Andy Bernhaut from Photo Researchers.
193  Bundesbildstelle Bonn.
196  Monkmeyer Press Photo.
197  Austrian Information Service (Wiener Presse Bilddienst, Votava).
198  Fritz Henle, Photo Researchers.

GRÖNLAND (dän.)

NÖRDLICHES EISMEER

Barentssee

ISLAND

Nordkap

Murmansk

Weißes Meer

Archangelsk

ATLANTISCHER OZEAN

Bergen

Oslo

Stockholm

Göteborg

Helsinki

Leningrad

Russische S.F.S.R.

Wolga

Moskau

NORWEGEN

SCHWEDEN

FINNLAND

OSTSEE

Estnische S.S.R.

Lettische S.S.R.

Riga

Litauische S.S.R.

Minsk

SOWJETUNION

Schottland

GROSS-BRITANNIEN

Nordirland

Glasgow

NORDSEE

DÄNEMARK

Kopenhagen

Hamburg

Berlin

Warschau

Weißrussische S.S.R.

Kiew

Nordirland

Dublin

IRLAND

England

Wales

Birmingham

London

NIEDERLANDE

Amsterdam

DEUTSCHLAND

POLEN

Krakau

Ukrainische S.S.R.

Der Kanal

Brüssel

BELGIEN

Bonn

Frankfurt

Prag

TSCHECHOSLOWAKEI

Odessa

Moldauische S.S.R.

LUXEMBURG

Paris

München

Wien

Budapest

Cluj

RUMÄNIEN

Loire

FRANKREICH

Bern

SCHWEIZ

ÖSTERREICH

UNGARN

Bukarest

Zagreb

Belgrad

Donau

Schwarzes Meer

Golf von Biscaya

Bordeaux

Lyon

Turin

Mailand

Zagreb

JUGOSLAWIEN

BULGARIEN

Sofia

TÜRKEI

Bilbao

Po

Marseille

ITALIEN

Adriatisches Meer

Tirana

ALBANIEN

GRIECHENLAND

UGAL

Madrid

ANDORRA

Korsika

Rom

Neapel

Athen

Tajo

SPANIEN

Valencia

Balearen

Sardinien

Sevilla

Gibraltar (br.)

MITTELLÄNDISCHES

Palermo

Sizilien

Kreta

Oran

Algier

Tunis

MALTA

MEER

OKKO

TUNESIEN

Bengasi

ALGERIEN

LIBYEN

Tripolis

AFRIKA

ATLAS

Deutschland · Österreich · Schweiz

OSTSEE

16°

20°

(SOWJET-UNION

Memel
Tilsit

unter sowjetischer

Königsberg
(Kaliningrad)
Pregel        Insterburg

Verwaltung

Danziger
Bucht

Stolp        Gdingen

Danzig        Elbing

unter polnischer

Köslin
Kolberg

Marienburg

Verwaltung

Neustettin

Allenstein        Spirding-
see

Stargard

Schneidemühl        Bromberg

Bialystok

Netze        Thorn

Landsberg        Wlozlawek        Weichsel        Bug

Küstrin

Warschau        52°

Neiße        Grünberg        Posen        Warthe        P  O  L  E  N        Siedlce

Spree        Glogau

Görlitz        Liegnitz        Breslau        Lodsch        Pilitza        Lublin

Reichenberg        Waldenburg        Oder        Petrikau        Radom

Glatz        Neisse        Oppeln        Kielce

Elbe        Königgrätz        Ratibor        Hindenburg        Kattowitz        Tschenstochau        San        Rzeszow

Pardubitz        Gleiwitz        Krakau

Ostrau        Bielitz–Biala        Tarnow        Weichsel

Olmütz        March

Brünn

T  S  C  H  E  C  H  O  S  L  O  W  A  K  E  I

Stolp, Gdingen        Kalisch

unter polnischer Verwaltung

Stargard

Donau        48°

St. Pölten        Wien

Neusiedler
See

Wiener
Neustadt

Länge von Greenwich 16°        20°

## DEUTSCHLAND
KEGELPROJEKTION

MEILEN

0        50        100        150

KILOMETER

0        50        100        150

Bundesrepublik

Sowjetzone

Ostgebiete unter
polnischer und sowjetischer
Verwaltung

deutsche Staatsgrenze von 1937

übrige Staatsgrenzen

Zonengrenze

Oder–Neiße-Linie

Teilungslinie in Ostpreußen

Grenze der Freistadt Danzig

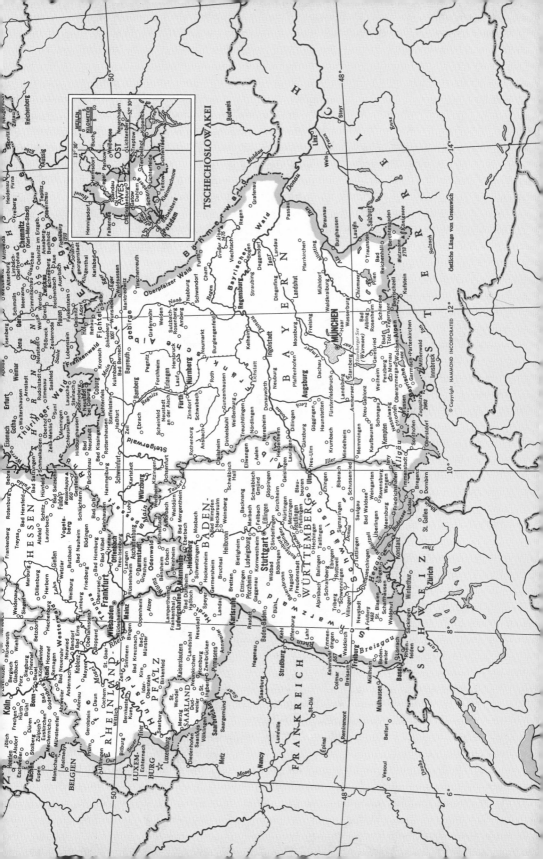

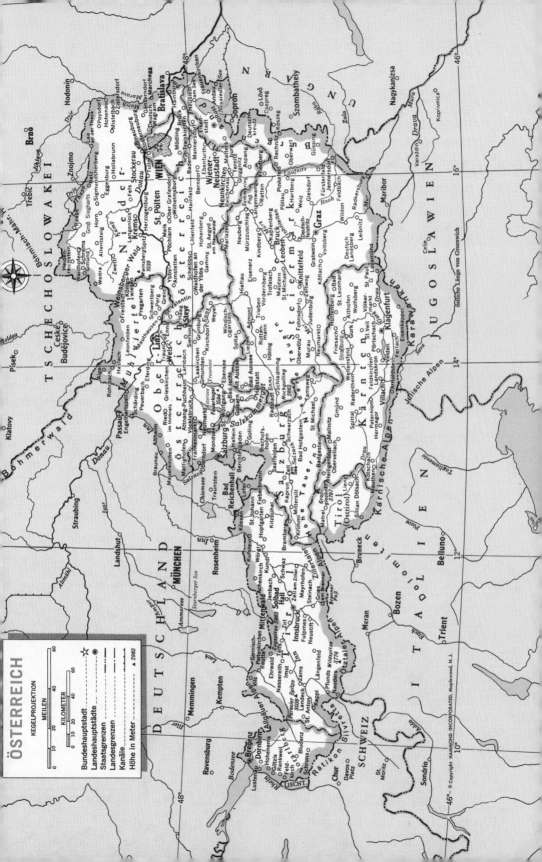

**Map 1 — SCHWEIZ und LIECHTENSTEIN**

N

FRANKREICH  DEUTSCHLAND  ÖSTERREICH

Mulhouse  Schwarzwald  Rhein  Singen  Kempten
Schaffhausen  Schaffhausen  Konstanz  Friedrichshafen
BASEL  Rhein  Thurgau  Frauenfeld  Arbon  Bregenz  Bodensee  Allgäuer  Iller
Delémont  Liestal  Winterthur  Baden  Thur  St. Gallen  Rorschach  Dornbirn  Lechtal
Baselland  Zürich  Herisau  A.R.  Appenzell  Alp
Besançon  La Chaux-de-Fonds  Solothurn  Aarau  Olten  ZÜRICH  Uster  Zürichsee  I.R.  Feldkirch  LIECHTENSTEIN
Le Locle  Biel  Solothurn  Langenthal  Zürichsee  Zug  Vaduz  Rätikon
Neuchâtel  Burgdorf  Luzern  Zug  Schwyz  Glarus  Bad Ragaz  Igis  Fluothorn 3403  Alpen
Lac de Neuchâtel  Köniz  BERN  Sarnen  Vierwald-  Schwyz  Glarner  Chur  Klosters
Yverdon  Fribourg  Unterwalden  stätter See  Uri  Alpen  Davos  Inn
Thuner  Aare  Altdorf  Tödi 3623  Graubünden  Samedán
Waadt  Freiburg  See  Thun  Interlaken  Susten  St. Gotthard-  Adula  St. Moritz
Lausanne  Spiez  Berner Alpen  Paß  Pass  Alpen  P. Bernina 4052
Morges  Vevey  Frutigen  Jungfrau 4161  Finsteraarhorn 4274  Ticino  Rätische  Ortle
Genfer See  Montreux  Wildhorn 3251  Siders  Campo Tencia 3075  Poschiavo
La Dôle 1880  Sion  Brig  M. Leone  Tessin  Comersee
Genf  GENF (Genève)  Thonon-les-Bains  Rhône  Walliser Alpen  3558  Tessiner Alpen  Bellinzona
Monthey  Toce  Locarno
Annecy  Martigny  Zermatt  Dom 4548  Domodossola  Lugano  Como
Mont Blanc 4807  Savoyer Alpen  Matterhorn 4481  Dufourspitze 4637  Lago Maggiore  Varese
Chamonix  Aosta  Gr. St. Bernhard Paß  Monte Rosa  Gallarate
FRANKREICH  Graische  Borgosésia
Isère  Alpen  ITALIEN  östliche Länge von Greenwich  © Copyright HAMMOND INCORPORATED

SCHWEIZ und
LIECHTENSTEIN
KEGELPROJEKTION
MEILEN
0   10   20   30   40
KILOMETER
0   10   20   30   40
Staatshauptstädte ........ ☆
Kantonshauptstädte ........ ◉
Staatsgrenzen ........
Kantonsgrenzen ........

**Map 2 — SCHWEIZ Sprachen**

FRANKREICH  DEUTSCHLAND  Ker

Mulhouse  Schaffhausen  Friedrichshafen
Basel  Winterthur  Bregenz
Besançon  Olten  Zürich  St. Gallen  ÖSTERREI
La Chaux-de-Fonds  Biel  Zug  LIECHTENSTEIN
Neuchâtel  Luzern  Chur
Fribourg  Bern  SCHWEIZ
Thun
Lausanne  Sion  St. Moritz
Genf  Bellinzona
Annecy  Lugano
Aosta  Como
ITALIEN  östliche Länge 8° von Greenwich  © Copyright HAMMOND INCORPORATED

SCHWEIZ
Sprachen
☐ Deutsch    ☐ Italienisch
☐ Französisch    ☐ Rätoromani
Im gleichen Maßstab wie politische Karte